深圳改革创新丛书

（第六辑）

Research on
Urban Regeneration Policy in Shenzhen

深圳城市更新政策研究

钟澄　贺倩明　著

中国社会科学出版社

图书在版编目（CIP）数据

深圳城市更新政策研究／钟澄，贺倩明著．—北京：中国社会科学
出版社，2019.6（2022.6 重印）

（深圳改革创新丛书．第六辑）

ISBN 978 - 7 - 5203 - 4492 - 0

Ⅰ.①深…　Ⅱ.①钟…②贺…　Ⅲ.①城市建设—法律—研究—深圳
Ⅳ.①D927.653.229.74

中国版本图书馆 CIP 数据核字（2019）第 095234 号

出 版 人	赵剑英
责任编辑	王　茵　马　明
责任校对	任晓晓
责任印制	王　超

出　　版	中国社会科学出版社
社　　址	北京鼓楼西大街甲 158 号
邮　　编	100720
网　　址	http://www.csspw.cn
发 行 部	010 - 84083685
门 市 部	010 - 84029450
经　　销	新华书店及其他书店

印　　刷	北京明恒达印务有限公司
装　　订	廊坊市广阳区广增装订厂
版　　次	2019 年 6 月第 1 版
印　　次	2022 年 6 月第 2 次印刷

开　　本	710 × 1000　1/16
印　　张	18.5
插　　页	2
字　　数	275 千字
定　　价	78.00 元

总序：突出改革创新的时代精神

王京生[*]

在人类历史长河中，改革创新是社会发展和历史前进的一种基本方式，是一个国家和民族兴旺发达的决定性因素。古今中外，国运的兴衰、地域的起落，莫不与改革创新息息相关。无论是中国历史上的商鞅变法、王安石变法，还是西方历史上的文艺复兴、宗教改革，这些改革和创新都对当时的政治、经济、社会甚至人类文明产生了深远的影响。但在实际推进中，世界上各个国家和地区的改革创新都不是一帆风顺的，力量的博弈、利益的冲突、思想的碰撞往往伴随改革创新的始终。就当事者而言，对改革创新的正误判断并不像后人在历史分析中提出的因果关系那样确定无疑。因此，透过复杂的枝蔓，洞察必然的主流，坚定必胜的信念，对一个国家和民族的改革创新来说就显得极其重要和难能可贵。

改革创新，是深圳的城市标识，是深圳的生命动力，是深圳迎接挑战、突破困局、实现飞跃的基本途径。不改革创新就无路可走、就无以召唤。30多年来，深圳的使命就是作为改革开放的"试验田"，为改革开放探索道路。改革开放以来，历届市委、市政府以挺立潮头、敢为人先的勇气，进行了一系列大胆的探索、改革和创新，使深圳不仅占得了发展先机，而且获得了强大的发展后劲，为今后的发展奠定了坚实的基础。深圳的每一步发展都源于改革创新的推动；改革创新不仅创造了深圳经济社会和文化发展的奇迹，而且使深圳成为引领全国社会主义现代化建设的"排头兵"。

---

[*] 王京生，现任国务院参事。

从另一个角度来看，改革创新又是深圳矢志不渝、坚定不移的命运抉择。为什么一个最初基本以加工别人产品为生计的特区，变成了一个以高新技术产业安身立命的先锋城市？为什么一个最初大学稀缺、研究院所几乎是零的地方，因自主创新而名扬天下？原因很多，但极为重要的是深圳拥有以移民文化为基础，以制度文化为保障的优良文化生态，拥有崇尚改革创新的城市优良基因。来到这里的很多人，都有对过去的不满和对未来的梦想，他们骨子里流着创新的血液。许多个体汇聚起来，就会形成巨大的创新力量。可以说，深圳是一座以创新为灵魂的城市，正是移民文化造就了这座城市的创新基因。因此，在特区30多年发展历史上，创新无所不在，打破陈规司空见惯。例如，特区初建时缺乏建设资金，就通过改革开放引来了大量外资；发展中遇到瓶颈压力，就向改革创新要空间、要资源、要动力。再比如，深圳作为改革开放的探索者、先行者，在向前迈出的每一步都面临着处于十字路口的选择，不创新不突破就会迷失方向。从特区酝酿时的"建"与"不建"，到特区快速发展中的姓"社"姓"资"，从特区跨越中的"存"与"废"，到新世纪初的"特"与"不特"，每一次挑战都考验着深圳改革开放的成败进退，每一次挑战都把深圳改革创新的招牌擦得更亮。因此，多元包容的现代移民文化和敢闯敢试的城市创新氛围，成就了深圳改革开放以来最为独特的发展优势。

30多年来，深圳正是凭着坚持改革创新的赤胆忠心，在汹涌澎湃的历史潮头上劈波斩浪、勇往直前，经受住了各种风浪的袭扰和捶打，闯过了一个又一个关口，成为锲而不舍地走向社会主义市场经济和中国特色社会主义的"闯将"。从这个意义上说，深圳的价值和生命就是改革创新，改革创新是深圳的根、深圳的魂，铸造了经济特区的品格秉性、价值内涵和运动程式，成为深圳成长和发展的常态。深圳特色的"创新型文化"，让创新成为城市生命力和活力的源泉。

2013年召开的党的十八届三中全会，是我们党在新的历史起点上全面深化改革做出的新的战略决策和重要部署，必将对推动中国特色社会主义事业发展、实现民族伟大复兴的中国梦产生重大而深远的影响。深圳面临着改革创新的新使命和新征程，市委市政府打出全面深化改革组合拳，肩负起全面深化改革的历史重任。

如果说深圳前 30 年的创新，主要立足于"破"，可以视为打破旧规矩、挣脱旧藩篱，以破为先、破多于立，"摸着石头过河"，勇于冲破计划经济体制等束缚；那么今后深圳的改革创新，更应当着眼于"立"，"立"字为先、立法立规、守法守规，弘扬法治理念，发挥制度优势，通过立规矩、建制度，不断完善社会主义市场经济制度，推动全面深化改革，创造新的竞争优势。特别是在党的十八届三中全会后，深圳明确了以实施"三化一平台"（市场化、法治化、国际化和前海合作区战略平台）重点攻坚来牵引和带动全局改革，推动新时期的全面深化改革，实现重点领域和关键环节的率先突破；强调坚持"质量引领、创新驱动"，聚焦湾区经济，加快转型升级，打造好"深圳质量"，推动深圳在新一轮改革开放中继续干在实处、走在前列，加快建设现代化国际化先进城市。

如今，新时期的全面深化改革既展示了我们的理论自信、制度自信、道路自信，又要求我们承担起巨大的改革勇气、智慧和决心。在新的形势下，深圳如何通过改革创新实现更好更快的发展，继续当好全面深化改革的排头兵，为全国提供更多更有意义的示范和借鉴，为中国特色社会主义事业和实现民族伟大复兴的中国梦做出更大贡献，这是深圳当前和今后一段时期面临的重大理论和现实问题，需要各行业、各领域着眼于深圳全面深化改革的探索和实践，加大理论研究，强化改革思考，总结实践经验，作出科学回答，以进一步加强创新文化建设，唤起全社会推进改革的勇气、弘扬创新的精神和实现梦想的激情，形成深圳率先改革、主动改革的强大理论共识。比如，近些年深圳各行业、各领域应有什么重要的战略调整？各区、各单位在改革创新上取得什么样的成就？这些成就如何在理论上加以总结？形成怎样的制度成果？如何为未来提供一个更为明晰的思路和路径指引？等等，这些颇具现实意义的问题都需要在实践基础上进一步梳理和概括。

为了总结和推广深圳当前的重要改革创新探索成果，深圳社科理论界组织出版了《深圳改革创新丛书》，通过汇集深圳市直部门和各区（新区）、社会各行业和领域推动改革创新探索的最新总结成果，希图助力推动深圳全面深化改革事业的新发展。其编撰要求主要包括：

首先，立足于创新实践。丛书的内容主要着眼于新近的改革思维与创新实践，既突出时代色彩，侧重于眼前的实践、当下的总结，同时也兼顾基于实践的推广性以及对未来的展望与构想。那些已经产生重要影响并广为人知的经验，不再作为深入研究的对象。这并不是说那些历史经验不值得再提，而是说那些经验已经沉淀，已经得到文化形态和实践成果的转化。比如说，某些观念已经转化成某种习惯和城市文化常识，成为深圳城市气质的内容，这些内容就可不必重复阐述。因此，这套丛书更注重的是目前行业一线的创新探索，或者过去未被发现、未充分发掘但有价值的创新实践。

其次，专注于前沿探讨。丛书的选题应当来自改革实践最前沿，不是纯粹的学理探讨。作者并不限于从事社科理论研究的专家学者，还包括各行业、各领域的实际工作者。撰文要求以事实为基础，以改革创新成果为主要内容，以平实说理为叙述风格。丛书的视野甚至还包括为改革创新做出了重要贡献的一些个人，集中展示和汇集他们对于前沿探索的思想创新和理念创新成果。

最后，着眼于解决问题。这套丛书虽然以实践为基础，但应当注重经验的总结和理论的提炼。入选的书稿要有基本的学术要求和深入的理论思考，而非一般性的工作总结、经验汇编和材料汇集。学术研究须强调问题意识。这套丛书的选择要求针对当前面临的较为急迫的现实问题，着眼于那些来自于经济社会发展第一线的群众关心关注或深入贯彻落实科学发展观的瓶颈问题的有效解决。

事实上，古今中外有不少来源于实践的著作，为后世提供着持久的思想能量。撰著《旧时代与大革命》的法国思想家托克维尔，正是基于其深入考察美国的民主制度的实践之后，写成名著《论美国的民主》，这可视为从实践到学术的一个范例。托克维尔不是美国民主制度设计的参与者，而是旁观者，但就是这样一位旁观者，为西方政治思想留下了一份经典文献。马克思的《法兰西内战》，也是一部来源于革命实践的作品，它基于巴黎公社革命的经验，既是那个时代的见证，也是马克思主义的重要文献。这些经典著作都是我们总结和提升实践经验的可资参照的榜样。

那些关注实践的大时代的大著作，至少可以给我们这样的启示：哪怕面对的是具体的问题，也不妨拥有大视野，从具体而微的实践探索中展现宏阔远大的社会背景，并形成进一步推进实践发展的真知灼见。《深圳改革创新丛书》虽然主要还是探讨本市的政治、经济、社会、文化、生态文明建设和党的建设各个方面的实际问题，但其所体现的创新性、先进性与理论性，也能够充分反映深圳的主流价值观和城市文化精神，从而促进形成一种创新的时代气质。

前　言

　　"三旧"（旧城镇、旧村庄、旧厂房）改造是广东省在原国土资源部的授权下，为解决广东省，特别是珠三角地区城市化过程中的土地资源消耗过快和历史遗留用地问题而制定的存量低效用地再开发特殊政策。深圳经过近四十年的极速城镇化、土地国有化，以及产业的不断转型升级，土地资源紧缺和历史用地问题复杂的问题日益凸显，需要通过各种政策综合解决。城市更新便是在这一背景下，在"三旧"改造政策基础上建立起的土地再开发规范，由一系列的市政府规章、规范性文件和市政府职能部门规范性文件组成。本书之所以取名"政策研究"而非"法律制度研究"，也是因为目前深圳对城市更新进行规范的最高层级立法仅是市政府规章，实践中主要还是依靠规范性文件进行调整。

　　本书分为五章，通过文献搜集、数据统计、案例分析、实地调研、专家座谈等方法，对深圳十多年来的城市更新政策进行历史沿革梳理，对城市更新实操流程和现状进行分析，并对政策落地过程中的各种问题进行归纳和总结，进而从宏观思路和微观设计上提出一些完善建议。

　　我们认为，深圳的城市更新是政府作为代表国家行使土地所有权及公共利益维护者的"公"，与作为土地使用权人的法人、自然人和其他组织，也即"私"，对建成区的土地再开发进行的一种"公—私"合作，双方通过博弈对土地再开发后的利益进行分享，开发企业和各类中介机构在其中承担着专业服务的角色，并根据自己的投入分析土地增值的利益。城市更新政策需要在这一理念下，透过各种纷繁复杂的历史问题，规制各方的权力（权利）边界方可有效地推进和规范更新项目。

　　本书无意针对任何政府机关、企业、其他组织、个人和任何事件发表评论和意见，所提及的案例仅限分析问题所用。

目　录

引　言

中国改革开放后的城市化进程伴随着不断将农村集体土地征收为城市国有建设用地的行政行为，而保护农地数量和维护农民权益，避免社会矛盾也是社会各方必须面对的问题。党的十九大报告中明确指出了完成生态保护红线、永久基本农田、城镇开发边界三条控制线划定工作，大多数城市都会面临建设用地指标紧约束的问题，此时，对存量建设用地进行节约集约利用就成了必须面对的课题。2016年2月6日，中共中央国务院发布《中共中央国务院关于进一步加强城市规划建设管理的若干意见》，提出"大力推进城镇棚户区改造，稳步实施城中村改造，有序推进老旧住宅小区综合整治、危房和非成套住宅改造，加快配套基础设施建设。到2020年，基本完成现有的城镇棚户区、城中村和危房改造"。可见，旧城改造、城市更新将成为各城市建设发展中需要紧密部署的事项。

就深圳而言，虽然是改革开放后发展的新兴城市，但也存在着旧住宅小区、城中村和危房。特别是随着高速城市化的进程，深圳市的可开发新增土地已接近极限。根据《深圳市2013年度土地变更调查主要数据成果的公报》①，截至2013年12月31日，全市还有约1867万平方米净增建设用地空间，但部分地区建设用地总量已接近或超过2020年规划控制目标数。也就是说，到2020年，深圳可开发的新增土地面积不到深圳最小的行政区——福田区面积的1/3。② 深圳历年土地使用情况见表0—1。与此同时，在原特区内的南山、福田、罗湖和盐田四个行政区，与现代化高楼大厦比邻的是

---

① 深圳市规划和国土资源委员会网站：http://www.szpl.gov.cn/xxgk/tjsj/td/201501/t20150127_103770.html，2015年1月28日访问。

② 福田区的面积为7880万平方米。

建筑密度高、基础设施落后、存在消防安全隐患的城中村；而在原特区外，大量20世纪八九十年代建造的厂房已经不再适合深圳产业转型升级的需要，附近的居住区也同样存在基础设施严重不足的情况。面对这一局面，深圳唯有对已建成区的存量土地进行二次开发，方能继续保持发展势头，做好中国改革开放的试验田和排头兵。

表1　　　　　　　深圳市历年土地利用分类构成　　　单位：平方公里

年份	辖区面积	农用地	建设用地	未利用地
2009	1991.63	929.87	893.85	167.91
2010	1991.64	929.88	893.85	167.91
2011	1991.64	906.92	932.89	151.83
2012	1996.78	899.19	942.75	154.84
2013	1996.78	909.35	945.07	142.36
2014	1996.78	894.09	968.31	134.36
2015	1997.27	890.11	975.50	131.65
2016	1997.27	886.28	983.21	127.77

资料来源：根据历年《深圳市房地产年鉴》整理。

存量土地二次开发的惯常做法是由政府根据城乡规划和房屋征收法律对旧工业区、旧住宅区、旧商业区和城中村的土地和房屋进行征收、收购、收回，然后再根据城市规划将土地分宗出让进行开发建设。这一过程耗时较长，政府要承担征收补偿搬迁这项艰巨复杂的工作，也要承担巨大的财政压力。事实上，很多地方都采取了公私合作的PPP等改造模式，利用社会资本参与旧改，缓解公共财政负担。[①] 而根据西方国家城市更新的经验，除了由政府主导外，也完全可以充分发挥市场的优势，由开发商通过私人收购、土地集

---

① 潘渝川、梁雨林：《旧城改造模式研究》，《合作经济与科技》2010年第4期，第15页；胡伟：《探讨多主体合作的旧城改造模式》，《管理观察》2015年第1期，第12—14页；姚恭平、高世华：《旧城改造模式探析》，《江苏城市规划》2007年第7期，第25—28页。

中的方式进行改造，政府则做好规划和监督工作。①

　　深圳作为中国市场经济程度最高、房地产市场建立最早的城市之一，完全可以发挥市场优势进行城市更新。2009 年广东省获得国土资源部批准可以协议出让"三旧"改造用地后，深圳抓住机遇，迅速出台了《深圳市城市更新办法》，开始了"政府引导、市场运作、规划统筹、节约集约、保障权益、公众参与"的深圳城市更新模式。在这一模式中，政府只需做好规划和监督，就可以从更新中收获基础设施用地、保障性住房、储备用地和城市发展成绩；开发商可以优惠的价格协议获得城市更新单元内土地使用权，并通过开发经营获得利润；更新单元内的原业主则可以改善生活环境，并享受不动产权益升值。从 2013 年开始，城市更新对建设用地的贡献数量已经超过新增建设用地数量。②

　　十年来，深圳的城市更新政策不断地调整，市场也经历了风风雨雨，有人获得了利益，有人遭受了损失，也有人在焦急地等待。笔者作为参与过深圳城市更新实务和理论工作的人士，旨在深圳确立城市更新制度十周年之际，在介绍国内外城市更新概况的基础上，细致分析深圳城市更新的流程，梳理深圳城市更新政策中的问题，并试图提出自己浅陋的意见和建议。

---

　　①　陈劲松：《城市更新之市场模式》，机械工业出版社 2004 年版，第 98 页。
　　②　2014 年城市更新用地面积为 210.59 公顷，参见 http：//www.szpl.gov.cn/xxgk/gzdt/zwdt/201501/t20150105_101320.html，2015 年 2 月 9 日访问；而 2014 年通过招标拍卖挂公开出让的新增建设用地面积为 172.6 公顷，参见《深圳房地产年鉴（2015）》，深圳报业集团出版社 2015 年版，第 49 页。

第一章　城市更新概述

第一节　中西方城市发展语境下的
城市更新

中西学界对城市更新都有过定义。刘俊教授认为："城市更新是在科学预见的基础上解决城市发展的根本矛盾的手段，就是将老化的市区予以有效的改善，使其成为现代化的都市本质。"[1] 张其邦教授认为，"城市更新从价值观来说，以公共利益为重、维护社会公平，从目标来看，提高城市的综合效益"。美国经济学家吉利斯（M. Gillis）认为："是工业造成了城市的发展，而城市发展又使得国民生产总值中制造业和某些服务业的比重增大。"[2] 事实上，宏观上的城市更新"是城市正常发展的新陈代谢功能，不断改善城市的空间结构和由此体现出的多方面功能"[3]。

一　西方城市发展背景下的城市更新

在产业革命之前，西方的城市以一种自发的状态更新发展，较为缓慢。20 世纪 50 年代，城市更新的目的是重建在第二次世界大战中遭受损害的部分，以及清理贫民窟、改善交通状况，并包含对

---

[1]　刘俊：《城市更新概念·模式·推动力》，《中外建筑》1998 年第 2 期，第 27 页。

[2]　［美］吉利斯：《发展经济学》，黄卫平等译，中国人民大学出版社 1998 年版，第 46 页。

[3]　姜杰：《城市更新与中国实践》，山东大学出版社 2013 年版，第 1 页。

城区内老化基础设施的改建工作。60 年代，城市更新主要解决城市经济发展与人口就业相结合的问题。70 年代后，则主要解决城市中内城衰败问题，即绅士化现象。① 90 年代后，重点解决城市的可持续发展问题。②

二　中国城市发展背景下的城市更新

有学者提出，新中国的城市更新可以划分为四个阶段：③ 第一个阶段为 1949 年至 1965 年，主要围绕工业建设对城市物质环境进行规划和建设，毛泽东主席 1949 年在西柏坡提出"转变消费型城市为生产型城市"的口号，因此这一时期城市建设的显著特点是满足工业生产的需要。一方面建造工业设施，另一方面充分利用、改造和维修旧城区。第二个阶段为 1966 年至 1976 年，伴随政治斗争的无规划发展时期，城市改造无统一部署，形成了"细胞式的城市建设"，各地区之间没有有益的协作。第三个阶段为 1977 年至 1989 年，即十一届三中全会后人们意识到了规划对城市发展的重要性，"六五时期"（1981—1985 年）开始根据地方总体规划兴建居住小区及相应的市政设施。第四个阶段为 1990 年至今，经济体制的转变为地方经济增值提供了机遇，也为城市更新中诸多利益相关方带来了机遇和挑战，特别是房地产开发企业开始实质性介入城市更新。

应当说，中国的城市更新是伴随着城市化的进程同时进行的，④与欧美有着很大的区别。欧美发达国家均是在城市化基本完成后才开始大规模城市更新，即城市化高潮后通过拆除破败建筑、整治建筑面貌，维修和建设公共设施从而完善城市功能。而我国的城市化

---

① 指经历资本流失和衰退的城市社区发生了趋势逆转、资本再投入、相对富裕的高收入和中产阶级回迁过程。中国城市科学研究会主编：《中国城市更新发展报告》(2016—2017)，中国建筑工业出版社 2017 年版，第 21 页。

② 石铁矛：《旧城区改造与更新》，大连理工大学出版社 2015 年版，第 3 页。

③ 翟斌庆、伍美琴：《城市更新理念与中国城市现实》，《城市规划学刊》2009 年第 2 期，第 72 页。

④ 姜杰：《论城市更新的管理》，《城市发展研究》2009 年第 4 期，第 56 页。

高潮的初、中期就遇到城市更新高潮，城市化与城市更新两股洪流交织在一起，这在世界城市发展史上是绝无仅有的。①

　　随着中国的城市化，一线、二线、三线城市的发展差距逐步拉开，不同地区、不同发展阶段的城市也面临着不同的城市更新局面。深圳是在中国共产党改革开放政策下发展起来的新城市，用30多年的时间从"宝安县城＋几个渔村"发展成一座大都市，在中国城市发展史上，特别是新中国城市发展史上占有重要地位。一座新城市提出要更新，而且在短短的五年中就成为一座城市最热的话题，聚集了大量的人、财、物，本身就是一个有趣的话题。

第二节　当代中国大陆地区城市更新的模式
——以土地使用权取得方式为标准

　　从物权变动的角度来说，城市更新消灭了旧的物权，产生了新的物权，实际上经历了"旧房屋所有权＋土地使用权"—"土地使用权"—"新房屋所有权＋土地使用权"的过程。在建设用地属于国家所有的前提下，土地使用权如何变动和取得成为城市更新中最为关键的环节，因此，以城市更新实施方取得土地使用权的方式为标准，可以将目前国内的城市更新模式分为"自上而下"和"自下而上"两种：前者是政府将旧房屋所有权和土地使用权征收，将土地进行储备，再将其使用权出让给城市更新的实施者进行开发建设进而完成更新，因此也可以称为"政府主导模式"；后者则是拟实施更新的市场主体（也包括原土地使用权人）通过市场交易方式将更新地块的全部不动产权益集中后，向政府申请进行更新，也即深圳城市更新制度确立之初的做法，广东省其他地区也有类似做法，因此也可以称为"市场主导模式"。之所以有此种区别和分类，主要在于土地政策的不同。本节将对各地的城市更新政策进行梳理和分析。

---

①　姜杰：《城市更新与中国实践》，山东大学出版社2013年版，第105页。

一　政府（公开出让）主导模式

（一）法律规定

从国家政策来看，已经明确要求经营性土地使用权必须通过招标、拍卖、挂牌等竞争性方式出让，各地也必须严格遵照执行，因此无论是在"拆迁"时代还是在"征收"时代，都需要政府行使公权力消灭旧物权，将更新改造区内的国有建设用地使用权统一变成政府储备后，再通过竞争性方式出让。只不过在"拆迁"时代房地产开发企业可以取得拆迁许可证进而直接获得强制拆除的行政权力支持，可以提前介入城市更新并对未来有相对明确的预测；而在"征收"时代则必须由政府部门组织对更新改造片区的不动产进行征收，故而存在欲提前介入的房地产开发企业将来可能无法取得土地使用权的风险。笔者整理了一些广东省以外地区"旧改"相关的政策文件，大多数文件均明确规定了需要通过公开竞争方式出让旧改地块的土地使用权，具体如表1—1所示。

表1—1　广东省以外部分其他地区旧城改造中的供地政策

《南宁市人民政府办公厅关于印发进一步加强旧城区改建工作意见的通知》（南府办〔2011〕167号）：在土地出让形式上，可以采取项目净地出让和项目整体出让等方式。（一）旧城区改建项目净地出让是指由市财政出资或由市旧城区改建管理部门会同城区政府建立投融资平台融资，由市人民政府设立的房屋征收实施机构或房屋征收管理部门委托的城区政府作为房屋征收实施单位，具体负责实施项目前期调查、征收补偿、场地平整等前期综合整理工作，待项目地块清理形成净地后，通过公开招标、拍卖、挂牌等方式确定土地受让人。（二）旧城区改建项目整体出让是指通过公开招标、拍卖、挂牌方式确定土地受让人，并签订土地使用权出让合同，约定建设条件、付款方式、交地期限、违约责任、风险承担等内容。土地受让人按合同约定支付土地出让金。由市人民政府设立的房屋征收实施机构或房屋征收管理部门委托的城区政府作为房屋征收实施单位，具体负责实施项目前期调查、征收补偿、场地平整等前期综合整理工作，并按合同约定向土地受让人交付土地。

续表

《南宁市人民政府关于印发〈南宁市加快旧城区改造的若干规定〉的通知》（2003 年
1 月 17 日）：八、市旧改办、市土地储备中心会同各城区政府、市房产局根据土地利
用年度计划，从旧城改造项目储备库中选取项目，通过净地出让、预出让、捆绑出让
等形式公开确定项目受让人和项目出让金。

《岳阳市人民政府关于加快旧城改造的若干规定》（岳阳市人民政府令第 2 号）（2003
年 6 月 20 日）：二、旧城改造项目实行挂牌公示制度。旧城改造拆迁安置补偿费和承
担的城市市政公用设施建设费用可据实从该土地使用权出让金中补偿。

《河池市人民政府办公室关于旧城区改造项目管理有关问题的通知》（2004 年 5 月 9
日）：（五）项目出让可以有如下形式：1. 净地出让。由市土地储备中心作拆迁人，
负责完善法律手续，筹措拆迁补偿及安置资金；项目指挥部作为拆迁实施人，负责拆
迁补偿安置和场地平整的具体事务，将拟开发土地清理形成净地后，由市土地储备中
心委托市土地交易中心采取公开招标、拍卖、挂牌等形式出让土地给项目受让人。
2. 预出让。由市土地交易中心通过公开招标、挂牌交易确定项目受让人，市国土资源
局与预受让人签订预出让合同约定建设条件、分期方式、交付土地期限及优惠政策内
容。市土地储备中心与预受让人签订土地前期开发协议。项目受让人按合同约定预付
土地出让金，市财政在该宗地土地出让金中安排部分作为项目前期开发资金拨付市土
地储备中心，用于支付拆迁补偿及前期工作费用。项目指挥部负责拆迁补偿安置和场
地平整、清理，并按合同约定一次性或分期向受让方交付土地。3. 捆绑出让，指将项
目的土地连同项目拆迁安置、建设条件和优惠政策捆绑。市土地交易中心通过公开招
标、挂牌交易确定项目受让人。受让人作为拆迁业主自行组织拆迁安置补偿，项目管
理指挥部配合开展拆迁工作。

《梧州市人民政府办公室关于旧城改造项目管理有关问题的通知》（梧政办发〔2006〕
94 号）：（六）市旧城改造办公室、市土地储备中心会同各城区政府、市国土局根据
土地利用年度计划，从旧城改造项目储备库中选取项目，公布项目信息，由市土地储
备中心按规定以公开招标、拍卖、挂牌交易等方式出让土地。

《邢台市人民政府关于印发〈邢台市旧城改造暂行办法〉的通知》（邢政〔2007〕32号）：第四条　旧城改造坚持政府主导、市场运作，统一规划、合理布局，因地制宜、综合开发，配套建设、政策扶持的原则。旧城改造提倡建设符合低收入家庭和回迁户的小户型住宅。第六条　旧城改造土地供应以净地出让为主。特殊情况也可以实行毛地出让，或者净地与毛地一并捆绑出让。土地出让必须采用招、拍、挂方式，并附有市规划部门出具的规划条件。

《阿拉善盟行政公署关于印发进一步做好巴彦浩特住房保障和旧城改造的实施办法的通知》（阿署发〔2008〕70号）：（三）城中村、城边村改造项目。1. 土地政策：旧平房改造土地采取毛地方式出让，土地出让金按政府净收益收取，净收益标准根据出让宗地的不同条件进行评估确定，土地出让金不再返还开发建设单位，开发建设单位得到土地后，按土地出让合同要求限期拆迁开发建设，逾期未开发建设的将收回土地使用权，造成的损失由开发建设单位自负。……（四）危旧房改造项目。1. 土地政策：旧城改造土地采取毛地方式出让，土地出让金按政府净收益收取，净收益标准根据出让宗地的不同条件进行评估确定，开发建设单位足额上缴国土部门、财政部门，政府将土地出让金作为拆迁投入、小区内外绿化及其他基础设施建设费用全额返还开发建设单位。开发建设单位得到土地后，按土地出让合同要求限期拆迁开发建设，逾期未开发建设的将收回土地使用权，造成的损失由开发建设单位自负。

《商洛市人民政府办公室关于印发商洛市中心城市旧城改造管理暂行办法的通知》（商政发〔2008〕37号）：第十条　成片改造开发建设用地按照有关规定采取招标、拍卖、挂牌方式，通过净地出让、预出让、捆绑出让等形式公开确定项目受让人和项目出让金。净地出让：指由市国土资源局出资，由项目前期实施单位负责拆迁补偿安置和场地平整、清理形成净地，按规划建设条件采取公开招标、拍卖、挂牌等形式，出让土地给项目土地受让人。预出让：指通过公开招标、拍卖、挂牌交易等方式确定项目土地受让人，并签订预出让合同，约定规划建设条件、分期方式、交付土地期限和优惠政策等内容。项目受让人按合同约定支付项目土地出让金，项目前期实施单位负责拆迁补偿安置和场地平整、清理，并按合同约定向受让方交付土地。捆绑出让：指将项目土地连同项目拆迁安置、建设条件，以公开拍卖、挂牌交易等形式公开出让给项目土地受让人。

续表

《咸阳市人民政府关于印发咸阳市旧城改造管理暂行办法的通知》（咸政发〔2008〕61号）：第二十四条　旧城改造用地中，用于安置村民生活及建设公共设施的用地以划拨方式供给，比照经济适用房模式管理。其余旧城改造用地，可以变更为经营性用地。经营性用地采取招、拍、挂方式供地。

《郑州市人民政府关于印发郑州市旧城改造暂行办法的通知》（郑政〔2008〕16号）：第十一条　成片改造开发建设用地按照有关规定采取招标、拍卖、挂牌方式出让。招标、拍卖、挂牌出让土地时，应当将拆迁安置方案和经正式批准的修建性详细规划作为用地条件。投资开发整理土地的单位未竞得土地的，由区人民政府按实际投入成本加同期银行贷款利息退还。退还费用计入土地拆迁安置成本。

《陵水黎族自治县人民政府办公室关于印发〈陵水黎族自治县旧城旧村改造管理办法（试行）〉的通知》（陵府办〔2010〕192号）：第八条规定："旧城旧村改造专项规划应明确村（居）民的安置用地、村（居）民集体发展用地和商业用地三部分用地的范围以及安置建设模式、村（居）民就业保障、村（居）民社会保障、开发建设意向和权益分配方案等。改造范围必须符合城乡规划和土地利用总体规划中确定的村镇建设用地范围。商业用地的入市方式必须符合土地供给政策。"

《巴中市人民政府关于进一步加快旧城改造有关问题的通知》（巴府发〔2010〕15号）：……（二）加强分类指导。旧城改造可根据不同情况，分别采取市场化运作、政府运作和市场运作与政府运作相结合的运作模式。引导鼓励市场化运作，通过市场融资进行土地整理熟化，安置房建设享受政府规定的优惠政策，经营性土地采取限定条件招拍挂出让；市场化运作有困难的，由政府指定市土地储备中心整理熟化土地，实行净地出让；对改造难度大、资金难以平衡的旧城区改造建设项目，可由市经济开发区商贸园管委会、巴州区人民政府个案研究特殊政策或由市人民政府统一调控，采取利用新区开发项目搭配等方法推进改造。

《曲靖市中心城区旧城改造土地收储办法（试行）》〔曲靖市人民政府公告（第55号），2011年〕第十七条规定："旧城改造项目土地采取招标、拍卖或者挂牌方式出让，并将补偿安置和规划设计条件等作为出让的必备条件。"

《周口市人民政府关于印发周口市中心城区旧城和城中村改造暂行办法的通知》（周政〔2012〕65号）：第十二条　旧城、城中村改造范围内的商品房用地，按照有关规定采取招标、拍卖、挂牌方式供应。

《广元市人民政府办公室关于印发〈广元市市城区旧城改造暂行办法〉的通知》（广府办发〔2013〕65 号）：1. 净地出让改建。对已完成整理的旧城区改建项目土地，通过招标、拍卖和挂牌方式出让，公开确定旧城区改建项目开发主体。2. 整体出让改建。通过"模拟搬迁"方式确定的可征收项目，按公开招拍挂方式确定土地受让人，并签订土地使用权出让合同，约定建设条件、付款方式、交地期限、违约责任、风险承担等内容。土地受让人按合同约定支付土地出让金。由市或区房屋征收部门委托的实施单位，具体负责实施征收补偿、场地平整等前期综合整理工作，并按合同约定向土地受让人交付土地。

（二）用地政策。1. 采取多种方式供地。旧城区改建整理出来的土地用于经营性项目开发建设的，根据产业政策、项目特点分别采用招标、拍卖、挂牌等多种方式供地。其中，商品住宅与其他用途混合建设用地的，商品住宅面积达到50%以上的，以拍卖方式出让；商品住宅面积未达到50%的，可采取挂牌方式出让。2. 支持整体规划成片开发。土地使用权人按城市规划要求需整合使用周边土地的，由市规划局出具整合意见函，经市国土资源局同意，被整合土地可以协议出让方式供地。被整合土地面积原则上不超过土地使用权人已取得上地面积的1/3，且最大整合面积不超过6000平方米。3. 鼓励社会资金参与改建。旧城区改建片区内的整体改建项目，应通过招标方式一次性确定实施主体。在实施主体与原产权人通过市场方式按照自愿原则达成协议后，房管部门办理房屋产权过户，市国土部门按照"地随房走"原则，为实施主体办理土地变更登记手续。

《景德镇市人民政府关于印发〈景德镇市中心城区城市更新改造实施办法（试行）〉的通知》（2016 年 4 月 15 日）：第二十七条　城市更新改造项目在取得土地征转用批复、规划条件明确、土地权利清晰没有法律经济纠纷并与被征收人达成征收补偿安置协议的前提下，具备动工开发基本条件的可按现状以公开出让方式供应土地，列入城市更新改造成本的资金可先行用于改造的土地和房屋征收补偿。

　　虽然本书将上述地区归类于"政府主导"型城市更新，但在市场经济环境下，政府在城市建设方面不可能"包打天下"，在行使行政权力做好城市规划和土地管理的前提下，可以或者说也有必要将具体的开发建设交给企业。上述不能协议出让土地使用权的地区也鼓励企业参与，如《陵水黎族自治县人民政府办公室关于印发〈陵水黎族自治县旧城旧村改造管理办法（试行）〉的通知》（陵府办〔2010〕192号）第二条规定："旧城改造按照统一规划、配套建设，政府引导、业主自愿，多元主体、市场运作，集约节约、高效利用的原则实施。"第四条规定："旧城旧村改造原则：（一）坚持政府统筹、市场运作的原则。通过政府主导，村（居）民为主体，市场化运作，实现互惠共赢。"第五条规定："鼓励国内外有实力的企业通过市场运作的方式参与开发旧城旧村改造项目。"

《广元市人民政府办公室关于印发〈广元市市城区旧城改造暂行办法〉的通知》（广府办发〔2013〕65号）第五条规定："旧城改造划分为重点改造区域和鼓励改造区域。（一）重点改造区域由政府主导实施，可采取BT、招标（商）等市场化方式引进开发企业实施改造。（二）鼓励改造区域由土地使用业主自行组织实施，涉及多业主的，应由相关居委会或街道办事处负责组织，推选产生改造项目业主委员会（以下统称改造业主），改造业主按照公开、公平、公正的原则，通过谈判或招商比选的方式选择开发企业（以下统称投资业主）联合开发改造。"

《绵阳市人民政府关于旧城区改建工作的意见》（绵府发〔2012〕33号）"基本原则"规定，"1. 政府主导、市场运作。政府负责旧城区改建政策制定和组织推动；具体项目实行市场化运作，鼓励各类市场主体、社会资金以多种方式参与旧城区改建"。

《咸宁市人民政府办公室关于印发加快推进咸宁市城区城中村和旧城改造工作有关规定的通知》（咸政办发〔2013〕13号）"城改原则"更是考虑了开发商提前介入的情况，规定"咸宁市城区城改工作，市政府本着'政府引导、市场运作、突出重点、分步实施、不予不取、自求平衡'的原则，循序渐进地进行。（二）建立开发商前期介入城改退出机制。介入城改并已有投入的开发企业，若经招拍挂未竞得土地，按以下方式退出：1. 前期介入城改投入成本退还开发企业时，按实际投入成本加同期银行贷款利息退还；2. 退还开发商前期介入城改的投入成本及利息应计入土地招拍挂的拆迁安置成本；3. 开发商前期介入城改的投入成本，由城改项目实施责任单位负责核算并协调退还"。

（二）实际案例

从媒体的公开报道来看，2010 年以后，上海①、江苏②、浙江③、

---

① "20 多天内有 600 多户居民主动签约，今年我们的旧改工作有了新突破。"旧改总量居松江区首位的永丰街道，尽管今年起步较晚，但旧改工作成效明显。自 8 月以来，永丰街道已先后有 902 户居民签下了动迁协议。由于多数居民至今仍生活在与现代生活水平脱节、配套落后的老旧房屋中，因而多数居民是主动要求动迁，改善生活环境的意愿十分强烈。"公开、公平、公正，是否愿意动迁，房屋怎么置换，都在政策范围内由居民说了算。"永丰街道旧改办负责人告诉笔者，为了保证居民对老城房屋置换工作推进步骤和现状的知情权、参与权，今年的旧改工作是围绕"征询"二字展开的。"在置换意愿和置换方案两轮征询过后，我们创新启动了第三轮征询。"陆静宜：《全年签约 1600 余户，占市郊旧改签约总数的 80%——松江区旧城改造工作位居郊区前列》，《东方乡报》2014 年 12 月 25 日第 A08 版。"上海市宝山区区委书记汪泓说：'首先要保障老百姓的利益不受损。尽管综合整治方向和目标都是好的，但难免存在部分村民或居民利益阶段性受损，比如一些摊贩、厂房租赁、集体企业收益受损等。我们在整治之初，就把各类征收补偿工作摆在第一位。'针对居农民、集体企业、国有企业的不同需求，按照国家征收补偿机制，宝山区分门别类推进征收补偿工作。确保在项目启动之初就让居农民明确动迁之后自己住在什么区域、几号楼几室，让老百姓没有后顾之忧。'保障要有前瞻性，而不只是眼前的、现在的补偿，要考虑到今后集体经济发展连续性的问题。将来农民变为居民，就要考虑以实业公司量化股份的形式给予农民补偿'，连正华说。"贾远琨：《想清楚再动工，"城中村"华丽转身——上海市宝山区将旧城改造与产业转型、产城融合、改善百姓生活结合，打造"宜居宜业宜游新区"》，《新华每日电讯》2014 年 8 月 20 日第 007 版。

② "笔者从日前召开的全市建筑工地扬尘专项整治和旧城改造推进会上获悉，今年我市确定要完成 550 万平方米旧城改造目标任务，同时投巨资强力推进安置房建设，努力改善人居环境，让城市变得更美好。关键词：好成绩，征收房屋 579 万平方米，城市发展拓展更多空间。"孙飞、李慧、杨迅：《努力改善人居环境　让城市变得更美好，今年我市旧城改造将达 550 万平方米》，《连云港日报》2015 年 3 月 5 日第 A01 版。

③ "全年累计改造 13 个区块，全部在规定时间内实现 100% 签约，总面积达 44.8 万平方米，超过以往七年总和，上演了改造征迁工作中定海版的'速度与激情'。昨天下午的定海区决战城中村（旧城）改造誓师大会上，全区 2017 年改造数据出炉，其中的多项工作领跑全市。"虞仁珂、胡欢欢：《2017 年定海完成城中村（旧城）改造区块 13 个，征收总面积 44.8 万平方米，一年征迁量超过以往七年总和，今年计划再征收 92.4 万平方米以上》，《舟山日报》2018 年 1 月 3 日第 001 版。"9 月 4 日—10 月 3 日，历时一个月、前后共 30 天，庆元县完成旧城改造 292 户征迁户、4.8 万平方米签约，项目现已进入腾空拆除阶段。"叶浩博、陈传敏、吴彬林：《30 天打赢重点项目"首位之战"——庆元"弱有所扶"完成旧城改造签约》，《丽水日报》2017 年 11 月 9 日第 001 版。"据了解，城西旧城改造是德清县委、县政府的一项重要决策部署，启动于 2013 年，之前已完成三期，第四期自 8 月 15 日启动以来，目前 580 户集体土地房屋已有 539 户办理房屋征迁协议签订手续，签约率为 92.9%。"徐斌姬：《德清城西旧城改造四期项目签约率超九成：有情征迁赢民心，群众点赞慰铁军》，《湖州日报》2017 年 11 月 2 日第 A01 版。李鱼：《嚣张蓝焰被抓典型，旧城改造全部签约》，《舟山日报》2014 年 7 月 24 日第 005 版。

江西①、福建②、河北③、河南④、贵州⑤、青海⑥、西藏⑦、宁夏⑧、

---

① "城市赢得环境、百姓赢得实惠、政府赢得民心、社会赢得和谐,是新建县旧城改造房屋征收的宗旨。在一份厚达40页的方案中,可以见证县委负责人所说的属实。大到产权确认,小到电话移机补偿认定,都有详细规定。在征迁工作中,该县要求征迁人员做到'三统一、三到位',即征迁思想统一、征迁标准统一、测量标准统一;政策宣讲到位、工作协调到位、安置补偿到位。与此同时,坚持'四早',即早签约、早腾空、早选房、早受益,全面公示奖励办法、选房顺序号等征迁信息,接受征迁户监督。"陈新民:《以情动迁,群众信服——新建县旧城改造扫描》,《当代江西》2014年4月15日。"对当前东湖的发展来说,最大的困境就是发展空间不足。如何挖掘现有发展空间的存量?今年,东湖区旧城改造强势推进,短短50多天的时间,七里村、殷家巷社区等地块完成近44万平方米的征迁任务,尤其是殷家巷社区旧改项目,6月5日进场动迁,在短短32天就完成了总任务的90%多,打开了东湖'百姓别棚户、旧城换新颜'的生动局面。老城区板块的'刷新',为东湖发展腾出了黄金空间。9月1日,东湖区今年第二轮房屋征收工作正式启动,按照先易后难、先急后缓的原则,从群众最期盼、产业调整需求最迫切、见效最快的地方入手,重点推进青山湖西岸、下正街电厂、上沙窝、下沙窝、香江家居等地块的改造。半个多月来,通过动迁宣讲员热情细致的服务,青山湖西岸二期旧改征迁工作得到了被征迁户们的配合和支持,虽然征收令还未正式下达,但提前领取搬迁序号的户数已近六成;其余地块的征迁工作也全部进入了入户宣讲阶段,预计将于今年10月底完成所有征迁任务。"李旸、葛静:《东湖区:旧城改造全面提速 总部经济蓄势腾飞》,《南昌日报》2014年9月26日第001版。"考棚片区占地面积为73.6亩,房屋总建筑面积93264.13平方米。自4月15日考棚片区旧城改造启动以来,指挥部开展了一系列工作,组建了征迁工作队伍,开展了入户宣传、调查摸底,主动对接了市、区两级公建单位,加强了两违管控工作,分类召开了居民代表征求意见座谈会,98%的居民同意拆迁,组织了居民实地参观安置点,张贴了征求意见稿,公布了初测绘面积和发放了初评估报告。截止到目前,考棚片区住户832户,已测绘764户,已评估701户。"谈思宏:《浔阳区旧城改造考棚片区集中签约》,《九江日报》2014年8月11日第001版。"象山南路沿线棚改项目占地约280亩,涉及被征收户5890户,征收面积约40万平方米,是全市乃至全省中心城区户数最多、面积最大、区域最核心的棚改项目。项目启动之初面临诸多困难,大家都觉得象山南路沿线棚改项目是一块极其难啃的'硬骨头'。出乎意料的是,时隔三个半月,象山南路沿线棚改项目基本完成征迁工作(截至7月16日,象山南路沿线5875户被征收户已搬迁交房,完成率99.74%),再次让大家看到了房屋征收的'南昌速度'。2017年前,我市将完成2000万平方米旧城改造,36.5万人受益。"舒丹、陈文萍、庄艳:《旧改征迁"和谐有序"中不断刷新"南昌速度"》,《南昌日报》2014年7月18日第001版。

② "福州市房管局负责人介绍,截至目前,2017年初确定的42个旧改项目已全进场实施征收,已搬迁签约26875户,其中11个项目已交地,10个项目全部签约。2018年城区连片旧屋区改造第一批启动的项目,已有22个进场实施征收,已签约3919户。"段金柱、卞军凯:《旧城改造,福州打响三年攻坚战》,《福建日报》2018年1月19日第001版。

③　"桥西区与中国铁建投资集团有限公司、中铁十八局签订了棚户区改造项目合作开发协议，项目总投资75.06亿元，主要包括棚户区改造、城中村改造及农村村落改造，按照全市棚改征收工作的统一安排部署，从9月起已陆续启动8个地块征收工作，对7个城中村改造项目张贴了征收公告，目前征收工作正按照计划有条不紊推进。"吕永清、陈伟、李国栋、庞跃强：《健全基础设施　完善城市管理——桥西：提速旧城改造建设宜居新城》，《张家口日报》2017年11月20日第001版。

④　"通过采取一系列措施，该区28个在建房地产开发项目已完成投资2.1亿元。城中村项目中孟营一、二、三村房屋测绘已经完成，正在汇总数据并走控规前置条件修改程序；马小营村房屋测绘全面展开；公村的安置区位置、面积正在与市规划部门积极协调。棚户区改造项目华北石油局新乡基地厂区内的房屋征收工作已经结束；平东实业公司（龙湾国际）集体资产部分征收工作接近尾声；紫光旺角、环城南街已拿到确认函。"李梅、王明国、丰明帅：《红旗区积极推进旧城改造项目建设》，《新乡日报》2013年10月22日第A05版。

⑤　"将'三变'改革引入项目征收工作，坚持'以人为本、让利于民'，对征收的房屋，以'两个20%'的原则实施回迁安置，即补偿时按主体房占地面积奖励20%非独立产权商铺，余下建筑面积按1＋20%置换住房；对征收的土地，除应有的土地补偿外，还给予农户每亩土地30平方米的非独立产权商铺。在回迁安置过程中，通过'三变＋棚户区改造＋扶贫'模式，引导群众将商铺入股到区属国有企业——荷城花园公司统一经营管理，按股分红，共涉及754户3016人，其中城市低收入群体417户1668人。"魏薇、蒋涛：《打造"水城古镇"探索旧城改造新模式》，《当代贵州》2017年4月25日。

⑥　"本次征地拆迁片区划分为高速公路下线口西片区、新安路片区、杨家村片区、棉纺厂片区共2462户，初始丈量登记片区划分为西营村、东庄村、西村、大路村、上庄村、东村、窑房村、南村、中村共9个行政村。"刘志坚、毛亮、陈平忠：《平安拉开旧城改造序幕》，《海东时报》2013年10月17日第2版。

⑦　"他们在深入调查摸底、准确掌握情况的基础上，严格按照《国有土地上房屋征收与补偿条例》规定，制定《昌都旧城改造与开发建设房屋征收补偿安置办法》，拟定《昌都市卡若区人民政府实施非法私建治理和棚户区改造工作公告》，用藏汉两种文字向全社会公示，就拆迁安置方案制定、补偿标准、户型等问题入户讲解、在媒体上宣传、听证论证，确保程序合法、结果公开、社会公认。昌都旧城改造与城市总体规划、产业发展、商贸金融物流、藏东地域特色、康巴文化传承相结合，在功能布局、建筑风格、材料使用等方面，突出藏东民族风格、康巴民俗风情、茶马文化韵律和昌都地方特色。"叶昌元：《昌都新貌，安康藏区——昌都市旧城改造纪实》，《城乡建设》2015年10月5日。

⑧　"银川市金凤区浴池巷、金家巷和川丰巷等社区是金凤区黄河东路街道办辖区内老旧社区拆迁改造的重点、难点区域之一。……据她介绍，自从旧城改造工作开始，她们就从街道办和居委会各部门被临时抽调过来，每天主要工作就是走街串巷，挨家挨户上门做工作，与拆迁户签订拆迁安置协议、验房收费、帮助拆迁户安置临时住所。"霍晓刚、钟培源、姚忠禄、胡晓鹏：《银川市旧城改造进行式》，《宁夏画报》（时政版）2013年4月20日。

吉林①等地在旧城改造项目过程中都采取了先由政府行政部门根据原《城市房屋拆迁管理条例》以及现行有效的《国有土地上房屋征收与补偿条例》对改造地块进行征收，之后再公开出让给企业进行改造建设的方式。

二　市场（协议出让）主导模式

2009 年 8 月 25 日，广东省人民政府发布了《广东省人民政府关于推进"三旧"改造促进节约集约用地的若干意见》（粤府〔2009〕78 号发布），其中规定"纳入'三旧'改造范围、符合土地利用总体规划和'三旧'改造规划、没有合法用地手续且已使用的建设用地，用地行为发生在 1987 年 1 月 1 日之后、2007 年 6 月30 日之前的，已与农村集体经济组织或农户签订征地协议并进行补偿，且未因征地补偿安置等问题引发纠纷、迄今被征地农民无不同意见的，可按照用地发生时的土地管理法律政策落实处理（处罚）后按土地现状办理征收手续，属于政府收购储备后再次供地的，必须以招标拍卖挂牌方式出让，其他可以协议方式出让"。2009 年 11月 23 日，《广东省人民政府办公室转发省国土资源厅关于"三旧"改造工作实施意见的通知》（粤府办〔2009〕122 号）发布，其中规定"关于'三旧'改造的供地，属政府收购储备后再次供地的，必须以招标拍卖挂牌方式出让，其他可以协议方式出让。以协议方式出让的，必须经市、县人民政府领导班子集体研究决定，并进行公示，具体操作程序由各地级以上市人民政府制定"。由此，对于已经办理出让手续或已经既成事实的建成农村建设用地，可以通过"协议"方式取得更新项目的土地使用权，这一政策给更新范围内的当前土地使用权人提供了作为更新实施主体的机会和动力，也同样为房地产开发企业与更新地块土地使用权人合作进行更新提供了机遇。

需要再次强调的是，此处的"市场主导"仅指因为可以通过协议方式取得更新地块的土地使用权的土地政策激发了房地产开发企

①　赵雪：《长春城建史上规模最大的旧城改造提升主体工程基本完工，上下齐心联动，老城破茧成蝶》，《长春日报》2017 年 12 月 10 日第 001 版。

业等市场主体通过市场手段获取城市更新土地的动力，使得企业在促成城市更新项目上更为主动，并不是更新完全由市场主导。从后文中包括深圳在内的广东省各地城市更新政策及实践的演变来看，作为事关城市公共利益的系统工程，城市更新中政府必须在某些关键方面进行主导。

（一）广东省各地法律政策规定

粤府〔2009〕78 号文和粤府办〔2009〕122 号文等政策发布后，各地级市也陆续发布了配套的"三旧"改造政策。从各地级市的文件来看，其中大多数文件规定了市场主体参与城市更新的方式，以及明确可以通过协议方式出让城市更新土地使用权，笔者具体列举一些（见表1—2）。而2018 年《广东省国土资源厅关于印发深入推进"三旧"改造工作实施意见的通知》（粤国土资规字〔2018〕3 号）中再次明确"涉及'三旧'改造的供地，属政府收购储备后再次供地的，必须以招标拍卖挂牌方式出让，其余可以协议方式出让"。

表1—2　广东省部分城市城市更新（"三旧"改造）供地政策

《广州市城市更新办法》第十五条："城市更新可以由市政府工作部门或区政府及其部门作为主体，也可以由单个土地权属人作为主体，或多个土地权属人联合作为主体，综合运用政府征收、与权属人协商收购、权属人自行改造等多种改造模式。……城市更新通过市场运作的，应当选取与更新规模、项目定位相适应，有资金实力、开发经验和社会责任感的诚实守信的企业。"

　第三十七条："城市更新项目用地范围内现状土地、房屋涉及多个权属人的，应当进行土地归宗后由同一个权利主体实施改造。除政府依法征收的以外，项目用地范围内的土地房屋权属人可以通过向国土规划主管部门申请土地使用权和房屋收购进行土地归宗，也可以由多个权属人签订协议并依照《中华人民共和国公司法》的规定以权属人所拥有的土地房屋权益作价入股的方式进行土地归宗。"

《印发佛山市国土资源局"三旧"改造国有建设用地协议出让的操作方法的通知》："确认为'三旧'改造项目并且经区以上人民政府批准自行开发改造的，其国有建设用地由国土资源管理部门采取协议出让方式将土地使用权在一定年限内出让给原土地使用权人，原土地使用权人支付相应土地使用权出让金。"

续表

《珠海经济特区城市更新管理办法》第七条："城市更新由市政府相关职能部门、区人民政府（以下简称区政府）、土地使用权人或者其他符合规定的主体申报、实施。鼓励有社会责任、有品牌、有实力、有经验的开发企业实施城市更新项目。"

第四十九条："拆建类城市更新项目实施方式主要包括：（一）权利主体自行实施：包括更新单元内的单一权利主体自行实施，或者多个权利主体将房地产权益转移到其中一个权利主体后由其实施；（二）市场主体单独实施：更新单元内的权利主体将房地产权益转移到非原权利主体的单一市场主体后由其实施；（三）合作实施：更新单元内的权利主体与非原权利主体的市场主体签订合作协议，形成单一主体合作实施；（四）政府组织实施：市政府通过征收、收回、收购等方式对更新单元内的用地进行整合、收储并通过公开方式确定实施主体实施，或者成立、授权城市更新实施机构直接实施。村集体经济组织采取自行实施方式进行城中旧村改造的，应当成立单项房地产开发全资子公司实施。涉及该全资子公司股权转让的，应当按前款第二项、第三项处理。村集体经济组织采取市场主体单独实施或者合作实施方式进行城中旧村改造的，应当通过公平竞争方式确定市场主体后由其实施。"

第五十四条："拆建类城市更新单元规划应当由单一权利主体进行申报和实施。更新单元范围内存在多个权利主体的，应当通过以下方式形成单一主体：（一）权利主体以房地产作价入股成立或者加入公司；（二）权利主体与实施主体签订搬迁补偿安置协议；（三）权利主体的房地产被收购方收购。城中旧村更新的，村集体经济组织可以作为单一权利主体进行申报。"

《中山市人民政府关于"三旧"改造工作的若干意见》五、改革创新，加大支持鼓励力度："（三）加快完善用地手续及用地报批。纳入'三旧'改造范围、符合土地利用总体规划和'三旧'改造规划、没有合法用地手续且已使用的建设用地，用地行为发生在1987年1月1日之前的，直接办理确权手续；用地行为发生在1987年1月1日之后、2007年6月30日之前的，按照土地现状（建设用地）办理征收手续，免土地利用年度计划指标，免缴新增建设用地有偿使用费、耕地占用税和耕地开垦费。属于政府收购储备后再次供地的，必须以招标拍卖挂牌方式出让，其他可以协议方式出让。"

续表

《惠州市人民政府关于推进"三旧"改造促进节约集约用地的实施意见》：（二）原产权人自行改造。旧城镇改造范围内，在符合土地利用总体规划、城乡规划和"三旧"改造规划的前提下，鼓励原土地使用权人自行进行改造。但原土地使用权人须拥有改造范围内全部或大部分土地权属才能申请。涉及的划拨土地使用权和改变土地用途以及延长土地使用年限可以采取协议方式出让。（三）市场主体实施改造。旧城镇改造范围内，在符合土地利用总体规划、城乡规划和"三旧"改造规划的前提下，各地块的使用权人可共同成立项目公司联合自行改造；或市场主体与其他土地权利人协商签订土地转让（收购）合同，在落实相关补偿安置措施的前提下，自行收购改造范围内的多宗地块及地上房屋建筑后，申请对收购的地块取得拆迁许可后进行集中、成片拆迁改造。涉及的划拨土地使用权和改变土地用途以及延长土地使用年限可以采取协议方式出让。（四）农村集体土地改造。旧村庄改造范围内，农村集体经济组织自愿申请将集体建设用地转为国有并经依法批准，由农村集体经济组织依照规划自行改造或与合作单位改造建设的，按以下规定办理用地手续。1. 若交由农村集体经济组织自行改造使用，以划拨方式供地，但不得用于商品住宅开发；农村集体经济组织与有关单位合作改造建设的，以协议出让方式供地，将土地使用权出让给村集体的合作开发单位或是合作成立后的单位。

《肇庆市人民政府印发关于推进"三旧"改造促进节约集约用地若干意见实施细则的通知》："（二）原土地使用权人自行'三旧'改造的运作方式。旧城镇改造范围内，在符合土地利用总体规划、城市（乡）规划和'三旧'改造规划的前提下，鼓励原土地使用权人自行改造，各地块的使用权人可共同成立项目公司联合改造，但原土地使用权人须拥有改造项目范围内全部土地权属才能申请。（三）市场主体收购地块进行集中改造的运作方式。旧城镇改造范围内，在符合土地利用总体规划、城市（乡）规划和'三旧'改造规划的前提下，市场主体与土地权利人协商签订土地转让合同，收购改造范围内的多宗地块及地上房屋建筑后，并落实相关补偿安置措施，取得收购地块的拆迁许可后进行集中改造，按上述原土地使用权人自行改造的相关规定和办理程序办理。国土资源部门根据收购人的申请，将分散的土地归宗，依法为收购人办理土地变更登记手续。收购改造范围内的多宗地块涉及出让年限不一致的，应统一出让年限，补交相应的地价款。"

《梅州市人民政府关于推进"三旧"改造促进节约集约用地的实施意见》："（三）市场主体实施改造程序。1. 市场主体实施收购土地使用权，并按原土地使用条件办理补办出让、转让手续；2. 编制宗地权属分布图和各宗地的权属状况列表〔含权利人、权属性质、土地坐落、宗地面积、用途、使用期限、土地证书编号等；其中无权属证明材料的，应由当地村（居）委证明权属实际归属〕；3. 产权人编制改造方案，向'三旧办'提出申请，'三旧办'征求规划（建设）、国土部门意见；4. 规划（建设）部门出具地块符合'三旧'改造规划、列入年度实施计划意见；5. 国土部门审核地块权属情况，提出是否同意改造的意见；6. 改造方案连同规划（建设）、国土部门意见报同级政府'三旧办'审核，同级政府'三旧办'提出书面意见；7. 改造方案按规定程序报批；8. 规划（建设）部门凭政府批准文件出具地块规划条件，涉及改变地块容积率的，规划（建设）部门应明确原用地容积率和拟改造容积率；9. 地价评估机构对原土地使用条件、新规划设计条件下的土地使用权价格分别进行评估；10. 国土部门凭政府批准文件办理'三旧'改造用地、历史用地完善手续有关事项；11. 产权人按规定补缴地价；12. 办理土地登记。"

除了协议出让特殊政策外，根据广东省政府2009年的政策中关于土地还有以下主要政策：一是"三旧"改造用地，现土地使用权人有权根据"三旧"规划处置。二是完善征收为国有建设用地合法手续，简化部分用地手续。三是土地收益分配。政府收回企业的旧厂房用地并以招拍挂方式出让的，其土地出让纯收益可按50%的比例返还给该企业。政府征收集体建设用地用于经营性开发的，其土地出让纯收益可按50%比例返还给该村集体经济组织。四是农村集体申请将集体建设用地改变为国有建设用地有关问题。土地利用总体规划确定的城市建设用地规模范围内的旧村庄改造，原农村集体申请将集体建设用地征为国有建设用地，无论面积多大，均报省政府审批。农村集体建设用地改变为国有建设用地后，确定为农村集体经济组织使用的，无论何种用途，均可交由农村集体经济组织自行改造或与有关单位合作开发建设，政府无须支付征地补偿安置费，无须办理听证、社保和留用地手续。

相应地，"三旧"改造项目的土地处置模式共有三种，分别是政府收回、收购"三旧"用地通过招拍挂出让改造模式；原土地使用权人自行实施"三旧"改造的模式；市场主体收购相邻多宗地块进行集中改造模式。这大大激发了市场主体对"三旧"改造的热情。

（二）深圳以外其他广东省城市的实践

根据上述政策，除深圳以外的广东省其他城市"三旧"改造实践中，因地制宜，因每个项目不同，或采取自上而下政府主导方式，或采取自下而上市场推进方式。2008年—2017年12月31日，广东省已累计投入改造资金12002.71亿元，其中社会投资金额10155.56亿元。实施改造61.40万亩，其中，完成改造项目5717个，完成改造面积34.22万亩；实现节约土地约15.91万亩，正在改造项目4077个，涉及改造面积27.18万亩。通过开展"三旧"改造，全省有效开发存量建设用地，推进土地循环利用，优化了用地布局，提升了土地利用效率，有力保障了经济发展的用地需求。据统计，2008年以来，广东通过"三旧"改造腾挪增加可利用土地面积占已完成改造土地面积比重为46.5%，节约用地约15.91万亩。在已改造项目中，属于产业结构调整项目的共3376个，占改造项目总数的59.05%，其中，属于淘汰、转移"两高一资"项目496个，引进现代服务业和高新技术产业项目348个，投资超亿元项目799个。这批项目改造后当年实现产值（营业收入）是改造前的2.04倍。在已完成的改造项目中，建设城市基础设施和公益事业项目1214个，涉及用地5.72万亩，新增公共绿地9029.23亩；保护与修缮传统人文历史建筑777.06万平方米。[1]

在广州，城市更新经历了1992年前的政府出资建设，到1992年后的市场主导，到1999年的完全政府主导排除市场主体，再到2006年引入市场主体参与拆迁后的建设的变化。对于城中村集体用地，政府采取"不与民争利"的态度，将集体土地转为国有建设用地后公开出让形式，如猎德村旧改和琶洲村旧改；又或者村集体与企业合作通过协议出让取得土地使用权。[2] 对于工业用地，则采取

---

① 肖乃花：《广东"三旧"改造十年节地15.91万亩》，《中国国土资源报》2018年1月31日第001版。

② 黄涛：《"一村一策"推动广州城中村改造，尊重村集体在改造中的主体地位，激发村民参与积极性成为三旧改造的特色经验》，《广州日报》2010年7月27日第007版。

协议出让的方式让企业能够取得新的土地使用权，按照规划进行改造，如广州联合交易园项目，由原土地使用权人自主实施升级改造；① 又或者收回国有土地再次出让后由政府和原土地使用权人分享土地增值收益，如广日电梯广州市天河区广州大道 920 号地块"三旧"改造项目②、珠江啤酒总部项目③。对于旧城区，有的采取政府主导模式，如鱼珠旧城改造项目是自 2009 年"三旧"改造政策实施后第一个获批的旧城改造项目，而且该项目是广州市首个由区级政府直接承担征拆补偿、土地收储、复建安置的旧城更新改造项目。④ 广州市越秀区解放中路旧城更新改造项目则是在政府主导，没有开发商介入的全新开发模式下进行的一次岭南传统街区振兴的探索。在实施过程中广州市政府采取了由居民自愿决定回迁、外迁或领取经济补偿三种方式；在建筑量满足回迁住户及配套需要的基础上，仅适量增加商业、住宅面积用于补偿政府投资，此外不考虑盈利；改造后的空间和形态延续老城的文脉和机理，对基地中有价值的建筑采取予以保留的开明态度。⑤ 有的采取"微改造"模式，由政府出资，或者以物业出租权为对价邀请开发商在不大拆大建的情况下对改造片区进行综合环境提升。

在佛山，"三旧"改造以集体建设用地上的工业园区升级和旧村居为主，如中国（平洲）玉器城项目、九江镇下西商业步行街项目⑥、张

① 卢轶：《省市将签责任状力破"三旧"改造瓶颈：全省已完成改造面积不足"三旧"用地总量的4%，将采取系列措施推进进度》，《南方日报》2014 年 7 月 17 日第 A04 版。

② 刘莎莎：《广日电梯申请"三旧"改造获批，广钢股份或受益》，《证券时报》2011 年 9 月 29 日第 B02 版。

③ 刘兴龙：《广州市"三旧"改造加速推进　珠江啤酒土地被征收获补偿 23 亿元》，《中国证券报》2013 年 11 月 27 日第 A07 版。

④ 张林、黎天乐：《广州实施"三旧"改造政策后首个获批项：鱼珠改造开发商不介入》，《广东建设报》2014 年 6 月 13 日第 002 版。

⑤ 李鸣正、黎子铭：《浅评广州越秀区解放中路地块旧城改造项目》，《建材与装饰》2017 年第 7 期。

⑥ 南讯：《南海启动"三旧"改造项目》，《广东建设报》2008 年 1 月 11 日第 A02 版。

槎普华科技工业村项目①、凤池装饰材料市场二期项目②、国际家居博览城③等，因此涉及土地使用权变更的较少，"土地权属不变"，改造后由使用者支付租金给村集体。④ 但在村集体和房地产开发企业共同开发的商住项目上也涉及集体用地转为国有建设用地后的协议出让问题，⑤ 如桂城区石石肯丽日广场项目⑥、张槎莲塘村童梦天下项目⑦；此外也有国有土地上的厂房就地升级协议出让的案例，如金谷光电产业社区。⑧

　　在东莞，情况与佛山相似，2009 年的"三旧"改造也主要是对集体土地上的旧工业区进行改造。⑨ 土地权属情况大致分为三类：一是土地性质不变，村集体经济组织对集体经济用地上的不动产进行改造，工业用途不变的，提高容积率的，政府免收土地出让金和市政基础设施配套费，⑩ 如凤岗的国际钟表文化产业园项目、⑪ 大朗

　　① 李军晶、祝桂峰：《小空间，大发展——佛山市"三旧"改造促集约用地侧记》，《中国国土资源报》2007 年 10 月 23 日第 002 版。

　　② 《以"三旧"改造推动经济跨越式发展》，《现代乡镇》2008 年第 7 期，第 45 页。

　　③ 谭顺秋：《土地一盘活，分红也多了——国土资源部副部长王世元视察并赞赏我市"三旧"改造做法》，《佛山日报》2011 年 5 月 14 日第 A01 版。

　　④ 毕小曼、田春华、祝桂峰：《"不是没地用，而是没用好"——广东省佛山市"三旧"改造见闻》，《中国国土资源报》2009 年 2 月 19 日第 002 版。

　　⑤ 张雷：《三旧改造，佛山新的土地革命》，《房地产导刊》2008 年第 11 期，第 69 页。

　　⑥ 阳桦：《"三旧"改造"改"出新桂城——桂城推动区域"三旧"改造，实现城市突围》，《佛山日报》2013 年 5 月 13 日第 A04 版。

　　⑦ 何宁、袁明武：《张槎启动五大新产业项目，走出村组企业"三旧"改造新模式：政社合力，张槎产业集群密集"挂果"》，《佛山日报》2014 年 8 月 14 日第 A06 版。

　　⑧ 黄艳姿、许树东、唐文辉：《广东都市型产业基地：五年成势驱动城市升值》，《南方日报》2014 年 8 月 13 日第 A05 版。

　　⑨ 肖隆福、莫延钦：《"三旧"改造：城市与产业升级再破题——大朗镇城市化样本透视》，《东莞日报》2009 年 5 月 11 日第 A04 版。

　　⑩ 潘少婷：《望牛墩召开镇村集体经济发展系列政策专题辅导会："三旧"改造"工改工"解用地忧》，《东莞日报》2012 年 8 月 31 日第 A15 版。

　　⑪ 曹丽娟：《东莞首个国际钟表文化产业园将落户凤岗，由得利钟表公司投资 5 亿元建造，是"三旧"改造中"工改工"项目》，《东莞日报》2018 年 1 月 30 日第 A06 版。

松湖云谷创意产业园①等；二是国有建设用地使用权人自行改造，可以通过协议方式取得新的土地使用权，如南城区周溪社区的"福民"地块改造②、东城区讯通旧厂改造项目③等；三是政府主导的改造项目涉及集体用地转为国有建设用地的，改造工作与征收集体土地同时进行，④或者采取土地收回方式。⑤之后再进行公开出让，如华阳南洲片区"三旧"改造地块中的教育科研设计用地、商住混合用地就采取招拍挂方式出让，⑥东城万达广场⑦等；四是集体经济组织自愿将其所有的集体建设用地改变为国有建设用地后，自行改造的"三旧"成片拆迁项目，土地出让金扣除按规定计提的农业土地开发资金后，余额归村集体。对于集体经济组织将其所有的集体建设用地改变为国有建设用地后，与有关单位合作开发建设的"三旧"成片拆迁改造项目，土地出让金扣除规定计提的农业土地开发资金后，市、镇、村按2：4：4的比例分成，⑧如凤岗镇的名流置业园区。⑨

　　在中山，2009年以后充分应用广东省关于"三旧"改造的特殊土地政策：第一，对已经使用了的土地，已经建成的建筑，还没有

　　① 高剑：《"三旧"改造当优先嫁接高新孵化器》，《东莞日报》2015年8月13日第A02版。

　　② 伍雪平：《南城"福民"地块 三旧改造开工》，《东莞日报》2011年12月31日第A14版。

　　③ 甘劼伟：《全市首个"三旧"改造项目启动：东城讯通旧厂项目改造完成后将建地标性的商务区和高品质的商住区》，《东莞日报》2010年12月24日第A15版。

　　④ 黄观平、赖利红：《30万亩"三旧"土地3年内"解套"》，《东莞日报》2009年8月21日第A05版。

　　⑤ 黄观平：《三旧改造试点取得初步成果：塘厦大坪村已签土地收回协议》，《东莞日报》2009年10月25日第A02版。

　　⑥ 潘少婷：《麻涌镇华阳南洲片区控制性详细规划通过审批实施："三旧"改造土地以招拍挂方式出让》，《东莞日报》2017年7月11日第A04版。

　　⑦ 蒋鸿昌：《厦门市常务副市长来莞调研"三旧"改造工作：东莞"三旧"改造经验值得厦门学习》，《东莞日报》2014年4月10日第A05版。

　　⑧ 王卫：《巧解"三旧"改造，东莞实现"多赢"》，《亚太经济时报》2009年12月31日第B01版。

　　⑨ 黄观平：《促转型，谋拐点：三年来东莞"三旧"改造拓展了用地空间，模式转向多元，促进了一体化发展，盘活土地量相当于3年新增用地量》，《东莞日报》2013年4月19日第A06版。

办征地手续的，如果纳入"三旧"改造范围，这类用地可以不用缴纳土地使用费（42600 元/亩），可以不用农地转建设用地的土地标准，可以不准备给农民买社保的材料，可以不提供 15% 的留用地，2004 年 5 月 1 日前投入使用的用地可以不必让农民进行听证。第二，纳入"三旧"改造，则不需要公开"招拍挂"，使用者只要提供当年的卖地合同，提供缴清款的证明，在当地农民没有意见的前提下，可以直接办理土地证到目前土地使用者的名下，不用与市场上其他主体去竞争。第三，对于农村土地，已经出售给他人建厂、建宿舍，已经建成的这部分建筑物，在不改变土地用途，不改变集体土地所有权的前提下，可以直接把权属确认到正在使用者名下。第四，城中村部分，如南下村、柏山村，如果村民觉得有必要，可以申请把集体所有土地转为国有土地。只要 2/3 的村民通过确认，可以报给区办事处，再报给市政府，之后报给省政府办理审批手续。不用按照现在征地的手续，需经过公示、听证等程序。第五，在"三旧"改造过程中，还有一些未经使用且面积小的土地，被称为边角地、夹心地、插花地，如果少于 3 亩，且在改造方案中不超过 10% 的改造面积，可以连同改造方案一并报省政府审批，办理征用手续。第六，根据"三旧"改造的政策，如果国有企业用地纳入"三旧"改造范围，在收购土地进行"招拍挂"后，扣除办证的成本，可以将不超过 60% 的纯收益返还给企业进行发展。征收旧村庄农村集体建设用地进行经营性开发的，土地出让纯收益可按不高于 60% 的比例专项用于支持原农村集体经济组织的发展。土地出让收入可用于支付和抵押费用及其合理利润。① 在南头镇华南家电城项目中，亦是采取政府拆迁供地的方式进行。② 莲员路片区改造项目是石岐区"提升中部"的"三旧"改造重点之一，回迁区占地面积约 78 亩，共涉及 320 多户居民的房屋拆迁征收工作，回迁区已于

---

① 吴娟：《六大优惠政策支持"三旧"改造》，《中山日报》2009 年 12 月 14 日第 A02 版。

② 黄标：《华南家电拆迁户逾八成签补偿协议》，《中山日报》2010 年 5 月 26 日第 A02 版。

2014 年 9 月正式施工。①

在粤港澳大湾区的广东其他地级市，"三旧"改造也根据广东省的政策进行。珠海采取政府拆迁后土地使用权重新出让的方式，如博康药业公司宝莱康酒店改造项目、珠海水岸华都花园（湾仔旧城改造）项目②；江门的广东甘化项目采取政府回收后企业分享出让收益的方式；③ 肇庆的龟顶新城项目将一片旧村改造为西调洪湖，而上海城项目则将旧厂房改造为商业设施④。

在粤东，汕尾市的"三旧"改造项目的对象主要是城中村地块，主要采取集体土地征收方式进行，如和顺上村改造、⑤ 香洲村改造等。揭阳市也采取了政府拆迁征收的方式，完成率菓仔池片区（旧城）、西郊旧村（城中村）和厚宅工业小区（旧工厂）改造。⑥

在粤西，整体情况也相似，如湛江市廉江梁屋地村通过成立村股份公司对集体建设用地进行旧改，⑦ 雍景城、富虹上游城、啤酒厂旧厂区、霞山渔人码头片区首期改造地块、廉江文化广场周边项目 A1006 地块则采取政府回收土地后进行招拍挂出让。⑧ 阳江市名扬国际广场项目也是由政府收回土地后引入市场主体实施改造。⑨

① 晏飞：《"三旧"改造激发老城"第二春"：石岐区近年投 160 亿改"三旧"，主要经济指标总量或增速多年位居全市前列》，《中山日报》2015 年 10 月 14 日第 A04 版。

② 刘雅玲：《完善配套政策，科学制定项目：人大代表建议加快"三旧"改造项目审批》，《珠海特区报》2010 年 11 月 5 日第 004 版。

③ 乔翔：《广东甘化"三旧"改造或增利 5.65 亿》，《上海证券报》2015 年 9 月 24 日第 F06 版。

④ 陈洁：《我市启动"三旧"项目 162 个：今后规划将提高商贸比例为生产性服务业提供支撑》，《西江日报》2014 年 8 月 7 日第 A01 版。

⑤ http://www.shanwei.gov.cn/shanwei/tpxw/201803/524c206ecc074d4fbdfea45da43-b9bd1.shtml，2018 年 4 月 6 日访问。

⑥ 陈作成、黄巧荣、杨鹏鑫：《当好东道主喜迎侨博会，榕城"三旧"改造展新颜，"岭南水城"焕异彩》，《南方日报》2010 年 12 月 10 日第 A17 版。

⑦ 戚照、王德斌、詹岗琳：《廉江梁屋地村从过去的吃年例大餐到现在的享文化大餐："年例"变身"三旧改造"论坛》，《湛江日报》2011 年 2 月 10 日第 A02 版。

⑧ 刘金凤：《1—5 月 16 个"三旧"改造项目方案通过政府批准："三旧"改造项目将赴港招商》，《湛江日报》2011 年 6 月 5 日第 A01 版。

⑨ 卢轶：《省市将签责任状力破"三旧"改造瓶颈：全省已完成改造面积不足"三旧"用地总量的 4% 将采取系列措施推进进度》，《南方日报》2014 年 7 月 17 日第 A04 版。

另外，值得一提的是，广东的棚改用地也可以进行协议出让，如梅州市计划采用就地安置与异地安置相结合的统一安置方式，利用原丙村煤矿矿部约 1.13 公顷自有土地进行统一安置，并采用协议出让方式供地等。①

第三节　港澳台地区城市更新模式

我国的港澳台地区城市化进程较早，也比内地（大陆）更早遇到了城市更新问题。虽然海峡两岸及香港、澳门属于不同法域，城市更新背景也不尽相同，但作为"住房文化"相同的同一民族，港澳台地区在城市更新上的做法也值得我们借鉴。

一　香港特别行政区

香港特别行政区是一个国际大都市，在亚洲乃至全球发挥着金融、信息和物流中心的作用。然而，香港的面积只有 1100 平方公里，容纳了超过 700 万人口。且开发集中在香港岛和九龙半岛地区。因此，香港的城市建设从一开始就面临着土地资源稀缺的固有问题。②

（一）香港城市更新背景

香港普通楼宇的钢筋水泥结构设计使用年限一般为 50 年。20世纪 80 年代后，经过百年的发展，特别是第二次世界大战后的高速发展，香港市区建筑在结构上已开始老化，有"数以千计的战后建筑物以及极少量战前的建筑物，这些建筑物一般四至六层，都有 50多年的历史，建筑状况欠佳，缺乏必要的卫生设施"③。1995 年 7

---

① 祝桂峰：《广东棚改用地省级统筹应保尽保：计划改造十三万户，"三旧"范围内的执行优惠政策》，《中国国土资源报》2014 年 8 月 18 日第 002 版。

② Lee, G. K. L. and Chan, E. H. W., "Factors Affecting Urban Renewal in High-density City: Case Study of Hong Kong", *Journal of Urban Planning and Development - ASCE*, Vol. 134, No. 3, 2008, pp. 140-148.

③ 陈鸿锟：《旧区重建：香港土地发展公司的经验》，《城市规划》1996 年第 6 期，第 18 页。

月，香港政府发表了一份有关市区更新的公众咨询文件。根据香港大学研究团队于2008年提交的《〈市区重建策略检讨〉市区更新政策研究》初议报告，① 从2008年往后的十年间，每年平均约有500幢楼宇到达其使用期限（50年）。截至2010年，香港总共有18000幢楼龄30年或以上的私人楼宇，其中有6500幢楼龄处在40—49年，有4000幢楼龄达50年或以上。② 而根据《〈市区重建策略〉检讨督导委员会楼宇状况调查报告》，③ 1946年至1980年建造的楼宇均因为碳化过程及氯化物污染导致钢筋腐蚀而老化，平均20%或以上居住在旧楼宇的人口正身处恶劣的居住环境。虽然可以对老旧楼宇进行修复，但一般均会选择进行花费最少及为期较短的维修工作，这些改善工作的成效只能维持3—4年，而居住环境和结构的耐用性未见得到显著改善。且修复中会遇到业主对楼宇安全、管理的意识薄弱，业主难以寻找，业主对命令、协助反应冷淡，在协助业主成立法团、举行会议和达成共识方面有困难，业主对不同机构提供的各项支援计划运作不了解等问题。④

（二）政府主导更新的情况

1988年香港成立了公营机构土地发展公司，专责市区重建，避免市区环境进一步恶化，改善旧区居民的居住环境。与一般开发商相比，该公司在收购土地时可以要求政府引用《收回土地条例》收回土地以进行市区重建。土地发展公司早年的运作较为成功，但后续重建项目的收购进度非常不理想。究其原因主要包括四点：一是缺乏土地进行有利可图的重建；二是土地发展公司征集土地以进行市区重建需要冗长的时间与业主或业权人商讨赔偿事宜，当时的法律规定土地发展公司必须采取"一切合理步骤以获取物业"，并须

① 香港市区重建局网站：http：//www.ursreview.gov.hk/tch/related_studies_reports.html，2015年2月10日访问。

② 《香港市区更新成就与挑战摘要》，2015年2月10日，香港市区重建局网站（http：//www.ursreview.gov.hk/tch/related_studies_reports.html）。

③ 香港市区重建局网站：http：//www.ursreview.gov.hk/tch/related_studies_reports.html，2015年2月10日访问。督导文员会文件编号18/2009。

④ 《〈市区重建策略〉检讨督导委员会楼宇维修计划资料分析》（督导委员会文件编号11/2010），2015年2月10日，香港市区重建局网站（http：//www.ursreview.gov.hk/tch/related_studies_reports.html）。

向业主提出"公平合理"的条款，以致征集土地的程序需时很长，故而土地获得过程非常缓慢；三是缺乏安置受影响住户的资源，土地发展公司没有足够的资源来安置受重建影响的住户、租户，也没有机构愿意替土地发展公司安置受影响的租户以及业主；四是土地发展公司的法定权利只包括楼宇的重建，而不具有其他市区更新功能，如楼宇修复。① 以上种种原因妨碍了土地发展公司推行新的市区重建项目，其最后于 2000 年被市区重建局所取代。截至 2001 年4 月，公司共开展 42 个项目，完成 16 项。②

市区重建局成立后，从实际效果来看，在第一个八年里（2001—2009 年）开展了 41 个项目，其中还包括 25 个之前土地发展公司的项目，相比之下较之前土地发展公司的效率也没有提高，遇到的依然是老问题。2011 年修订的《市区重建策略》中，③ 提出市区重建局将视项目的具体情况担当"执行者"或"促进者"的角色，在其担当"促进者"角色的项目中，其可就业主自发重建的项目向他们提供顾问服务。而这些项目将按现行的市场机制及其他使用的法例，如《土地（为重新发展而强制售卖）条例》进行，市区重建局不涉及安排收购、补偿、安置或收地工作。由此可以看出，在都市更新中，政府不可能完全"大包大揽"，必须发挥私人市场主体的作用。

（三）房地产开发企业主导的更新

在政府主导的都市重建遭遇制度和财政上的困难时，由私人自行重建是一条替代性的出路。在香港，就按照市场机制运行的私人开发商而言，其在进行都市更新时的主要做法是收购旧楼个别单位，收齐业权便可进行重建。而私人重新发展的最大问题就在于收购物业以集中土地业权上：相比于土地发展公司可要求政府行使《收回土地条例》强迫业主交出重建区内所有物业，私人开发商只

---

① 2000 年 2 月 11 日内务委员会的"研究市区重建局白纸条例草案小组委员会"报告。

② 《香港市区更新成就与挑战摘要》，2015 年 2 月 10 日，香港市区重建局网站（http：//www. ursreview. gov. hk/tch/related_studies_reports. html）。

③ 香港市区重建局网站：http：//www. ura. org. hk/tc/about - ura/strategy - and - planning/urban - renewal - strategy. aspx，2015 年 2 月 10 日访问。

能以议价的方式收购物业，个别拥有人可能会因私人理由而拒绝出售单位，又或者要求索取过高的楼价。此外，有问题的业权、无法追溯拥有人的身份或拥有人未立遗嘱而去世等事宜，均使收购物业工作难上加难，使得私人发展商参与市区重建的空间十分有限。

鉴于上述种种困难，大多数私人开发商会选择收购一些楼层少、业权份数少、发展限制少（旧批地契约）的建筑，但往往还是有个别业主不接受收购，到最后往往因为所谓的"钉子户"问题而使整个项目停滞。一项由开发商主导的私人重新建设（发展）计划可能半途而废，或者需要很长时间才能完成。同时，又可能产生因为建筑物日久失修、残破不堪，又不能及时重新建设而影响使用安全；以及一些私人发展商可能会不择手段，逼迫其余不动产拥有人出售或迁出其物业等一系列问题。

1998 年香港立法会通过《土地（为重新发展而强制售卖）条例》（简称《条例》），"旨在使在地段的不分割份数中拥有达到一个指明多数的份数的人可向土地审裁处提出申请，要求作出一项为重新发展地段而强制售卖该地段所有不分割份数的命令，并使土地审裁处可在若干指明条件已符合的情况下作出该项命令，以及就附带事宜或相关事宜订定条文"。

《条例》可以被分为四个部分进行理解：一是申请，二是土地审裁处的裁决，三是售卖，四是分摊和售卖收益的运用。具体如下：

1. 申请

《条例》第 3（1）条规定了申请的条件：凡一名或多于一名人士以承按人以外的身份，拥有某地段的不分割份数中的不少于 90% 比例，则该名人士可以申请土地审裁处作出一项为重新发展该地段而强制售卖该地段所有不分割份数的命令，其在申请时必须附具《条例》附表 1 第 1 部分指明的估值报告。如果申请人符合第 3（1）条的申请条件，即持有的份数不少于 90%，他就是第（2）条规定的"多数份数拥有人"，持有剩下的尚未被申请人收购份数者就是"少数份数拥有人"。此外，《条例》第 3（2）（a）条还规定了多数份数拥有人就两个以上地段同时提出申请的条件。

《条例》附件 1 第 1 部分规定了估值报告，该报告应当在提出申请当日之前的 3 个月内拟备并列明有关地段上物业的评估市值。估值时，首先要假设物业是空置的，其次要假设该地段不作为某项售卖令的申请标的，并且也不考虑该物业或该地段的重新发展潜力。因此，最后的估值结论只是包括多数份数拥有人和少数份数拥有人分别持有的原物业价值，并不包含重建后的物业价值。之所以如此规定，是因为该估值报告的主要作用是为了在将来的售卖程序中确定多数份数拥有人和少数份数拥有人对价款的分配比例，需要真实地反映目标地段现状情况下的物业价值。

2. 土地审裁处的裁决

根据《条例》第 4 条，对于符合条件的申请，土地审裁处要作出是否强制售卖的决定。如果当事人对第 3（1）条中规定的估值报告结论有争议，则土地审裁处必须首先就该争议进行聆讯并作出裁定。土地审裁处有权根据庭审中的证据对估值报告结论进行调整，作出自己的估值结论。土地审裁处最终作出强制售卖令必须有两个条件：一是基于在该地段上的现有物业（development，《条例》中使用 "发展" 一词）的龄期或其维修状况，该地段理应重新发展；二是多数份数拥有人已采取合理步骤，以公平合理的条件与所有少数份数拥有人商议购买其手中的不分割份数。

3. 售卖

如果前述条件满足，土地审裁处发出命令，并根据《条例》第 4（1）（c）条的规定指定受托人（trustee）。除非当事人同意以土地审裁处批准的其他方法解决争议，地段应当根据《条例》第 5（1）条的规定公开拍卖，土地审裁处也有权对于售卖相关的问题作出决定。根据《条例》第 5（5）条，地段须在拍卖中售予出价最高的竞投人，多数份数拥有人和少数份数拥有人都有资格参与竞标。拍卖的底价须由土地审裁处决定，该底价必须考虑售卖地段的重新发展潜力。根据《条例》第 6 条，如果多数份数拥有人或少数份数拥有人成为最终的地段购买者，则他只需要支付给受托人其尚没有取得的份数的相应价款和自己应支付的租客补偿等，以供受托人支付给租客和对方当事人。

4. 分摊和售卖收益的运用

售卖收益和相关费用由多数和少数份数拥有人进行分摊，分摊基准就是按照《条例》第3（1）条中所述的对目标地段的每名多数份数拥有人和少数份数拥有人各自拥有的在该地段上的物业所评估的价值比例。售卖收益由受托人扣除售卖费用和法律费用，包括解除该地段而须对政府履行的法律责任的费用和解除影响该地段的产权负担的费用后，分配给每位份数拥有人（通常情况下是少数份数拥有人）。

二　澳门特别行政区①

（一）澳门都市更新委员会

澳门30年以上楼龄旧厦超过4200幢，主要集中于半岛。2015年12月11日，澳门特区政府设立都市更新委员会，性质为咨询机关，任务是协助政府制定都市更新政策。职权为就一切有关都市更新的事宜，尤其是就下列事宜发表意见、开展研究及提出方案、建议。具体包括：（1）都市更新政策的策略及其与其他领域政策的协调；（2）都市更新政策的管理措施；（3）都市更新活动；（4）在都市更新方面所作措施及行动的效果；（5）都市更新范畴的法规、规章草案。

都市委员会由一名主席、一名副主席及最多27名委员组成，任期3年。主席由运输工务司司长担任，副主席由土地工务运输局局长担任。委员包括：（1）行政法务司施政领域的代表一名；（2）经济财政司施政领域的代表一名；（3）保安司施政领域的代表一名；（4）社会文化司施政领域的代表一名；（5）法务局局长或其代表；（6）房屋局局长或其代表；（7）最多21名公认为杰出的人士。

（二）澳门都市更新的思路和方式

澳门都市更新是针对早期欠缺规划或建筑物老旧，为促进土地利用再开发，复苏都市机能，改善居住环境，增进公共利益，在都市计划范围内，依据法定程序，实施重建、整建或维护措施。其中

① 本部分资料由澳门大学法学院蒋朝阳教授提供。

"重建"是拆除原有建筑物，重新建筑，同时进行住户安置及改进区内公共设施，不得变更土地使用性质或使用密度。"整建"是改建、修建更新地区内建筑物或充实其设备，并改进区内公共设施。"维护"是加强更新地区内土地使用及建筑管理，改进区内公共设施，以保持其良好状况。都市更新的主要方式是以政府、公营机构或官民合作的形式实施，针对全部或局部、单栋旧楼。

目前澳门特区都市更新的思路是混合模式，即都市更新是城市区域的重新营造，需要由这个区域的人，主动参与和促成，政府、开发商起协助和支持作用。政府的资源有限，不可能独力承担所有的重建工作，需要社会资源配合。都市更新不是单一的推倒拆迁、重建，需平衡考虑修复与保育。长远看更需要减慢市区老化的速度，舒缓市区更新的压力。

（三）政府政策

澳门特区政府对于都市更新主要采取税费、重建同意比例、提高容积率等多方面的政策进行调整。

1. 税收方面

目前都市更新的税务负担包括：资产移转印花税、特别印花税、住宅额外 10% 印花税。政府 2017 年 3 月提出《重建楼宇税务优惠制度》法律草案，规定可享受税务优惠的重建楼宇分两类：第一类为土地工务运输局评定属残危楼宇又或危及公共卫生而需重建的楼宇；第二类为行政长官在听取土地工务运输局及都市更新委员会意见后，批示订定基于公共利益理由而可拆卸重建的楼宇。此外，符合法定条件的小业主及发展商，可获豁免因重建而重复课征的财产移转印花税及特别印花税。

2. 重建业主同意比例

都市更新委员会于 2017 年 6 月 14 日提出意见，楼龄 30 年或 30 年以上 40 年以下，以 90% 作为楼宇重建业权的百分比；40 年或以上的楼宇，则以 85% 作为楼宇重建的业权百分比；对于某些基于重大公共利益（尤其是指环境及社会发展的利益）、妨害公共卫生或社会治安或因被工务局确定为危楼并已被拆卸的楼宇，以 85% 作为楼宇重建业权的百分比。此外为鼓励业主推动楼宇重建的现金补偿或楼换楼的补偿措施进行单独立法。

3. 容积率调整方面

政府对于都市更新放宽原有规划的层高限制。为节约拆除重建的成本，政府通过街影图来限制整个区域重建，并将容积率适当提高。目前的"规划条件图"由土地工务运输局发出文件，尤其载有特定地块或地段的街道准线、用途及建造条件（高度、覆盖率、容积率等）。

此外，对于重建，由银行或政府提供低息贷款，帮助居民参与重建"暂住计划"，重点考虑给予受楼宇重建影响的业权人现金津贴，鼓励其于楼宇重建期间自觅单位暂住。对小部分不同意重建的业权人提供合理补偿。鼓励工厦业权人进行重建，引入工厦重建税务优惠措施（包括溢价金、行政牌照、登记用途的改变、防火标准等）。

对于维修保养，强化楼宇维修基金资助计划：《楼宇维修基金》已公布辖下增设《P 级及 M 级楼宇共同部分检测临时资助计划》，推动楼宇维修保养的措施。

政府也考虑设立澳门都市更新股份有限公司，由政府全资投资，所营事业尤其包括为提升澳门的居住素质及环境，进行、鼓励、推广及促进都市更新，改善小区环境和完善生活配套设施。

三　台湾地区

（一）台湾地区都市更新法律体系

台湾地区根据大陆法系的民法理论，采取"权利变换"的方式进行，围绕"都市更新条例"就更新组织机构、投资信托、容积率处置、当局基金管理等进行了一系列"立法"。具体如表 1—3 所示。

表 1—3　　　　　　　　台湾地区都市更新"立法"

1	"都市更新条例"
2	都市更新团体设立管理及解散办法
3	都市更新权利变换实施办法

续表

4	都市更新事业接管办法
5	都市更新建筑容积奖励办法
6	"都市更新条例"施行细则
7	中央都市更新基金收支保管及运用办法
8	中央都市更新基金补助办理自行实施更新办法
9	直辖市、县（市）政府依"都市更新条例"第25信纳条之一受理申请征收、让售执行应注意事项
10	内政部都市更新及争议处理审议会设置要点
11	都市更新投资信托公司设置监督及管理办法
12	都市更新投资信托基金募集运用及管理办法
13	股份有限公司组织之都市更新事业机构投资于都市更新地区适用投资抵减办法

除上述立法外，各县市也都根据本地实际情况进行了相应的配套立法。

（二）台湾地区都市更新操作流程

1. 更新目的和方法

台湾地区都市更新目的在于"促进都市土地有计划之再开发利用，复苏都市机能，改善居住环境，增进公共利益"。台湾的都市更新政策强调其公共利益属性，其基本理念在于通过划定更新单元，达到改善环境及满足公益性需要的目的，以促进城市基础设施的完善与城市功能的整合提升，使更新成果惠及城市民众。

都市更新根据其处理方式的不同主要分为重建、整建和维护三类。市县主管机关负责在全面调查及评估后划定更新单元，同时根据更新区内的土地及建筑物状况以及重大建设发展等需要更新的迫切程度划分为不同的更新类型，主要包括优先划定更新单元、迅行划定更新单元和自行划定更新单元。对于不同类型的更新单元，要求同意实施更新的产权人比例也各不相同。

具体更新事业的实施可以由市县主管机关自行实施或经公开

评选程序委托都市更新事业机构、同意其他机关机构实施。实施重建类的机构如果是公司则必须是股份有限公司，如果是所有权人自行实施且人数超过 7 人的，则应当组织更新团体法人进行登记核准。

2. 更新事业计划拟订

台湾"都市更新条例"对都市更新事业计划的拟订及变更程序主要分为事业概要和事业计划两个阶段：（1）事业概要的拟订阶段，要求划定更新单元范围内私有土地及私有合法建筑物所有权人均超过 1/10，并其所有土地总面积及合法建筑物总楼地板面积均超过 1/10 同意；（2）事业计划阶段则分为"经行政当局划定"与"未经行政当局划定"两种，对所有权人及总楼地板面积比例作出了不同的门槛要求：如属经行政当局划定为更新地区的，其计划的报核须经更新单元范围内私有土地及私有合法建筑物所有权人均超过 3/5，并其所有土地总面积及合法建筑物总楼地板面积均超过 2/3 之同意①；若属未经行政当局划定的更新地区，则必须经更新单元范围内私有土地及私有合法建筑物所有权人均超过 2/3，并其所有土地总面积及合法建筑物总楼地板面积均超过 3/4 之同意。

台湾城市更新非常注重公众参与，其整个过程都要求举办公听会以充分听取公众意见。都市更新计划的拟订和报批流程中就要求举办三次公听会：具体如"都市更新条例"第 10 条关于更新事业概要计划的拟具，第 19 条有关更新事业计划的拟订与变更以及市县政府于更新事业计划公开展览期间举办第三次公听会（见图 1—1）。

更新事业计划于公开展览结束后送由当地市县主管机关审议通过后核定发布实施。更新单元划定后，当地主管机关可视情况公告禁止更新地区范围内建筑物的改建、增建或新建及采取土石或变更地形。

---

① 此为行政当局优先划定更新地区的计划报核。若为依据第 7 条划定的都市更新地区，则应经更新单元范围内私有土地及私有合法建筑物所有权人均超过 1/2，并其所有土地总面积及合法建筑物总楼地板面积均超过 1/2 同意，相对来说，门槛更低。

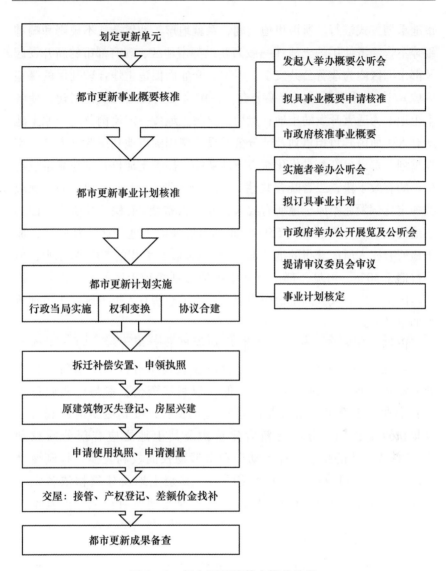

图 1—1　都市更新的基本操作流程

资料来源：台北市都市更新处官网。

3. 更新的实施

台湾地区都市更新的实施也分为行政当局实施、市场通过权利变换实施、全体所有权人协议合建实施三种。

在行政当局实施的情况下，其可以行使公权力以征收、区段征收或市地重划方式进行。所谓市地重划，系就地形、地界杂乱不规则和畸零细碎不合经济使用的土地（一般为新设都市地区、现有都市的新开发区及都市旧区内为改善公共安全、卫生、交通而促进土地合理利用的某些区位），加以重新整理、交换分合，并配合公共设施的改善兴建，使各宗土地成为适宜开发的土地；然后，再将土地按一定比例分配予原土地所有人，而由其负担重划及部分公共设施费用的市地利用改良方式。市地重划与都市更新都是优化城市土地功能、促进土地再开发与城市发展建设的有效手段，二者既有共性，亦有所区别。① 市地重划后的土地应按一定比例发还给原土地所有权人，扣除抵费地②面积后其所能领回的土地比例至少为原面积的55%；而都市更新的土地经区段征收后，原土地所有权人所能获得的抵价地③一般以征收总面积的50%为原则，但不得低于40%。可见，都市更新中市地重划相较于区段征收而言，返还给原土地所有权人的土地面积要多，而土地所有人也更倾向于市地重划的更新方式。

市场主体实施，则更新采取权利变换的方式进行，即"更新单元内重建区段之土地所有权人、合法建筑物所有权人、他项权利人或实施者，提供土地、建筑物、他项权利或资金，参与或实施都市更新事业，于都市更新事业计划实施完成后，按其更新前权利价值及提供资金比例，分配更新后建筑物及其土地之应有部分或权利金"④。从民法的角度，即不动产和金钱物权的权利置换。权利变换后之土地及建筑物扣除共同负担⑤后，其余土地及建筑物依各宗土地权利变换前之权利价值比例，分配于原土地所有权人。但其不愿

---

① 杨继瑞：《台湾地区的市地重划与都市更新》，《国土经济》1997年第6期，第36页。

② 抵费地，是指参与市地重划的土地所有权人用以折抵重划费用及重划区内公共设施、道路、绿地等工程费用等，向行政当局交付的未建设用地。

③ 抵价地，是指行政当局征收土地后，将更新后的一定比例土地替代补偿金交付给原土地所有者，即土地被征收者从行政当局手中领回的土地。

④ 参见台湾"都市更新条例"第3条、第29—43条。

⑤ 参见台湾"都市更新条例"第30条规定，共同负担是指，权利变换范围内土地所有权人按其权利价值比例共同承担的公共设施用地及其他更新费用，包括工程费用、权利变换费用、贷款利息、税捐、管理费用及都市更新事业计划载明之都市计划变更负担、申请各项建筑容积奖励及容积移转所支付之费用。

参与分配或应分配之土地及建筑物未达最小分配面积单元①，无法分配者，以现金补偿之。根据分配结果，实际分配之土地及建筑物面积多于应分配之面积者，应缴纳差额价金；实际分配之土地及建筑物少于应分配之面积者，应发给差额价金。

权利变换计划书核定发布实施后两个月内，土地所有权人对其权利价值有异议时，应以书面叙明理由，向各级主管机关提出，各级主管机关应于受理异议后三个月内审议核复。但因情形特殊，经各级主管机关认为有委托专业团体或机构协助作技术性咨商之必要者，得延长审议核复期限三个月。当事人对审议核复结果不服者，得依法提请行政救济。

以协议合建方式实施都市更新事业，未能取得全体土地及合法建筑物所有权人同意者，得经更新单元范围内私有土地总面积及私有合法建筑物总楼地板面积均超过 4/5 之同意，就达成合建协议部分，以协议合建方式实施之。对于不愿参与协议合建之土地及合法建筑物，得以权利变换方式实施之，或由实施者协议价购；协议不成立者，得由实施者检具协议合建及协议价购之条件、协议过程等相关文件，按征收补偿金额预缴承买价款，申请该管市、县主管机关征收后，让售予实施者。由于现实中很难达到全体一致的同意，协议合建在实践中的运用受限，相对来说，权利变换只需取得一定人数与面积的同意比例即可，并在保障少数不同意参与者权益的前提下，可强制权利人共同参与更新，体现其"多数决"的决议机制。②

此外，对于都市更新事业计划范围内公有土地及建筑物，应一律参加都市更新，并依都市更新事业计划处理。

4. 权利变换的实施

（1）权利变换的基本流程

以上三种更新实施方式中，以市场主体实施中的权利变换最为复杂。权利变换计划书核定后，土地及建筑物的权利变动禁止，实施者可以申请建筑执照，并公告建筑物所有权人自行拆除或迁移，

---

① 最小分配面积单元基准，由市、县主管机关定之。

② 梁仁旭、陈奉瑶：《台湾推动都市更新的助力与阻力》，载《节约集约用地及城乡统筹发展——2009 年海峡两岸土地学术研讨会论文集》，长沙，2009 年 8 月，第 468—469 页。

到期不拆除的实施者可以请求主管机关在六个月内强制代为拆除。台湾都市更新立法中对相关的权利处置专门作出了规定，其具体实施程序如图1—2所示。

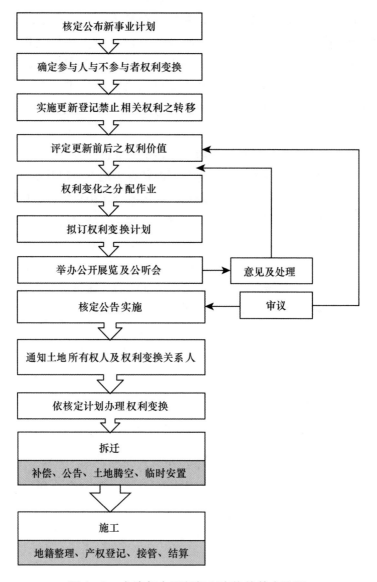

图1—2　台湾都市更新权利变换的基本流程

资料来源：《权利变换制度之设计与作法》。

（2）权利变换的参与者

权利变换制度的参与者主要包括三方主体：权利人、实施者与行政当局，其中权利人根据其产权状况又分为土地所有权人、权利变换关系人（合法建筑物所有权人、地上权人、永佃权人或耕地三七五租约承租人）以及其他权利人（地役权人、抵押权人、典权人、租赁权人及占有他人土地之旧违章户）。根据"都市更新条例"第10条的规定，土地及合法建筑物所有权人可自行组织更新团体实施或委托都市更新事业机构为实施者实施都市更新事业。

实施者在权利变换过程中起着重要的推动作用，包括权利变换计划的拟订、各权利人意见的协调、计划的报请核定，以及权利变换核定实施后的拆迁补偿安置与后续土地与建筑物的接管、登记工作等。其过程主要涉及：调查土地所有权人及权利变换关系人参与及分配之更新意愿，确定权利变换地区的范围与总面积，对权利变换范围内的土地及建筑物实施调查或测量以明确其产权状况，委托专业评估者对更新前后的土地、建筑物进行价值评定，并制定更新后土地、建筑物及权利金的分配协议。同时，实施者还需支付更新地区内公共设施及相关费用，理清相关权利以及其他事项等。[①] 台湾这种允许市场主体主导都市更新实施的做法，在提高更新效率的同时，减轻了行政当局的财政负担，从而保证其市场化的运作方式，有助于解决更新资金的短缺问题。

台湾都市更新的发展历程经历了从行政当局主动办理时期到鼓励民间投资办理，再到公私合作投资办理时期的转变。[②] 行政当局在都市更新中的定位，也由最初的主要实施者转为更新实施的审查与监督者，如行政当局对实施者提交的更新事业概要、事业计划进行审查核定后实施，并在土地所有权人对权利价值申请异议时审议

---

① 金家禾：《权利变换制度之设计与作法》，载《迈向21世纪都市更新研讨会》，台北，1999年。转引自郭湘闽、王冬雪《台湾都市更新中权利变换制度运作之解析》，《城市建筑》2011年第8期，第15—16页。

② 敖菁萍：《台湾都市更新的发展历程简述》，《法制博览》2017年第4期（上），第152—153页。

核复。但也有学者指出，在权利变换这一公私合力的实施形态下，存在行政当局干预缺位的问题。① 例如，"都市更新条例"第11条有关自行划定更新单元的申请，行政当局仅进行形式审查而无须经过第8条的审议程序；以及第19条第三项关于迅行划定更新单元或采整建、维护方式办理之更新单元，其更新事业计划的拟订或变更得免予举办公开展览及公听会的情形。

都市更新作为一项体现公共利益的城市存量土地再开发工程，即使在市场主导其更新流程的状态下，行政当局也应积极发挥其审查与监督职能。特别是在项目前期的意愿征集阶段，由于"多数决"原则下开发商无须取得所有产权人同意，则可能存在因开发商的逐利行为而侵害不愿意参与更新的产权人利益的情形。同时，地段好、开发利润高的地区往往会成为市场投资者青睐的对象，而可能迫切需要更新的地区却无人问津。

（3）权利变换的估价制度

权利变换制度中的估价，由实施者委托三家以上专业估价者评定，查估权利变换前各宗土地及更新后建筑物及其土地应有部分及权利变换范围内其他土地于评价基准日②之权利价值。更新后各土地所有权人应分配之权利价值，以权利变换范围内，更新后之土地及建筑物总权利价值，扣除共同负担③之余额，按各土地所有权人更新前权利价值比例计算。基于估价建立起公开的财产权转换机制，由估价师对更新前后的权利价值进行评定以确定分配比例，同时使权利人可以清楚地了解更新成本，从而对更新后的产权变换有一定的心理预期，增加了市场主体实施更新的确定性，利于鼓励权利人参与更新。

---

① 于凤瑞：《台湾都市更新权利变换制度：架构、争议与启示》，《台湾研究集刊》2015年第2期，第70页。

② 基准日由实施者定之，其期限一般为权利变换计划报核日前六个月内。

③ 共同负担是指，土地所有权人按其权利价值比例承担的权利变换范围内公共设施土地及实施更新必要的其他费用，包括工程费用、权利变换费用、贷款利息、税捐、管理费用及都市更新事业计划载明之都市计划变更负担、申请各项建筑容积奖励及容积移转所支付之费用。

5. 容积奖励

容积奖励的目的，在于鼓励市场主体参与都市更新的意愿，引导其在更新建筑物的过程中增加对更新单元内或周边的公益设施的贡献。同时，考虑其对地区环境的冲击及公共设施服务水平的容受度，限制容积奖励的上限。

关于容积奖励的具体类型，主要规定在"都市更新建筑容积奖励办法"第 4—13 条，具体如表 1—4 所示。

表 1—4　　　　台湾地区都市更新建筑容积率奖励标准

类型	适用情形	上限
提供公益设施	提供小区使用之公益设施；经行政当局指定额外提供之公益设施	15%
协助开辟公共设施	协助开辟或管理维护更新单元内或其周边公共设施；捐赠经费予当地行政当局都市更新基金以推展都市更新业务	15%
保留历史建筑	全部或部分保留、立面保存、原貌重建或其他经各级主管机关认可之方式保存维护更新单元范围内具历史性、纪念性、艺术价值之建筑物	15%
更新单元之整体规划设计	对于都市环境质量、无障碍环境、都市景观、都市防灾、都市生态具有正面贡献；采智能型建筑设计，其标准高于都市计划、消防、建筑及其他相关法令规定	20%
绿建筑	建筑基地及建筑物采"内政部"绿建筑评估系统，取得绿建筑候选证书及通过绿建筑分级评估银级以上者	10%
一定时程内更新	优先或迅行划定之更新地区，自公告日起六年内，实施者申请实施都市更新事业者	10%
完整计划街廓	更新单元为一完整计划街廓或面积达 3000 平方米以上者	15%
处理违章建筑	处理占有他人土地之旧违章建筑户	20%

续表

类型	适用情形	上限
未达居住面积	更新后超过1/2原土地及建筑物所有权人之分配未达最近一次"行政院"主计处公布之台闽地区户口及住宅普查报告各该市、县平均每户居住楼地板面积，更新后不增加更新前住宅单元10%者	10%
其他	其他为促进都市更新事业之办理，经地方主管机关报台湾当局主管机关核准者；前四款容积奖励后，多数原土地及建筑物所有权人分配之建筑物楼地板面积仍低于当地居住楼地板面积平均水平者	

第二章 深圳城市更新政策沿革

第一节 深圳城市发展背景下的 "城市更新" 概念

一 深圳建城简史

深圳在历史上是中国南疆的一个边陲小镇，第一次出现在历史文献中是 1661 年清政府为抵御台湾郑成功家族的进攻在边境修筑的"深圳"防墩台。1911 年广九铁路（广州—香港）修通后，深圳成为广九线上的一个小车站。① 新中国成立后深圳隶属于广东省宝安县。1979 年 1 月 23 日，中共广东省委决定，撤销宝安县，改设深圳市，受省委和地委的双重领导，成为半地级市。深圳市的行政区域为原宝安县的行政区域，政权机关称深圳市革命委员会，受广东省革命委员会和惠阳地区革命委员会双重领导。1 月 31 日，中共中央、国务院正式决定在深圳市西南角的蛇口半岛兴办工业区，由香港招商局集资并负责组织实施。②

1979 年 3 月 22 日，国务院批复广东省革命委员会，同意将宝安县改为深圳市，直属省政府领导。以宝安县的行政区域为深圳市行政区域，下辖罗湖、南头、松岗、龙华、龙岗、葵涌六个区，总面积 2020 平方公里。

1980 年 8 月 26 日，第五届全国人大常委会第十五次会议通过了《广东省经济特区条例》，正式宣告在广东省的深圳、珠海、汕头三个市分别划出一定的区域，设置经济特区。

---

① 王璧、莫小培：《深圳特区史》，人民出版社 1999 年版，第 5—6 页。
② 《深圳经济特区年鉴（1985）》，第 615 页。

　　1981 年 7 月 19 日，中共中央、国务院批转《广东、福建两省和经济特区工作会议纪要》，称"深圳成立特区人民政府，归省领导，恢复宝安县建制，归市领导"①。从而将宝安县从大、小梅沙到福田、蛇口这一狭长地段共 327.5 平方公里划为深圳经济特区（其中 229.5 平方公里为山地，是很好的自然屏障，实际使用面积为 98 平方公里）。② 同年，深圳市经济特区外恢复宝安县建制。

　　1982 年 12 月 21 日，国务院正式批准恢复宝安县建制，属深圳市领导，管辖大鹏、葵涌、坪山、龙岗、坪地、横岗、平湖、布吉、观澜、龙华、石岩、西乡、沙井、福永、松岗、公明 16 个公社和光明华侨畜牧场。③

　　1988 年 10 月 16 日，国务院批准深圳市实行计划单列，与广州一样享受副省级待遇。1990 年 1 月 4 日，福田（辖区面积 78.8 平方公里）、罗湖（辖区面积 94.11 平方公里）、南山（辖区面积 182 平方公里）3 个市辖行政区建制。1992 年 11 月 11 日，宝安县撤销，分设隶属于深圳市的宝安区（辖区面积 733 平方公里）和龙岗区（辖区面积 844.07 平方公里）。同年，经济特区内全部集体土地征为国有。1997 年 10 月，盐田区建制，辖区面积 72.36 平方公里。

　　2004 年，深圳经济特区正式"扩容"，特区外的宝安、龙岗两区正式纳入特区范围，两区的全部农村户口居民改为城市户口居民，全部集体土地转为国有土地。2004 年 7 月 1 日，深圳市宝安区西乡、松岗、观澜、沙井、福永、石岩、公明 7 个街道举行挂牌仪式，至此，宝安区全部撤镇改街道。8 月 28 日，龙岗区布吉、横岗、平湖、坪地、坑梓、葵涌、大棚、南澳 9 个街道办举行隆重的挂牌仪式。至此，镇一级建制在深圳市成为历史。9 月 15 日，龙岗区全部 10 个"镇改街"中的 91 个村完成了"村改社"工作，龙岗区已无村一级建制。④ 至此，深圳经济特区的范围与深圳市行政区

---

　　① 《宝安县志》，广东人民出版社 1997 年版，第 39 页。
　　② 深圳经济特区研究会：《深圳经济特区改革开放专题史》，海天出版社 2010 年版，第 75 页。
　　③ 《宝安县志》，广东人民出版社 1997 年版，第 39 页。
　　④ 《深圳年鉴》，深圳年鉴出版社 2005 年版，第 51—52 页。

划等同，结束了"一市两制""一市两法"的局面。

为了贯彻实施《深圳市综合配套改革总体方案》提出的全面启动大部制体制改革的精神，创新基层管理体制，深圳市人民政府开始在原特区外的宝安、龙岗两个行政区内划设新区：2007 年 5 月 31 日，光明新区成立，辖区包括光明街道和公明街道；2009 年 6 月 30 日，坪山新区成立，辖区包括坪山街道和坑梓街道；2011 年 12 月 30 日，龙华新区（辖区包括龙华、民治、观澜、大浪四个街道）、大鹏新区（辖区包括南澳、大鹏、葵涌三个街道）成立。不过这些新区不属于行政区划，新区设管理局起行政管理作用，但不设立一级人大和司法机构，行政区人民政府统一组织区相关部门将法律、法规、规章规定由县（区）级政府及其所属部门行使的行政审批、行政处罚等行政管理权委托新区管委会在新区范围内行使。① 至 2017 年 10 月，国务院批复广东省政府，同意设立深圳市龙华区和坪山区。2018 年 5 月，国务院批复广东省政府，同意设立深圳市光明区。

综上，从历史沿革的角度来说，深圳市的范围虽然在 1979 年就基本确定，但是其行政区划经历了"一市一县并存"，到"三区一县并存"，到"五区并存"，再到"九区并存"，② 直至所有镇、村一级设置取消，全部转为街道办的变化。

二　深圳市土地管理概述

谈城市更新，离不开土地管理制度。1979 年 3 月，深圳市成立。1980 年，深圳经济特区成立，同时特区外恢复宝安县建制。经济特区成立后，在缺少建设资金的压力下，深圳市决定对"三资"企业使用土地收取土地使用费，提出将国有土地由无偿使用向有偿使用转变的历史性改革思路。随后，1979 年 7 月 1 日第五届全国人民代表大会第二次会议通过的《中华人民共和国中外合资经营企业

---

① 《深圳市光明新区管理暂行规定》（深圳市政府令第 171 号发布），《深圳市坪山新区管理暂行规定》（深圳市人民政府令第 205 号发布）。

② 其中 1992—2004 年南山、福田、罗湖、盐田无镇、村一级设置，而宝安、龙岗两区存在。

法》规定："中国合营者的投资可包括为合营企业经营期间提供的场地使用权。假如场地使用权未作为中国合营者投资的一部分，合营企业应向中国政府缴纳使用费。"1980 年 7 月，国务院《关于中外合营企业建设用地的暂行规定》提出："中外合营企业用地，不论新征土地，还是利用原有企业场地，都应计收场地使用费。"紧接着，1980 年 8 月广东省发布的《广东省经济特区条例》第 12 条中规定："境外客商使用经济特区土地的要交纳土地使用费。"在起草《广东省经济特区条例》时，关于土地的有偿使用，即"地租"问题就引起了讨论。有人认为，我们是社会主义，打倒了地主，怎么又要收地租呢？后来就改称为"土地使用费"。① 但无论如何，这打破了计划经济模式下土地完全由行政划拨、无偿无限期使用，完全否认土地价值的局面。② 虽然受到了一些质疑，③ 但土地有偿使用的制度得以完善和发展。

1981 年 11 月 17 日，广东省人大通过了《深圳市经济特区土地管理暂行规定》，从法律上肯定了深圳特区征收土地使用费的做法。1982 年，深圳市政府制定了《深圳经济特区土地使用费缴纳办法（暂行）》，将特区分为三类地区：罗湖小区和蛇口工业区为一类地区；上步区、水库区和沙头角为二类地区；其余为三类。将土地按用途分为工业、商业、旅游、住宅、种养等 7 类，根据地区和用途的不同，收取不同标准的土地使用费，如商业用地每年每平方米 200 元，种养用地每年每平方米仅 0.3 元。④ 不过，土地使用费收取水平整体较低，至 1986 年，市政府在基础设施上投资 6 亿元，而同期土地使用费收入只有 3848 万元，不足同期财政收入的 1.6%。同时这种做法没有明确区分土地所有权和使用权，行政划拨的方式也容易助长不正之风，禁止转让的规定又使投资者不敢大胆投资。在

---

① 《吴南生同志访谈录》，《南方日报》2008 年 4 月 7 日（http://finance.sina.com.cn/china/dfjj/20080407/11444713684.shtml），2018 年 10 月 17 日访问。

② 毕宝德：《土地经济学（第六版）》，中国人民大学出版社 2011 年版，第 343 页。

③ 当年，深圳的土地有偿制度受到了是否将成为旧中国租借地的质疑。详见深圳经济特区研究会《深圳经济特区改革开放专题史》，海天出版社 2010 年版，第 14 页。

④ 李倩：《完善特区房地产市场》，载《深圳经济特区年鉴（1993）》，深圳特区年鉴社 1993 年版，第 62—63 页。

港商霍英东的建议下，① 在赴港调研后，深圳市政府于 1987 年 7 月发布《深圳经济特区土地管理体制改革方案》，同年 12 月，广东省人大常委会通过《深圳经济特区土地管理条例》，在全国率先探索土地使用权的有期有偿出让制度。同年 9 月，深圳市分别以协议、招标、拍卖的方式出让了三宗土地，早于 1988 年《中华人民共和国宪法修正案》正式确定"土地使用权可以依照法律的规定转让"的制度，② 开创了市场配置土地资源的先河。③

此后，土地使用权价格飙升，同时也大大促进了房地产的发展，深圳进入快速发展时期。而由于城市化进程的加快，当时的经济特区内也很快遇到了用地困境，增加国有土地的供应量成为当务之急。1986 年《土地管理法》第 25 条规定："国家建设征用耕地一千亩以上，其他土地二千亩以上的，由国务院批准。"而特区内几乎都是集体土地，于是，深圳开始了"特事特办"。1989 年深圳市公布实施的《关于深圳经济特区征地工作的若干规定》，其第 1 条明确规定："特区内土地征用工作由市国土局会同各管理区具体组织实施。各有关单位、街道办事处和村委会应予以积极支持和配合，以提高征地工作效率，争取在短期内把属于农村集体所有的土地全部征完。其他单位和个人不得擅自向农村征地。"根据该条规定，特区内的农村集体所有的土地要全部征完。实践中，特区内的许多原农村集体经济组织的土地通过与政府签订《统征土地协议书》而被征完。可见，上述《若干规定》实现了对集体所有土地征用制度的突破。④

至 1992 年，特区内因城市建设大量征用农村集体土地，农民已

① 深圳经济特区研究会：《深圳经济特区改革开放专题史》，海天出版社 2010 年版，第 237 页。

② 1988 年 4 月 12 日第七届全国人民代表大会第一次会议通过的《中华人民共和国宪法修正案》在 1982 年《宪法》"任何组织或者个人不得侵占、买卖、出租或者以其他形式非法转让土地"规定的基础上加上了该项规定。

③ 深圳经济特区研究会：《深圳经济特区改革开放专题史》，海天出版社 2010 年版，第 93—94 页。

④ 黎江涛：《深圳市土地管理法律制度初探》，《企业经济》2012 年第 7 期，第 189 页。

无地可种。特区内的农村不再具有传统的农村功能和条件。① 1992
年6月，深圳市宣布将特区内农村土地全部转为国有。1993年，国
务院撤销宝安县建制，改为深圳市属的宝安、龙岗两区。同年，深
圳市政府也完成了特区内的统一征地工作。此乃深圳市历史上的第
一次农村城市化工作，该项工作以深圳市委、市政府于1992年6月
18日发布的《关于深圳经济特区农村城市化的暂行规定》为纲领性
文件，其第9条规定："根据《中华人民共和国宪法》有关规定，
对现有特区内农村的土地采取如下办法实现国有化：（一）特区集
体所有尚未被征用的土地实行一次性征收土地费的补充办法，按照
'深府〔1989〕7号'文（《关于深圳经济特区征地工作的若干规
定》）执行。（二）按'深府〔1982〕185号'文（《深圳经济特区
农村社员建房用地暂行规定》）和'深府〔1986〕411号'文（《关
于进一步加强深圳特区农村规划工作的通知》）已划给农村的集体
工业企业用地和私人宅基地，使用权仍属原使用者。集体企业与个
人应按市有关规定分别与市、区国土管理部门签订土地使用合同，
办理有关房地产手续。"

　　目前，各方对1992年的深圳市第一次农村城市化的评价较高，
在一年时间内即将原特区内的68个行政村和173个自然村转为城市
居委会，4.6万名农民转为城市居民。"这项战略决策十分正确，为
深圳的第一次创业提供了强大支撑"，② 除户口、计划生育、劳动培
训工作到位外，对于群众最关心的土地和房屋问题也"按照兼顾国
家、集体、个人三者利益的原则，妥善解决，使土地国有化工作取
得了实质性进展"。③ 不过，虽然此次"征地"在理论上应将原农村
集体土地收为国有，但由于监督不到位，导致一些原村民在留给集
体使用的非农建设用地红线外已经征为国有的土地上建房。此外，
1993年的特区外县改区后市政府发布的《深圳市宝安、龙岗区规

---

① 深圳经济特区研究会：《深圳经济特区改革开放专题史》，海天出版社2010年
版，第312页。
② 2003年10月30日，时任中共深圳市委书记黄丽满同志在加快宝安、龙岗两区城市化
进程动员大会上的讲话。参见《深圳年鉴（2004）》，深圳年鉴出版社2004年版，第15页。
③ 徐杰：《特区农村城市化》，载《深圳年鉴（1993）》，深圳年鉴出版社1993年
版，第66页。

划、国土管理暂行办法》（深府〔1993〕283 号）中关于"派出机构对城市建设规划区范围的集体所有土地或范围外的预留用地实行分期分批征收或一次性征收"的规定，也对原特区外的违法建筑产生了刺激作用。由于缺乏有效的管理和控制手段，1992—1993 年，出现了违法建筑的一次高峰，其中大多数违法建筑为占用原农村集体用地红线外国有土地。

2003 年，《中共深圳市委深圳市人民政府关于加快宝安龙岗两区城市化进程的意见》（深发〔2003〕15 号）发布实施，原为特区外的宝安、龙岗两区转为城区，撤销镇设立街道办事处；同时撤销村民委员会成立社区居民委员会。街道办事处作为区级政府的派出机构，受政府委托行使管理社会经济的职能。

至此，深圳市通过"农村居民改为城市居民"的方式，根据1998 年《中华人民共和国土地管理法实施条例》第 2 条第 5 项的规定，"农村集体经济组织全部成员转为城镇居民的，原属于其成员集体所有的土地"归国家所有，将原特区外的集体土地在"一夜之间"从法律上变为了"国有土地"，成为"全国第一个没有农村的城市"，27 万名农民转为城市居民，956 平方公里农场土地"转为"国有土地。2004 年，原特区外的宝安、龙岗两区的 18 个镇全部撤镇建街道，218 个行政村全部撤村设社区。公安部门在 2004 年 3 月31 日基本完成户籍转换工作，国土部门在 2005 年末基本完成转地工作。其实，早在 1992 年，深圳市就开始研究是否将特区范围扩大到整个宝安县，时任市长李灏指出："目前的深圳市 ＝ 深圳特区 ＋ 宝安县，将来最好是深圳市 ＝ 深圳特区。……随着经济的发展，宝安县这种基本上管农场的体制，已经不太适应形势的要求。随着生产力、商品经济的发展，上层建筑也要相应做出调整。"

此种做法实质上是深圳的发展遭遇了严重的用地瓶颈，原特区内建设用地供应紧张，特区外大量土地尚未开发，[①] 但政府征用却

---

① 深圳市人多地少，土地资源非常宝贵，由于社会经济发展迅速，建设用地平均每年新增 20 多平方公里，至 2004 年底，全市可建设用地仅余 200 多平方公里，而且多分布在特区外。参见深圳市国土资源和房产管理局《加强土地管理　促进节约利用》，载《深圳年鉴（2005）》，深圳年鉴出版社 2005 年版，第 514 页。

困难重重。为了不致"落后于时代的发展要求",不得不另辟蹊径进行城市化。① 这种做法很快受到了质疑和批评,国务院法制办公室、国土资源部于 2005 年 3 月 4 日在《关于对〈中华人民共和国土地管理法实施条例〉第二条第(五)项的解释意见》(国法函〔2005〕36 号)中指出:"该项规定,是指农村集体经济组织土地被依法征收后,其成员随土地征收已经全部转为城镇居民,该农村集体经济组织剩余的少量集体土地可以依法征收为国家所有。"这等于否认了深圳"转地"做法的合法性。此外,2011 年 11 月 10 日,国土资源部、中央农村工作领导小组办公室、财政部、农业部联合发布《关于农村集体土地确权登记发证的若干意见》(国土资发〔2011〕178 号),其中规定:"对于借户籍管理制度改革或者擅自通过'村改居'等方式非经法定征收程序将农民集体所有土地转为国有土地、农村集体经济组织非法出让或出租集体土地用于非农业建设、城镇居民在农村购置宅基地、农民住宅或'小产权房'等违法用地,不得登记发证。"

　　虽然如此,作为"第一个吃螃蟹"的深圳市,在木已成舟的情况下只能"向前看",同时也承担着这一决定所带来的负面效应。显然,法律上的"土地国有化"并不意味着深圳市城市化的实际实现。事实上,在"转地"后,由于历史遗留的违法用地,以及土地管理制度的相对滞后和不完善,一部分在法律上转变了身份的土地仍掌握在原村民和原农村集体经济组织手中,一些原村民和少数外来人员在经济利益驱动下开始进行违法建设,形成大量违法用地和违法建筑。

三　深圳城市更新简述

　　如引言中所述,深圳因增量建设用地接近极限需要进行存量土地二次开发而进行城市更新,并且采取了"政府引导,市场运作"的方式。根据《深圳市城市更新办法》第二条的规定,深圳市的城市更新是指由符合本办法规定的主体对特定城市建成区(包括旧工

---

　　① 杨耕身:《现代化的必由之路——评深圳将建"全国第一个没有农场的城市"》,《南方都市报》2003 年 10 月 31 日。

业区、旧商业区、旧住宅区、城中村及旧屋村等），根据城市规划和《城市更新办法》规定程序进行综合整治、功能改变或者拆除重建的活动。实践中，城市更新活动以拆除重建类项目为主，房地产开发企业作为单独实施的市场主体，或合作实施中的单一市场主体，在获得政府批准成为法律上的实施主体之前，往往实际上承担着项目前期评估、土地核查、计划申报、规划编制等在法律上本应由其他单位承担的工作，而在获批取得实施主体资格之后可以通过协议出让方式取得更新地块的土地使用权。因此可以将深圳的城市更新归于"市场主导"类，区别于大多数城市的旧城改造和城市更新。

第二节　2004—2009 年"三旧"改造阶段

一　主要政策文件

城市更新旨在改善城市落后的设施，提升居住环境，概念范围极广，因此，旧区改造、城中村改造等乃事实上的城市更新活动。从 20 世纪 80 年代初开始，村民对破旧住宅建筑进行自发性的小规模翻新重建；到 90 年代初，政府开始参与对局部地区的更新探索；乃至 21 世纪初以来，政府积极组织参与对早期已建成的旧商业中心、旧工业区、旧村的成片区域进行城市更新，可以说，深圳的城市更新活动一直伴随着特区的建设，从未停止。深圳的城市更新法治进程最早要追溯到 2004 年开始的城中村改造法律制度的建立。

（一）初建城中村改造制度

经过 20 世纪前 20 年"统征统转"的快速城市化，深圳城中村发展过程中呈现出的弊端日益凸显。同时，伴随着城市化的不断推进，深圳的可建设用地越来越少，政府逐步意识到对土地利用效率低下的城中村更新改造的紧迫性，从而将其作为工作重点加以推进，开始研究制定政策，通过法律制度规范引导城市更新工作的有序开展。

2004 年 10 月 12 日，深圳市人民政府发布《深圳市城中村（旧村）改造暂行规定》（简称《规定》），正式启动城中村改造工作。《规定》明确城中村改造坚持规划先行、整体开发、合理控制强度、完善功能配套的原则。将"城中村"定义为在城市化过程中根据相关政策规定由原农村集体经济组织保留使用的非农建设用地的地域范围内的建成区域。此外，还鼓励有实力的机构通过竞标开发或者参与开发城中村改造项目。城中村内股份合作企业可自行改造，也可以与有实力的机构合作。《规定》还对城中村改造专项规划的编制、各部门的职责分配、城中村改造条件方式和目标、具体申报程序和要件以及拆迁补偿等进行了明确规定。《规定》首次对城中村改造的规范化实施进行了较为全面的探索，改变了以往个体自发、分散的更新方式，为有计划地进行城中村改造、加速推进深圳城市化建设提供了必要的法律依据和政策保障。

2005 年 4 月 7 日，深圳市人民政府发布《关于深圳市城中村（旧村）改造暂行规定的实施意见》（简称《实施意见》）。规定城中村改造模式分为综合整治和全面改造两大类，同时明确市政府成立"深圳市查处违法建筑和城中村改造工作领导小组"作为城中村改造的领导机构，此外，还下设"深圳市城中村改造工作办公室"作为日常工作机构，细化了领导小组、市城改办、各区政府的职责。《实施意见》还对城中村的改造目标、改造任务、决策与办事规则、改造范围、改造模式、改造规划的编制与审批、改造准入制度与项目管理、改造专项资金管理等内容进行了细致的规定，使改造工作有法可依、有章可循，走上法制化、规范化的轨道。2005 年 5 月，深圳福田渔农村爆破拆除，作为拆除重建的一个试点，渔农村的改造被认为是拉开了特区城中村改造的序幕，成为深圳城中村改造的缩影。同年 10 月 26 日，深圳市人民政府发布《关于深圳市城中村（旧村）改造总体规划纲要（2005—2010）的批复》，《规划纲要》指出城中村问题已成为全市经济社会发展中最突出、最复杂、最集中的矛盾和问题，不仅村内环境难以改善、居民的生活质量难以获得持续提高、许多村存在着严重的安全隐患，而且阻碍了城市结构的完善和土地使用效益的提升，侵蚀了周边地区的土地价值，并以其违法经营的手段破坏了城市的公平发展和法制管理秩序。城中村改造工作已迫在眉睫。《规划纲要》提出了改造计划及实施步骤，提出基本生态控制线内、重要功能片区内、城市重要景观节点附近、轨道交通沿线的四类城中村优先改造，提出2010年前完成特区内20%的城中村拆除重建，特区外5%的城中村重建和20%的城中村进行综合整治；并确定特区内外城中村改造范围，以及城中村改造模式、开发强度、功能，同时明确保障机制（法规保障、财政保障、计划保障、规划保障）和组织实施。同年11月，《中共深圳市委、深圳市人民政府关于进一步加强城市规划工作的决定》出台，提出应抓紧制定旧城改造政策和技术规范，合理控制旧城改造地块的开发强度，在较大范围内实现改造项目土地开发收益的综合平衡和整体效益，进一步深化、细化了城中村改造政策。上述文件制定了可操作性的指引，大大加速了深圳城中村的改造。

为规范深圳市城中村（旧村）改造专项规划编制的内容和深度，全面改造城中村，2006年1月，深圳市城市规划委员会发布《深圳市城中村（旧村）改造专项规划编制技术规定（试行）》，要求按照城中村的区位、规模、建设特点和管理要求的差异，将城中村改造专项规划分为A、B两类，不同的城中村改造专项规划在内容和深度上各有侧重。该技术规定了深圳市城中村改造的规划总则、规划原则、规划的编制内容及深度规定，规范了城中村改造专项规划的编制，进一步提升了城中村改造的科学性和合理性，为深圳市城中村改造规划编制制定了统一的技术标准。

为加强城中村改造扶持资金的管理，提高市城改扶持资金的使用效益，确保城中村改造工作顺利推进，2007年2月7日，深圳市人民政府印发《深圳市城中村（旧村）改造扶持资金管理暂行办法》，规定由市城改办负责市城改扶持资金的管理。市城改办根据各区政府的申请，编制年度市城改扶持资金计划，同时明确规定市城改扶持资金实行专款专用，禁止截留和挪用。《暂行办法》对市城改扶持资金的用途，资金的申请、拨付进行了程序细化，加强了城中村改造扶持资金的管理，对城中村改造予以配套扶持，提高扶持资金的使用效益，确保了城中村改造工作顺利推进。同年10月8

日，为积极稳妥推进城中村（旧村）改造工作，针对城中村改造项目有关实施问题，深圳市人民政府办公厅出台《关于开展城中村（旧村）改造工作有关事项的通知》，明确了城中村改造项目实施拆除重建后的房产性质为市场商品房。此外还对城中村改造项目套型比例的确定办法以及分期实施具体程序予以规制，为规范深圳市城中村改造工作提供了重要的依据。

（二）规范原特区外地区的旧改

2006 年 12 月 15 日，深圳市人民政府颁布《关于推进宝安龙岗两区城中村（旧村）改造工作的若干意见》，规定必须坚持规划先行的原则，落实公益性设施规划要求，合理控制开发强度和居住人口规模，完善城市功能和配套服务设施。同时，对地价收取以及改造项目进入行政许可程序后的审批流程及适用的法律进行了规定，建立了原特区外地区的旧改工作实施机制。此外，还出台了《关于宝安龙岗两区自行开展的新安翻身工业区等 70 个旧城旧村改造项目的处理意见》，针对宝安、龙岗两区在 2004 年 10 月 28 日市城中村（旧村）改造政策颁布前推动的项目的实施及所适用的法律规范进行了明确规定，对历史遗留项目提供法律指引，引导项目继续开展。

为积极稳妥推进宝安、龙岗两区城中村改造工作，结合实际情况，2008 年 3 月 1 日，深圳市人民政府办公厅发布《关于开展宝安龙岗两区城中村（旧村）全面改造项目有关事项的通知》，明确宝安、龙岗两区城中村全面改造项目改造范围的确定程序、需提交的材料以及其他有关事项等，对宝安、龙岗两区城中村改造工作提供了有针对性的操作指引，加快了特区外城市化进程。

（三）推进工业区升级改造

为推进工业用地二次开发和集约利用，优化工业产业结构，增强产业竞争力，2007 年 3 月 30 日，深圳市人民政府出台《关于工业区升级改造的若干意见》，开始探索旧工业区的改造路径。明确工业区可实施升级改造的四种情形：一是不符合工业布局规划和现代工业发展要求；二是不符合安全生产和环保要求；三是建筑容积率偏低、土地利用率低；四是内部规划不合理、基础设施不完善、建筑质量差。此外，规定改造模式分为综合整治和重建两种。同时《若干意见》明确法人企业通过合法方式取得改造项目范围内全部产权，或者与所有产权单位即权利主体签订委托改造或合作改造协议成为工业区改造项目的改造主体，此外还对相关扶持政策进行了规定。《若干意见》的实施为推动城市产业升级转型、空间供给提供了重要的法律依据。

2008年3月6日，深圳市人民政府办公厅出台《关于推进我市工业区改造试点项目的意见》，指出工业区升级改造工作是化解深圳市"四个难以为继"、促进产业结构调整、提升城市功能的重要举措。在全市范围内选取11个工业区升级改造项目作为试点项目予以推进，规定改造项目应编制试点项目产业规划和升级改造专项规划。此外，《意见》还提出特区外工业区产权不清晰现象较为严重，应先梳理改造区域内的产权状况，确权后再实施改造。《意见》的实施推进了工业区升级改造试点项目的实施。同年9月，深圳市人民政府办公厅出台《关于加快推进我市旧工业区升级改造的工作方案》。

为深入贯彻落实科学发展观，加快深圳市产业结构优化升级，坚持"产业第一"，加快推进深圳市旧工业区升级改造，促进节约集约用地，同年9月9日，深圳市人民政府办公厅出台《关于加快推进我市旧工业区升级改造的工作方案》。工作方案涉及的改造对象为市政府《关于工业区升级改造的若干意见》鼓励实施升级改造的4类工业区，明确改造工作推进步骤、改造重点解决的问题，要求产业主管部门要对升级改造的旧工业区的产业发展方向进行严格把关，设定产业准入条件，重点解决上述企业总部办公用房和生产（研发）用房问题，扶持重点企业发展。应于2008年10月底前研究编制旧工业区升级改造规划、收购鼓励办法、财政支持和激励等相关办法，明确规定列入第一批改造计划的12个试点项目中有5个项目将于年底前动工，其他项目于2009年上半年动工，此外还对改造工作推进步骤、改造重点解决的问题进行了规定。《方案》对旧工业区的升级改造进行了科学的战略部署和细致的规范指引。

二 旧改成效

《深圳市城中村（旧村）改造暂行规定》拉开了深圳城中村改造法治化、规范化的序幕。随后出台了一系列的配套政策，形成了一套较为适用的旧村、旧工业区改造运作机制体系，更新改造实践取得了一定的成效，如蔡屋围、岗厦村、渔农村等成功获得改造的项目。其中较为典型的旧改项目——蔡屋围位于深圳罗湖区，地处深圳黄金地带，占地约 4.7 万平方米，是一个拥有 700 年历史的老村，也是典型的握手楼林立、环境脏乱差的城中村。2003 年 5 月，"蔡屋围金融中心区改造规划方案"经深圳市政府审定通过，需拆除 15 万平方米旧屋，涉及村民 2000 余户。2007 年 12 月正式完成拆迁并进入建设阶段。2011 年 4 月，楼高 441.8 米的深圳第一、全球第八高建筑京基 100 大厦正式封顶，建筑面积约 62.5 万平方米。① 可见，旧改政策的推行打造了一批示范性改造项目。但由于涉及大量的违法建筑以及城市化过程中遗留的土地权属不清、城村混杂交错等问题，且此阶段的探索并未形成完善的制度体系，因此，实践中难以科学指导改造项目，在此制度背景下的改造项目尚处于摸石头过河的试验模式。随着城市可建设用地消耗殆尽与城市拓展结构需求的矛盾越发尖锐，城市更新需求更加趋向于多元化，覆盖面较为单一的旧改政策无法有效地促进城市规划的实施，需要更具综合性，更注重城市品质和内涵提升的"城市更新"概念指导更新改造等工作，因此，深圳市政府开始了新一轮城市更新的探索。

第三节　2009—2014 年城市更新创立阶段

《深圳市城市总体规划（2010—2020）》提出，深圳将"实现用地模式由增量扩张为主向存量改造优化为主的根本性改变"。在土地资源供需矛盾日益突出的情况下，开发存量土地是推进节约集

---

① 欧国良、刘芳：《深圳市城市更新典型模式及评价——以城中村拆除重建类型为例》，《中国房地产》2017 年第 3 期，第 48—54 页。

约用地的重要途径，深圳开始深化改革、加强探索，通过制度创新和政策完善，有效破解土地难以为继的发展瓶颈。

一 主要政策文件

(一) 广东省"三旧"改造政策提供制度基础

前文中已提及，2009 年广东省人民政府《关于推进"三旧"改造促进节约集约用地的若干意见》为深圳城市更新的核心制度即市场运作、协议出让的建立给予了政策支持。

(二) 城市更新制度的法治化

为规范城市更新活动，根据《关于推进"三旧"改造促进节约集约用地的若干意见》，2009 年 10 月 22 日，《深圳市城市更新办法》（简称《办法》）经市政府四届一四六次常务会议审议通过，自 2009 年 12 月 1 日起施行。城市更新是指由符合规定的主体对具有相应情形的旧工业区、旧商业区、旧住宅区、城中村及旧屋村等进行综合整治、功能改变或者拆除重建的活动。城市更新概念与过去的旧改相比，涵盖了所有的城市更新活动，定位更加准确，内涵更为深刻。《办法》明确城市更新应遵循政府引导、市场运作的原则。城市更新单元规划是管理城市更新活动的依据，城市更新年度计划则控制着城市更新节奏。第三十三条规定拆除重建类城市更新项目范围内的多个权利人可以通过协议方式明确相应权利义务后，交由单一主体实施城市更新。同时规定，拆除重建类更新项目的实施主体在取得相关规划许可文件后，应与主管部门补签《土地使用权出让合同》或补充协议。由此可以看出，城市更新项目的土地使用权可以通过协议方式出让，实现了政策的突破，权利人不仅可自行更新改造，而且无须通过传统的"招拍挂"方式出让土地使用权，这在很大程度上提高了权利人参与更新活动的积极主动性。《办法》在更新对象、更新单元概念、规划管理、实施方式、土地出让、地价标准等方面均在以往政策上实现了突破和创新，改造主体更加多元化，土地出让模式更加灵活，保障了城市更新工作的有序进行，丰富了城市更新的内涵。在没有上位法基础的情况下，深圳结合本地实际，大胆尝试，建立了城市更新法律制度，乃推动城市发展增量土地向存量土地二次开发转变的创新之举。《办法》是全国范围内首部将城市更新概念引入立法层面，对城市更新工作进行系统规范的政府规章，形成深圳市城市更新政策体系的核心，《办法》的出台宣示着深圳正式迈入全新的"城市更新"时代。

（三）科学部署战略工作

2010 年 12 月 18 日，《深圳市人民政府关于深入推进城市更新工作的意见》发布，指出开展城市更新对全市发展具有重要的战略性意义，城市更新是突破土地空间资源瓶颈，转变经济发展方式的重要抓手，深入推进城市更新工作刻不容缓。明确更新工作目标即到 2015 年，完成城市更新用地规模约 35 平方公里。《意见》明确：应抓好重点地区城市更新项目的实施，加快土地历史遗留问题的处理，探索创新拆迁补偿机制，完善城市更新单元制度，完善城市更新政策法规，落实城市公共设施用地，实行差异化的产业用地政策，建立健全高效推进城市更新的工作机制，同时应完善资金保障、信息公开、绩效考核和监督检查等制度。《意见》为积极推进城市更新项目的规范有序实施提出了科学可行的政策指引。

（四）明确实施程序指引

在《深圳市城市更新办法》颁布实施后，政府陆续出台了城市更新各环节的具体程序指引，提高了更新项目实施的可操作性，保证了城市更新的体系化、制度化。（1）拆除重建类项目的实施。2010 年，深圳市规划和国土资源委员会出台《关于试行拆除重建类城市更新项目操作基本程序的通知》。（2）更新单元计划申报。2010 年，深圳市规划和国土资源委员会出台《深圳市城市更新单元规划制定计划申报指引（试行）》。（3）实施主体确认。2010 年，深圳市规划和国土资源委员会出台《关于拆除重建类城市更新项目实施主体确认工作的通知》。（4）房地产证注销。2010 年，深圳市规划和国土资源委员会出台《拆除重建类城市更新项目房地产证注销操作规则（试行）》。（5）旧屋村认定。2011 年，深圳市规划和国土资源委员会出台《深圳市宝安区、龙岗区、光明新区及坪山新区拆除重建类城市更新单元旧屋村范围认定办法（试行）》。（6）更新单元规划审批。2010 年的《城市更新单元规划审批操作规则（试行）》、2011 年的《深圳市城市更新单元规划编制技术规定（试行）》、2014 年的《城市更新单元规划审批操作规则》。

（五）细化操作流程

2012 年 1 月 21 日，深圳市人民政府出台《深圳市城市更新办法实施细则》，细化相关部门职责，明确城市更新规划与计划、城市更新单元划定的条件，规定拆除重建类城市更新项目的实施方式，具体为：权利主体自行实施、市场主体单独实施、合作实施以及政府组织实施等几种方式。同时对城市更新项目的申报与审批程序、实施主体的认定、地价计收、项目监管和政府组织实施的方式和适用情形都进行了细化。《实施细则》通过理顺城市更新操作流程及工作要点，进一步规范和细化了城市更新工作事项。此外，针对城市更新项目开展过程中存在的新情况、新问题即未规范的法律空白事项加以补充规定，从加强城市更新工作规范性和操作性的角度，将实践工作经验转化为政策予以固定，推动实际问题的解决，对规范城市更新活动，建立规范、有序的城市更新长效机制具有重要的现实意义。目前，《深圳市城市更新办法》与《实施细则》已成为科学指导深圳城市更新活动的基础性的统领文件。

（六）改进实施工作

2012 年 8 月 17 日，深圳市政府颁发的《关于加强和改进城市更新实施工作的暂行措施》（深府办〔2012〕45 号，简称《通知》），对历史用地处置、地价政策、实施管理、部门职责及城市更新计划的清理进行了明确的规定。该《暂行措施》针对已纳入城市更新计划的城市更新单元范围内的历史用地创新性地提出了处置方案：用地行为发生在 2007 年 6 月 30 日之前，未签订征（转）地协议或已签订征（转）地协议但未进行补偿的土地，政府将处置土地的 20% 纳入土地储备，剩下的 80% 交由继受单位进行城市更新。此外，在交由继受单位开展城市更新的土地中还应根据相关法律规定将不少于 15% 的土地无偿移交给政府，处置后的土地可以通过与相关实施主体签订协议出让的方式交由其进行开发建设。此项政策的施行，为已经列入更新计划而局限于合法用地比例不足导致项目

"卡壳"的相关更新单元松绑，也正是基于此政策，对于后来进一步尝试降低合法用地比例、探索降低更新门槛提前扫清了后续推进的障碍。以城市更新的方式，推进确权工作，盘活土地利用，推进项目的实施。

2014年5月27日，深圳市人民政府办公厅印发《关于加强和改进城市更新实施工作的暂行措施的通知》（深府办〔2014〕8号，简称《通知》），此措施最主要的亮点在于规定申报城市更新计划应具备的权属清晰合法用地比例门槛，即"申报拆除重建类城市更新单元范围内合法土地面积比例应不低于60%。申报综合整治的旧工业区合法土地面积比例应不低于50%"。《通知》对建筑物建成时间根据项目类型的不同提出了明确的限定，旧住宅区申请拆除重建的，原则上应不少于20年；旧工业区、旧商业区申请拆除重建的，原则上应不少于15年。此外，《通知》还提出了试点开展小地块城市更新，即位于原特区已生效法定图则范围内，拆除范围用地面积小于10000平方米但不小于3000平方米且具备规定情形的区域，可以按规定申请划定小地块城市更新单元，并对小地块城市更新项目的意愿征集比例、土地贡献率做出了特殊的规定。同时《通知》在完善地价测算、鼓励旧工业区升级改造、强化更新项目实施管理等城市更新政策方面做出了改进和创新，进一步完善了城市更新工作治理和实施机制。

（七）加强历史用地处置

深圳高速城市化进程中产生了大量历史遗留土地房产问题，原特区外的宝安、龙岗两区存在大量应转未转、应征未征、应补偿未补偿等手续不完善的历史遗留土地。[①] 历史遗留土地问题的存在大大制约了城市更新项目的开展。

2013年5月17日，深圳市规划和国土资源委员会出台《深圳市城市更新历史用地处置暂行规定》，对经批准纳入城市更新单元计划，通过拆除重建方式实施城市更新的历史用地的处置进行规范。规定拟实施拆除重建范围内用地行为发生在2007年6月30日

---

① 胡盈盈：《快速城市化地区城市更新用地管理研究——以深圳市坪山新区为例》，《全国商情》2012年第7期，第14页。

之前，用地手续不完善如未签订征（转）地协议或者已签订征（转）地协议但土地或者建筑物未作补偿的建成区，可以由原农村集体经济组织继受单位申请进行历史用地处置。在项目实施主体与市规划国土主管部门签订土地使用权出让合同前，继受单位应当依法自行理清相应经济关系，自行拆除、清理地上建筑物、构筑物及附着物，并与主管部门签订完善征（转）地手续的协议，政府不再另行支付补偿费用。同年，深圳市规划和国土资源委员会出台《深圳市城市更新土地、建筑物信息核查及历史用地处置操作规程（试行）》，该规程适用于已纳入城市更新计划的城市更新单元拆除范围内土地、建筑物信息的核查以及以拆除重建方式实施城市更新的历史用地的处置，细化了各部门职责，同时明确了土地核查内容、建筑物核查及汇总内容。进一步规范了城市更新土地、建筑物信息核查及历史用地处置工作，高效、科学、规范地推进城市更新项目实施。

（八）建立配建制度

1. 保障性住房配建

2010 年 12 月 22 日，深圳市规划和国土资源委员会出台《深圳市城市更新项目保障性住房配建比例暂行规定》（简称《规定》），规定列入城市更新范围的拆除重建类项目区分一类地区、二类地区、三类地区各 12%、8%、10% 的比例配建保障性住房，同时区分不同项目情形规定在前述既定比例基础上核增减比例。规定城市更新项目配建的保障性住房免缴地价，要求关于城市更新项目的保障性住房配建类型、比例及相关规划均在城市更新单元专项规划中予以确定，《规定》试行期为 3 年。《规定》的出台加快了保障性住房建设，保障了城市更新项目中的公共利益。

2. 创新性产业用房配建

2013 年 1 月 7 日，深圳市人民政府办公厅印发《深圳市创新型产业用房管理办法（试行）》，办法所称创新型产业用房，是指根据创新型企业的发展需求，建设或配建、筹集（含租购）并按政策出租或出售的生产、研发、运营及其他配套设施的政策性产业用房。在城市更新项目中按一定比例配建是创新型产业用房筹集、建设的方式之一,《办法》的第十三条规定:建成后政府可优先以建造成本加合理利润回购城市更新项目配建的创新型产业用房;如不回购的,产权归原所有人,但需按政府拟定的基准价格和准入条件租售。《办法》加大对创新型产业的支持力度,规范了城市更新项目中的创新性产业用房配建,形成支持创新型产业发展的长效机制。

二　更新成效

以《深圳市城市更新办法》的颁布施行为标志,深圳迎来了城市更新历史性新阶段,通过政策和机制的多项创新,构建了城市更新政策体系,有效推进城市更新工作的开展,对于城市发展所彰显的积极效应已经显现。城市更新的政策效果非常显著:由于城市更新政策的持续推动,深圳市城市更新投资额占全市房地产市场投资、全市固定资产投资比例从 2010 年的 18% 和 4%,上升到 2013 年上半年的 41% 和 14.6%;城市更新占到全市房地产市场批准预售比例、全市商品住宅供地比例从 2010 年的 8.8% 和 16%,上升到 2013 年上半年的 43% 和 87%。与此同时,城市更新配套建设的公共设施也非常可观:累计配建中小学 50 所、幼儿园 126 所、医院 2 家、社康中心 97 家、公交首末站 31 个、保障性住房约 178 万平方米,城市更新已成为促进城市发展的重要力量。[1]

第四节　2015 年至今更新（棚改）政策改革阶段

城市更新的步伐不断加快,在改善人居环境、优化产业结构、促进可持续发展等方面发挥了重要作用,深圳逐步探索出了一条符合自身实际的城市更新之路。为加快推进深圳城市更新,针对审批流程复杂、合法用地门槛高、更新方式有待创新等实施过程中存在

---

[1]　刘蕾:《城中村自主更新改造研究——以深圳市为例》,博士学位论文,武汉大学,2014 年。

的问题，深圳开始着力进行大刀阔斧的提速提效改革。同时，国家棚户区改造政策的出台和旧住宅小区城市更新中遇到的问题也使得深圳进一步明确了棚改政策的适用。

一　主要政策文件

（一）深化城市更新审批权改革，简政放权

为了创新城市更新工作机制，《深圳市人民政府关于在罗湖区开展城市更新工作改革试点的决定》于 2015 年 8 月 29 日发布施行，规定原由市规划和国土资源委员会及其派出机构行使的涉及罗湖区城市更新项目的行政审批、行政确认、行政服务、行政处罚、行政检查等职权，除地名许可、测绘查丈、房地产预售、房地产权登记、储备用地管理、档案管理事项外，调整至罗湖区行使。2015年 9 月 2 日，深圳市人民政府办公厅转发《罗湖区人民政府贯彻〈深圳市人民政府关于在罗湖区开展城市更新工作改革试点的决定〉的实施意见》，明确依法依规、权责对等、封闭运行的试点原则，并对试点内容、工作衔接等进行了具体规定。

2016 年 11 月 12 日，《深圳市人民政府关于修改〈深圳市城市更新办法〉的决定》已经市政府六届五十三次常务会议审议通过。对《深圳市城市更新办法》作出修改：删除地价规定，并规定城市更新项目地价计收的具体规定由市政府另行制定。同时，增加了"为了推进强区放权，加快城市更新实施，市政府可以根据工作实际，调整职责分工，创新工作机制，并向社会公布"的规定。

10 月 15 日，《深圳市人民政府关于施行城市更新工作改革的决定》发布施行。原由市规划和国土资源委员会及其派出机构行使的城市更新项目中除地名许可、测绘查丈、房地产预售、房地产权登记、档案管理等事项外的行政审批、行政确认、行政服务、行政处罚、行政检查等职权调整至各区政府行使。原由市住房和建设局行使的城市更新项目的建设工程施工许可及竣工验收备案、建筑节能（绿色建筑）施工图抽查及专项验收、超限高层建筑抗震设防审批、质量安全监督等职权，调整至各区建设主管部门行使。为贯彻落实《深圳市人民政府关于施行城市更新工作改革的决定》，11 月 15

日，深圳市人民政府办公厅发布《关于贯彻落实〈深圳市人民政府关于施行城市更新工作改革的决定〉的实施意见》。明确总体目标为：进一步强化市级统筹和区级决策，通过职权调整实现审批提速提效，推动城市更新加快实施。提出坚持依法依规原则、权责对等原则、提质提效原则、平等过渡原则，实施意见明确了改革主要内容、细化了工作要求以及过渡期业务办理程序。上述文件的施行进一步推进了全市的城市更新领域强区放权。

（二）完善城市更新法律制度，明确导向

1. 完善实施机制

2017 年 1 月 1 日，深圳市人民政府正式实施《关于加强和改进城市更新实施工作的暂行措施》（深府办〔2016〕38 号）。主要创新点为：①减低合法用地比例。规定合法用地比例不足 60% 但不低于 50% 的，拆除范围内的历史违建可按规定申请简易处理。②新增零散住宅区更新。明确规定零散旧住宅区合法产权住宅的拆赔比为套内面积 1∶1，若零散旧住宅区所在地块的总面积不超过 6000 平方米且占拆除范围用地面积的比例不超过 1/3，可不用公开选择市场主体为实施主体。③重点更新单元。针对目前城市更新范围划定整体统筹不足、与全市重点发展区域存在偏差等问题，创新提出了政府主导、自上而下的重点更新单元方式，由区政府组织进行更新计划申报、更新单元规划编制，选择市场主体进行整体实施，并将重点更新单元的合法用地比例降低为不少于 30%。④简化城市更新地价计算体系。统一以公告基准地价标准为基础测算地价，并针对不同用地类别或改造类型设定了修正系数。⑤复合更新。增加了以拆除重建为主、综合整治为辅的复合更新模式。⑥设置实施主体门槛。规定在申请实施主体确认时，申请人应当具备房地产开发资质。

2017 年的暂行措施是继 2012 年、2014 年出台的第三版暂行措施，是对近几年城市更新工作实践的经验总结，对相关制度进行了创新、修正和完善，是提升城市更新工作质量的重要政策保障。政策的完善为城市更新的制度化、规范化、系统化打下了坚实的基础。

2. 细化更新工作

为了深入贯彻落实城市更新"强区放权"依法依规、提质提效的改革要求，保障城市更新工作有序推进，针对各区反映的问题进行了汇总整理和研究。2017年4月5日，深圳市规划和国土资源管理委员会发布《关于规范城市更新实施工作若干问题的处理意见（一）》（深规土〔2017〕214号，简称《处理意见（一）》），涉及旧住宅小区的改造，处理意见还是坚持由政府主导，稳步推进，由辖区街道办作为申报主体展开前期工作。要点如下：①旧住宅区改造。成片老破旧小区符合棚户区改造政策的，可优先按棚户区改造政策积极推进。②旧改放权后，街道办担重任。涉及城市更新的旧住宅区可由辖区街道办事处作为申报主体开展前期工作。③放松相关的土地性质变更申请。计划申报更新主导方向应与法定图则衔接，并规定城市更新单元计划申报更新主导方向与已批法定图则不符的，经区城市更新职能部门审核后认为具备城市更新必要性和可行性，且对申报的更新主导方向予以支持的，由其向市规划国土委辖区管理局申请进行法定图则调整，待调整依程序经审批同意后，再由区城市更新职能部门进行城市更新单元计划公示、审批。如将法定图则的二类用地性质作为更新主导方向的，区城市更新职能部门应先行征求规划主管部门的意见。④城市更新单元计划清理。最受业内关注的还是关于项目清理的处理意见，因为这不仅关系到市场开发主体的切身利益，也关系到广大拆迁权利业主的利益。《处理意见（一）》指出：70个历史遗留项目以及纳入2010年结转和实施计划等由原先各区申报的更新单元，各区应梳理进展情况，对于长期无法推进，实施存在困难的更新单元，应在2017年6月底进行清理，调出计划。另外，《处理意见（一）》也明确了空地的处理方式和地块上盖建筑年限的时间参考。

2018年1月11日，深圳市规划和国土资源管理委员会发布《关于规范城市更新实施工作若干问题的处理意见（二）》（深规土规〔2017〕3号，简称《处理意见（二）》），对城市更新相关政策理解适用进行解释，审查标准进行细化，以利于各区对城市更新政策的统一理解，操作标准一致。《处理意见（二）》主要是针对现行城市更新政策的解释，分为五个部分。一是关于城市更新单元计划管理。要求凡摸底列入"三旧"拟改造范围的地块，应逐块标绘上图，明确了强区放权改革后标图建库的具体组织单位以及程序。对城市更新计划的备案时间、材料等进行了细化，使其更具有可操作性。对不同审批阶段的法定图则是否可以作为规划依据进行了细化。同时，还对法定图则规划为发展备用地区域如何确定更新方向提出了具体明确的操作程序。进一步拓宽了可以建设人才住房和保障性住房的情形，如果项目已纳入城市更新计划但尚未批准更新单元规划，也可以按照本条规定的程序申请通过城市更新建设人才住房和保障性住房。二是关于城市更新单元规划管理。明确规定只有现状已建成、在建或国家发改委已批复的轨道线路可作为城市更新单元的审批依据。在《深标》基础上，对单一用地性质的居住用地混合使用、单一用地规划为混合用地的情形、混合用地的混合使用的容积率上限的规则进行了解释和细化。三是关于城市更新单元用地管理。对土地最高年限、地价测算、地价补缴、土地出让等措施进行细化和解释，强化了对城市更新用地管理措施的统筹。四是关于土壤环境风险防控。要求特定城市更新项目须开展土壤环境风险防控（如涉及现状为或者曾作为电镀、线路板等行业工业用地及污水处理厂、垃圾填埋场市政设施用地，或者涉及已列入深圳市污染地块名录内地块）。五是落实强区放权改革内容，进一步规范了城市更新业务的审批程序，明确了业务收文、审批结果数据上传等事项。

上述文件通过对城市更新政策适用进行解释，对审查标准进行细化，进一步强化统筹、统一认识、明晰标准，有利于各区对城市更新政策的统一理解，保障城市更新工作有序推进。

3. 完善配建制度

（1）保障性住房的配建

为落实保障性安居工程建设要求，多渠道增加保障性住房供应，有效促进产城融合，深圳市规划和国土资源委员会于2016年1月5日印发施行《深圳市城市更新项目保障性住房配建规定》

（简称《规定》）。《规定》适用于拆除重建类城市更新项目，根据改造方向的不同规定了两种具体配建方式：一是改造方向若为居住用地项目，则按照建筑面积的一定比例；二是改造方向若为新型产业用地项目，则安排部分保障性住房用地进行建设。同时，根据地区的不同规定了基准比例，具体项目的配建比例在基准比例的基础上根据规定情形进行相应的核增、核减。为确保保障性住房配建空间范围的合理性与时效性，《规定》第十二条提出："建立保障性住房配建空间范围图动态修订机制，市规划国土部门可根据城市发展需要及住房保障发展需要，对本规定附图进行修订，报市政府备案并公布后施行。"《规定》的出台有效平衡了城市更新中的市场利益与公共利益。在保障深圳保障性住房供应以及引导保障性住房向交通便利、公共配套齐全的地区合理布局发挥了积极作用，城市更新已成为深圳市保障性住房建设重要途径之一。

因深圳城市重点区域、轨道交通规划与建设发生了新的变化，有必要对城市更新项目保障性住房配建规定的空间范围进行相应修订。2018年1月30日，市规划国土委发布《关于施行〈深圳市城市更新项目保障性住房配建规定〉附图（修订）的通知》，基于此，在延续原配建范围划定主要思路的基础上，结合面临的新形势开展了修订工作，形成了《深圳市城市更新项目保障性住房配建规定》附图。较修订前，一类、二类、三类地区共增加了297.85平方公里。按"十三五"期间拆除重建区域进行估算，"十三五"期间通过城市更新可配建保障性住房约740万平方米，较修订前增加了90万平方米，约1.8万套。根据修订后的附图，城市更新配建保障性住房逐渐向原特区外延伸，可有效促进居住用地布局均衡化发展，进一步促进职住平衡。

（2）创新型产业用房的配建

2015年7月1日，深圳市规土委研究制定了《深圳市城市更新项目创新型产业用房配建比例暂行规定（征求意见稿）》（以下简称《暂行规定》）。《暂行规定》重点解决城市更新项目配建创新型产业用房的比例问题，城市更新项目配建的创新型产业用房的建设、移交、回购、准入配置、调剂退出、管理服务和监管检查等具体管理规定由市产业主管部门另行制定。《暂行规定》对配建比例的基数做了说明。城市更新项目创新型产业用房的配建比例，是指项目改造后提供的创新型产业用房的建筑面积占项目研发用房总建筑面积的比例。《暂行规定》在充分考虑产业聚集现状、企业发展规模及需求、区位条件、周边配套条件等因素的基础上，将全市分为三类地区：一类地区为福田区、罗湖区、南山区的辖区范围；二类地区包含了盐田区的辖区范围，宝安区新安街道、西乡街道、大浪街道、石岩街道，龙华新区龙华街道、民治街道及龙岗区龙城街道、龙岗街道、布吉街道、坂田街道、南湾街道的区域范围；三类地区为上述一类、二类以外的区域，对应的基准配建比例分别为 12%、8%、5%。

2016 年 8 月 31 日，深圳市规划和国土资源委员会《关于印发〈深圳市城市更新项目创新型产业用房配建规定〉的通知》（深规土规〔2016〕2 号，以下简称《规定》），规定拆除重建类城市更新项目升级改造为新型产业用地功能的，其创新型产业用房配建适用本规定。创新型产业用房的配建比例为 12%，配建比例是指项目改造后提供的创新型产业用房的建筑面积占项目研发用房总建筑面积的比例，另有规定的除外。《规定》不再区分一类、二类、三类地区，将创新型产业用房的配建比例统一调整为 12%。此外，高新技术产业园的创新型产业用房配建比例，根据开发模式不同而有差异。高新技术企业自行开发的产业升级改造项目配建比例为 10%；非高新技术企业与高新技术企业合作开发的配建比例为 12%；非高新技术企业开发的项目配建比例为 25%。根据《规定》，城市更新项目配建的创新型产业用房，建成后由政府回购的，产权归政府所有，免缴地价；建成后政府不回购的，产权归项目实施主体所有，地价按《深圳市城市更新办法实施细则》第五十七条研发用地的基准地价标准的 50% 计收。《规定》要求，城市更新项目配建的创新型产业用房，应统一纳入市产业用房供需服务平台进行租售。《规定》的实施增加了创新型产业用房供应，促进了产业转型升级。

4. 细化更新程序细则，推动实施

（1）推动综合整治

为加快综合整治类旧工业区升级改造工作，2015 年 8 月，深圳市城市更新办公室出台《深圳市综合整治类旧工业区升级改造操作指引（试行）》（简称《操作指引》）。《操作指引》对综合整治类旧工业升级改造项目的更新计划、更新单元规划、实施监管、用地审批等各项程序做了详细的规定，大大提高了可操作性，推动了旧工业区的升级改造。

（2）地价测算

2015 年 9 月，深圳市规划和国土资源委员会出台《关于明确城市更新项目地价测算有关事项的通知》。对地价测算时点地价、测算次序、地价测算步骤、关于几种特定情形［地下商业、地下停车场（库）等］的地价测算、分摊与扣减、基准地价的修正系数、工业楼宇的地价测算等都进行了细致的规定，保证了城市更新地价政策的可操作性和执行的统一性。

（3）容积率

2015 年 9 月，深圳市城市更新办公室出台《深圳市城市更新单元规划容积率审查技术指引（试行）》。城市更新单元规划容积率是指规划建筑面积与开发建设用地面积的比率，开发建设用地是指出让给项目实施主体进行开发建设的用地。《技术指引》对规划建筑面积由基础建筑面积、转移建筑面积和奖励建筑面积构成，地块容积率（涉及的居住、商业服务业用地的密度分区基准容积率及工业、物流仓储用地）的取值等进行了明确，规范了城市更新单元规划容积率的管理。

（4）更新清退用地处置

2015 年 10 月 30 日，深圳市规划和国土资源管理委员会发布《深圳市城市更新清退用地处置规定》。规定所称清退用地，是指已完成征转及补偿手续，因规划实施等原因确需划入城市更新单元拆除范围，由城市更新项目实施主体负责清退的国有未出让用地。更新用地，是指城市更新单元拆除范围内除清退用地以外的其他用地。《处置规定》第三条：清退用地范围内的经济关系由实施主体自行理清，地上建筑物、构筑物及附着物由其自行拆除、清理，应当无偿移交给政府。

（5）旧屋村认定

2018年2月11日，《深圳市拆除重建类城市更新单元旧屋村范围认定办法》（以下简称《认定办法》）发布实施，原《认定办法》对拆除重建类城市更新单元内旧屋村范围的认定主要限于原特区外。修订后的《认定办法》调整政策适用范围为原特区内在《关于深圳经济特区农村城市化的暂行规定》实施前、原特区外在《深圳市宝安、龙岗区规划、国土管理暂行办法》实施前正在建设或者已经形成且现状主要为原农村旧（祖）屋等建（构）筑物的集中分布区域。《认定办法》（修订）将原《认定办法》中实施前"已经形成"调整为实施前"正在建设或者已经形成（以下简称已经建设）"。建（构）筑物"正在建设"的情形根据地形图测绘相关规范，在地形图中以标注"建"字表示，具体认定中以测绘成果的标识为准。同时，细化了可纳入与不可纳入旧屋村范围的建（构）筑物与公共服务设施情形，明确了旧屋村范围的边界划定原则，调整了旧屋村认定工作主体和认定程序。为提高可操作性，修订后的《认定办法》对可纳入旧屋村范围的公共服务设施，通过归纳式与列举式结合的方法做出了更细致、明确的规定。修订后的《认定办法》与城市更新现行政策相衔接，参照零星用地的规定，对纳入旧屋村范围的公共空间及其他零散用地限定"原则上总量不得超过旧屋村范围总用地面积的10%且总面积不得大于3000平方米"。对发生重建、加建、改建、扩建的情形综合考虑建设时点与建设体量，酌情予以纳入旧屋村范围。《认定办法》的出台推动了旧屋村认定工作的规范、有序开展，进一步保障城市化过程中原农村集体经济组织的土地权益。

（三）建立集体土地参与城市更新制度，强化监管

村股份公司以其拥有的土地和物业权益参与城市更新是当前村股份公司经营活动最重要的组成部分，也是实现集体资产保值增值的重要路径。通过城市更新不仅能够改变这些资产的流通性，还能够改变这些物业的经营形态，释放产业发展空间，提升社区公共配

套和公共服务水平。毫无疑问，集体资产参与城市更新对转变村股份制经济的经营发展模式是有积极意义的。但遗憾的是，一方面，集体资产交易在面临政府强监管的态势下无所适从；另一方面，在土地资源稀缺的大环境下，村股份公司在与市场主体经济利益的博弈过程中缺乏成熟的经验。在这双重因素影响下，市场主体参与涉及集体资产项目的城市更新显得举步维艰，很多项目要么停滞，要么推进缓慢。

2016 年 6 月 4 日，《中共深圳市委办公厅、深圳市人民政府办公厅关于建立健全股份合作公司综合监管系统的通知》发布实施。通知明确提出：各区将集体用地合作开发建设、集体用地使用权转让和城市更新等资源交易项目纳入公平资源平台统一实施；原特区内的股份合作公司可利用市级现有公共资源交易平台进行交易，原特区外的股份合作公司进入区级公共资源交易平台交易，也可利用市级现有的公共资源交易平台交易；各区要对股份合作公司资金资产资源集中交易项目的具体标准、交易方式、交易程序等做出规定，制定交易目录，明确各相关部门应履行的职责和责任追究情形，并在 2016 年 8 月 31 日前投入实际运行。这一政策的发布直接将深圳市集体用地交易带入了强监管时代。

据此，各辖区针对集体资产交易密集出台了一系列政策（详见表 2—1）。

表 2—1　　　　　　深圳市各区集体土地资产交易政策

辖区	核心政策	合作方引入方式	合作方进入时点	引进合作方民主决策机制
福田区	《福田区股份合作公司非农建设用地和征地返还地等集体用地开发和交易指引》	公开招标、竞争性谈判、单一来源谈判	未限制	全体股东≥4/5表决通过
	《关于福田区股份合作公司集体资产交易纳入市、区交易平台等事项的通知》			

续表

辖区	核心政策	合作方引入方式	合作方进入时点	引进合作方民主决策机制
罗湖区	《罗湖区股份合作公司非农建设用地和征地返还用地土地使用权交易实施细则（试行）》	公开招标、竞争性谈判、单一来源谈判（限于非农建设用地和征地返还用地参与城市更新合作的项目）	未限制	全体股东≥4/5表决通过
南山区	《南山区股份合作公司非农建设用地和征地返还地等集体用地开发和交易指引》 《南山区集体资产管理办公室关于印发〈南山区股份合作公司集体用地开发和交易操作指引（试行）〉的通知》（深南集资通〔2018〕4号）	竞争性谈判、单一来源谈判（限于非农建设用地和征地返还用地参与城市更新合作的项目）	未限制	全体股东≥4/5表决通过
龙岗区	《龙岗区社区股份合作公司集体用地开发和交易监督实施细则》 《龙岗区社区股份合作公司集体用地开发和交易监管实施细则》（深龙府办〔2018〕4号）	公开招标、竞争性谈判	获得专项规划后，城市更新重点项目可在计划阶段选取合作方	竞争性谈判股东代表大会≥4/5表决通过，如系居民小组一级的子公司、分公司还需召开居民小组股东会议，且需通过集体资产公共交易平台；资产评估报告结果确认和合作招商方案表决的股东代表大会可合并召开

续表

辖区	核心政策	合作方引入方式	合作方进入时点	引进合作方民主决策机制
宝安区	《关于加快宝安区社区集体经济综合监管服务平台建设推动股份合作公司规范管理的意见》（1+9+1文件）	公开招标、竞争性谈判	未限制	合作方和交易方案经股东大会全体股东≥2/3表决通过。非农建设用地合作开发须经股东大会全体股东≥4/5表决通过
坪山区	《坪山新区股份合作公司非农建设用地和征地返还用地土地使用权交易实施细则（试行）》	公开招标、竞争性谈判、单一来源谈判（限于非农建设用地和征地返还用地参与城市更新合作的项目）	获得专项规划后	全体股东≥4/5表决通过
龙华区	《龙华新区股份合作公司集体用地土地使用权交易管理规范》	公开招标、竞争性谈判	未限制	城市更新项目需召开股东大会征集意见。竞争性谈判全体股东≥4/5表决通过
大鹏区	《深圳市大鹏新区股份合作公司集体用地开发和交易监管实施细则》	公开招标、竞争性谈判、单一来源谈判（限于集体物业<1/3和集体用地<20%的城市更新项目）	列入更新计划后	全体股东≥4/5表决通过

续表

辖区	核心政策	合作方引入方式	合作方进入时点	引进合作方民主决策机制
光明区	《光明新区发展和财政局关于明确社区集体公司集体用地合作开发交易程序的通知》	公开招标、竞争性谈判、单一来源谈判（限于非集体建设用地为主的城市更新项目）	获得专项规划后	城市更新项目需召开股东大会征集意见。竞争性谈判全体股东≥4/5表决通过
盐田区	《盐田区股份合作公司重大事项监管暂行办法》	公开招标、竞争性谈判	未限制	竞争性谈判全体股东≥4/5表决通过

　　上述各区政策的出台，规范了股份合作公司非农建设用地和征地返还地等集体用地开发和交易行为，实现对集体资产、资产交易、公司财务、证照等信息化、透明化、科学化监管，维护股民根本利益，促使集体资产保值增值，促进社会和谐稳定。

　　（四）各区制定实施办法，因地制宜

　　自深圳市提出"强区放权"改革以来，深圳各区均出台适应本辖区的城市更新办法。时至今日，有些区已经正式发文，有些区仍在征求意见，也有些区的更新办法仍是雏形（见表2—2）。

表2—2　　　　　　　　　　深圳市各区城市更新政策

辖区	时间	名称
宝安区	2017年3月6日	《深圳市宝安区人民政府关于印发〈深圳市宝安区城市更新暂行办法〉及12个配套文件的通知》
	2018年4月20日	《深圳市宝安区人民政府办公室印发〈关于加快城市更新工作的若干措施〉的通知》

续表

辖区	时间	名称
龙岗区	2017 年 11 月 7 日	《深圳市龙岗区城市更新实施办法》
南山区		暂无
福田区	2016 年 12 月 8 日	《深圳市福田区城市更新实施办法（试行）》
罗湖区	2016 年 12 月 19 日	《深圳市罗湖区城市更新实施办法（试行）》
盐田区	2017 年 3 月 14 日	《盐田区城市更新实施办法（试行）》
龙华区	2017 年 4 月 13 日	《深圳市龙华区城市更新实施办法》
坪山区	2018 年 6 月 15 日	《深圳市坪山区城市更新实施办法》
光明区	2018 年 11 月 16 日	《深圳市光明区城市更新实施办法》
大鹏新区	2017 年 7 月 21 日	《深圳市大鹏新区城市更新实施办法》
	2018 年 4 月	《深圳市大鹏新区关于进一步加强和改进城市更新工作的指导意见》

深圳市各个辖区的城市更新办法既存在以市级文件为指导的相同之处，也存在适应各自辖区的不同之处，如城市更新计划与专规合并情况及申报材料、深圳各区城市更新审批流程的差异。每个区都在探索属于自己的城市更新之路，从而建立规范、有序的城市更新机制，以更好地开展城市更新工作，为本区的城市建设与经济转型添砖加瓦。

（五）规定棚户区改造模式，相得益彰

随着单纯"市场主导"的城市更新制度在完善片区公共配套、提高保障性住房供应方面的局限日益显现，深圳市政府开始探索在更新领域发挥更加积极的主导作用。棚户区改造即是由政府牵头对旧危房、二线插花地等存在重大安全隐患地区拆除重建的重要模式。

2016 年 6 月 16 日，深圳市住房和建设局下发《深圳市棚户区改造项目界定标准》，规定"本标准所指棚户区改造项目，是指位于深圳市范围内使用年限较久、房屋质量较差、建筑安全隐患较多、使用功能不完善、配套设施不齐全等危旧住宅区和城中村改造项目，主要包括以下区域（含已纳入城市更新计划的改造项目）……"根据规定，不符合城市更新单元计划申报条件但符合棚户区改造项目界定标准的旧住宅区，也可以纳入"棚户区改造"。与广东省的界定标准相比，深圳市的标准与之有三点差异：其一，期限差异，即深圳的标准将广东省界定标准中的"超过40年的危旧房屋"，修订为"30年"。其二，深圳市在广东省界定标准的基础上，增加了二线"插花地"棚户区改造项目界定标准。其三，深圳还将城市更新计划中符合棚户区改造界定标准的改造项目也纳入了棚户区改造范围。此标准科学合理地界定了棚户区改造范围，统一了棚户区改造界定标准，进一步规范了棚户区改造工作。

2017年2月21日，深圳市罗湖区人民政府、龙岗区人民政府发布《罗湖"二线插花地"棚户区改造专项规划》，以罗湖"二线插花地"棚户区改造为切入点，消除"二线插花地"地质灾害、危旧楼房等公共安全隐患，并充分利用国家棚户区改造政策和保障房建设政策，对"二线插花地"进行全面彻底的整治改造，主要包括木棉岭、布心和玉龙三个片区。

2018年5月17日，深圳市人民政府发布《关于加强棚户区改造工作的实施意见》（深府规〔2018〕8号），正式确立了深圳的棚改制度。棚户区改造采用"政府主导、市场参与"的改造模式，对"市场主导"的城市更新模式形成了有力补充，将成为旧住宅改造的主要途径。

（六）科学制定城市更新规划，引导方向

2016年11月21日，深圳市规划和国土资源委员会、深圳市发展改革委出台《深圳市城市更新"十三五"规划》，积极推进全市城市更新重点统筹片区的规划编制和审批工作。在规划期间即2016—2020年，全市各类更新用地规模为3000公顷，其中拆除重建类更新供地规模为1250公顷，非拆除重建类更新用地规模为1750公顷。从建筑增量角度看，"十三五"规划期内预计通过拆除重建类更新供给建筑总面积约4600万平方米。由此可看出，在规划的未来几年内，城市更新仍将继续挑起深圳建设土地以及用房供应的大梁。政府通过规划指导城市更新的开展，此规划还明确年度更新单元申报计划原则上应与规划划定的城市更新区域对应，从而有效引导市场意愿需求与规划衔接，促进城市更新的科学性。此规划是指导全市城市更新工作的纲领性文件，为城市更新工作的健康有序开展把握方向、提供指引，对深圳城市更新产生积极而深远的影响。

二　改革成效

深圳在近两年的更新探索中，对城市更新项目实践进行评估、反思及总结，针对新形势、新问题，不断完善法律制度体系，按需及时调整更新方向及重心，城市更新工作逐渐步入规范有序的运行轨道，已经建立起了行之有效的城市更新运行模式，整体上实现了由摸索尝试到规范体系化、从个别试点到推动规模化的质变。经统计，深圳市规划和国土资源委员会网站（http://www.szpl.gov.cn）上关于城市更新计划的公告，截至 2016 年 12 月 31 日，列入城市更新计划的项目共 533 个，长期未能推动被调出城市更新计划的共 8 个；涉及范围调整的城市更新计划共 42 个，其中，前后重合的共 27 个。将重合项目中时间较早的删除，最终统计的城市更新计划数共 498 个，总面积为 3713.8692 公顷。其中，2015 年以前深圳市纳入城市更新计划数共 409 个，拟拆除用地总面积为 3172.0998 公顷。2016 年作为深圳"十三五"规划的开局之年，共公告通过了 89 个城市更新计划，拟拆除总面积为 541.7694 公顷。城市更新在增加两房供给方面同样功不可没。目前已通过专项规划的 242 个项目中，涉及保障性住房的项目共有 67 个，规划建设保障性住房总面积为 117.26 万平方米；涉及新型产业用房的项目共有 31 个，规划的新型产业用房总面积为 29.1 万平方米。而"十三五"规划中提出，要通过城市更新持续稳定提供人才住房和保障性住房、创新型产业用房，规划期内力争通过更新配建人才住房和保障性住房约 650 万平方米，配建创新型产业用房总规模约 100 万平方米。依此目标，未来城市更新项目配建"两房"的力度将大幅提高。可见，城市更新的"深圳模式"成为具有典型借鉴意义的改革成果被总结认可和关注，为全国土地管理制度的改革创新提供了鲜活经验。
但深圳的城市更新正处在摸索阶段，涉及多系统、多领域、多
利益主体，市场行为还有待规范，新的领域还有待摸索，更新
政策体系仍然有待完善。

第三章 深圳城市更新项目操作流程分析

第一节 主体和模式

一 城市更新的参与主体

（一）政府

深圳的城市更新制度从建立之初就遵循"政府引导、市场运作、规划统筹、节约集约、保障权益、公众参与"的原则。结合《深圳市城市更新办法》和《深圳市城市更新办法实施细则》的第一章，2016 年 10 月 15 日《深圳市人民政府关于施行城市更新工作改革的决定》（深圳市人民政府令第 288 号）规定，各区目前制定的城市更新实施办法，以及政府部门公布的《权责清单》，各相关部门在城市更新中的职责包括：

（1）市查违和城市更新工作领导小组：负责领导城市更新工作，对城市更新工作涉及的重大事项进行决策。

（2）市规划国土部门：为城市更新工作的主管部门，负责具体组织、协调、监督城市更新工作，依法拟订城市更新相关的规划土地管理政策，制定城市更新相关技术规范，继续行使地名许可、测绘查丈、房地产预售、房地产登记、档案管理等行政确权、行政审批职权。

（3）市发展改革部门：拟定城市更新相关的产业指导政策，统筹安排涉及政府投资的城市更新年度资金。

（4）市财政部门：负责按照计划安排核拨城市更新项目资金。

（5）市、区规划土地监察工作机构：查处城市更新单元范围内新出现的违法建设行为。

（6）农村城市化历史遗留违法建筑处理部门：开展城市更新单元范围内历史遗留违法建筑的处理工作。

（7）街道办事处、社区工作站、居委会等：维护城市更新活动的正常秩序。

（8）各区政府（含新区管理机构，下同）：各区的城市更新办法中，均规定了本区的城市更新决策机构与城市更新主管部门。其中，宝安区的城市更新决策机构为区城市更新工作委员会，福田区的城市更新决策机构为区城市更新和土地整备领导小组，其余各区的决策机构为区城市更新领导小组。城市更新决策机构负责领导全区城市更新工作，对城市更新工作的重大事项进行决策，主要包括更新单元计划、专项规划（不包括对法定图则强制性内容作出调整的更新单元规划审批）、更新单元建设用地的审议及其他重大事项。区城市更新局作为各区的城市更新主管部门，负责具体组织、协调、监督全区的城市更新工作，主要负责城市更新单元计划、专项规划的审查报批、项目土地和建筑物信息核查及权属认定、城市更新项目实施主体确认以及城市更新项目建设用地规划许可、建设工程规划许可及建设工程规划验收等工作。

（二）权利主体

与政府统筹推进综合整治类城市更新不同，功能改变类的城市更新只能由权利主体申请，权利主体和建筑物结构均不改变。拆除重建类城市更新项目中，政府鼓励权利主体自行改造，权利主体也可以委托市场主体实施改造。在城中村改造项目中，原农村集体经济组织继受单位可以自行改造，也可以与市场主体合作改造。无论何种模式，权利主体在城市更新中的地位均举足轻重，其对城市更新的态度、意愿、诉求直接关系到项目能否启动、效益高低、成败与否。

（1）项目申报：功能改变类城市更新必须由权利主体申请，拆除重建类的城市更新必须先征集权利主体的城市更新意愿，符合条件的，方可进行申报。

（2）权属核查：权利主体需提供相关资料、申报权益，并对核查情况进行核对。对于一些产权不完善的不动产，还需要主张权利人进行主动申报。

（3）形成实施主体：实施主体的形成方式包括房地产作价入股、签订搬迁补偿协议、房产收购，均需提供权利主体签署的相关文件。

（4）房屋拆除与产权注销：权利主体需搬迁完毕并移交房屋，出具相关产权注销的委托手续。

（5）回迁安置：包括回迁房的选房、入伙、权属登记等手续，均与权利主体的权益息息相关。

在以旧住宅区为主的拆除重建改造中，权利主体还有权对政府制定的搬迁补偿安置指导方案和市场主体公开选择方案提出意见，经建筑面积和业主数量均90%以上的权利主体统一后方可实施。

（三）市场主体

市场主体往往出现在拆除重建类城市更新活动中，尽管城市更新鼓励权利主体自行改造，但多数情况下，权利主体因缺乏资金、人才、房地产开发经验和能力，需要委托市场主体或与市场主体合作进行更新改造。市场主体在城市更新过程中的主要工作为：

（1）项目申报：征求更新意愿，签订改造合作协议，并准备申报材料，根据权利人的委托进行项目申报，使项目批准纳入城市更新单元计划。

（2）土地、建筑物核查汇总：进行产权核查、明确补偿对象和补偿标的。

（3）规划编制：委托有资质的机构编制单元规划并报批报审。

（4）搬迁补偿：拟订补偿或收购方案，签订、履行搬迁补偿安置协议等。

（5）项目实施主体确认后，在区城市更新主管部门组织和监督下拆除房屋，并根据权利人的委托注销原不动产权属证书。

（6）申请用地审批、签订出让合同、缴纳地价。

（7）项目开发建设。

（8）回迁安置、商品房预售、办证。

因拆除重建类城市更新实施的全过程，政府、权利主体、市场主体均参与其中，故成为三类城市更新活动中改造面最广、程序最复杂、改造强度最大，同时也最具代表性、最受关注的更新活动。笔者将以拆除重建类城市更新活动为主要研究对象。

二　拆除重建类城市更新的实施模式

就目前深圳城市更新的总体情况来看，拆除重建类城市更新项目主要有以下三种实施模式。

（一）自改模式

自改模式，即"权利主体自行实施"。对于符合城市整体规划、城市更新单元规划和年度实施计划的更新对象，鼓励原土地使用权人自行改造。该模式主要是明确了权利主体可以作为改造实施主体自行对其所属建筑物实施更新改造，具体包括两种情形：若拆除重建区域内的权利主体为单一权利主体时，则该单一权利主体可自行申报实施改造；若拆除重建区域内的权利主体为多个权利主体时，则该多个权利主体须先将其房地产权益转移到其中一个权利主体，形成单一主体后，再由该单一权利主体实施改造。

（二）市场主体单独改造模式

该模式是深圳市政府在原有旧城改造实践基础上创立的一种模式，即拆除重建区域内的权利主体通过协议方式将其房地产权益转移到符合条件的单一市场主体后，由该市场主体作为项目实施主体实施更新改造的模式。该模式的独特之处在于更新改造的主体不是权利主体，也不是政府，而是由权利主体选定的、符合条件的市场主体来担当，该市场主体通过与被更新改造对象的权利主体进行平等协商，签订搬迁补偿安置协议或房地产收购协议，取得该房地产相关权益，取得实施主体资格，进而拆除房屋、注销原房地产权属证书，然后成为城市更新项目新的权利人，对项目进行重建。在此过程中，政府只是进行必要的规划和监管，并不实际介入更新改造项目的具体实施过程，这就使得整个更新改造项目的实施重心转移到了更新改造搬迁补偿协议的签订及履行上，而项目能否顺利实施，很大程度上取决于权利主体的更新意愿、补偿标准及其支持与配合程度。《深圳市城市更新办法》之所以确立了该种更新改造模式，事实上是希望通过该种模式，让更多的社会力量积极主动地参与到城市更新的过程中来，共同推动城市更新事业的发展。

（三）合作改造模式

该模式主要适用于城中村改造项目中。原村集体经济组织继受单位可以与单一市场主体合作实施城中村改造，具体有两种合作方式：一种是法人型合作，即双方共同出资组建城中村改造项目公司，通过出资方式、出资和股权份额、股东会、董事会和经营团队的公司治理结构制度安排，以项目公司的名义实施城中村项目申报、规划编制、搬迁补偿、土地取得、项目建设、项目销售和回迁安置等改造事宜；另一种是合同型合作，即双方不成立项目公司，只是通过签订合作协议对双方的权利义务、利益分配进行约定，项目一般以原村集体经济组织继受单位一方的名义申报和实施，双方各自以自己的名义对外发生法律关系。

第二节　更新计划申报和规划编制

城市更新单元规划和年度计划管理制度是深圳市城市更新项目的基本制度之一。城市更新单元规划是管理城市更新活动的基本依据，城市更新年度计划应当纳入近期建设规划年度实施计划及土地利用年度计划。实施以拆除重建为主的城市更新，应当以城市更新单元为基本单位，以城市更新单元规划为依据，确定规划要求，协调各方利益，落实更新目标与责任。

一　更新意愿征集

我国《物权法》第七十六条规定，改建、重建建筑物及其附属设施，"应当经专有部分占建筑物总面积三分之二以上的业主且占总人数三分之二以上的业主同意"。从本质上来说，城市更新的过程就是对旧的建筑物及其附属设施进行改建、重建的过程，因其涉及物权变动的相关问题，故而在实施过程中也应当严格遵守我国关于物权保护的相关制度。之所以将更新意愿征集设置为城市更新的首要环节，其意义就在于此。

（一）更新意愿的含义

所谓"更新意愿"，概括而言是指是否同意进行更新改造的意思表示。在城市更新项目中，该意思表示通常是通过更新意愿委托的方式来予以体现的。

城市更新项目与房屋征收、土地整备等公共利益项目不同，根据《物权法》的精神，平等自愿协商是其基本宗旨，故在进行具体的更新改造项目时，必须充分尊重权利人的意愿，维护和保障权利人的合法权益。按照《深圳市城市更新办法》的规定，更新改造区域内的权利主体必须具备更新意愿，并符合一定的条件。这就要求申报主体在进行更新改造项目前，首先须对该区域范围内的权利主体进行更新意愿调查，并征集权利主体的相关改造意见。在此过程中，申报主体应明确两方面的问题：其一，权利主体是否同意对其所属的物业进行更新改造；其二，在委托申报情形下，权利主体是否同意委托申报主体代为申报。

（二）意愿征集的目标任务

在意愿征集阶段，申报主体的主要目标和任务就是取得权利主体同意进行城市更新的相关证明材料，初步收集权属证明材料，以获得计划申报主体资格的"入场券"。

1. 更新意愿证明材料

包括权利主体签署的委托申报主体代为申报更新改造的《更新单元计划申报委托书》、单位业主的股东会决议以及原农村集体经济组织继受单位的股东大会决议等。按照相关规定，城市更新意愿应当满足下列条件：

（1）用地为单一地块，权利主体单一的，该主体同意进行城市更新；建筑物为多个权利主体共有的，占份额2/3以上的按份共有人或者全体共同共有人同意进行城市更新；建筑物区分所有的，专有部分占建筑物总面积2/3以上的权利主体且占总人数2/3以上且占总数量2/3以上的权利主体同意进行城市更新。多个地块的，符合上述规定的地块的总用地面积应当不小于拆除范围用地面积的 80%。

（2）城市更新单元内用地属城中村、旧屋村或者原农村集体经济组织和原村民在城中村、旧屋村范围以外形成的建成区域的，须经原农村集体经济组织继受单位的股东大会表决同意进行城市更新；或者符合上述第（1）项规定，并经原农村集体经济组织继受单位同意。

2. 权属证明材料

在签订委托书的同时，须要求权利主体配合提供相关的权属证明材料，以证明该委托书签订的真实、有效性。

该证明材料主要包括更新改造区域内土地及相关建筑物的权属证明材料或建设用地来源合法的证明材料，如权利主体的有效身份证明文件（如个人的身份证、企业的营业执照及相关资质证明文件等）；房地产证，若无房地产证的需要提供房屋相关权属证明文件（如房屋买卖合同、房地产抵押贷款合同、土地使用证、土地使用权出让合同、承包经营合同等）；存在共有人的情况下还会涉及婚姻、继承方面的证明材料，如结婚证、离婚证、财产分割协议、遗嘱、各类有效裁决文书等。

（三）更新意愿公示的异议处理

目前的城市更新政策未对更新意愿的公示做出强制规定，只是规定区城市更新职能部门对更新意愿达成情况进行认定，由主管部门协助提供相关土地建筑物权属资料。深圳城市更新项目中，通常会在项目现场、报纸、城市更新职能部门网站、街道办网站对更新意愿达成情况进行公示，公示期限 7—15 日不等（见表 3—1）。

表 3—1　　　　　　　深圳市各区城市更新意愿公示规定

	更新意愿公示
龙岗区	主管部门对城市更新单元更新意愿在项目现场、辖区街道办事处及相关社区办公场所、平面媒体（《深圳侨报》《深圳特区报》或《深圳商报》）和龙岗政府在线网站进行不少于 7 个自然日的公示，公示费用由申报单位承担

续表

	更新意愿公示
龙华区	申报主体应在区城市更新局监督指导下开展更新意愿公示工作，更新意愿应在项目现场、辖区街道办事处以及《深圳商报》或《深圳特区报》进行不少于 7 个自然日的公示，公示费用由申报主体承担
福田区	主管部门开展各部门意见征集和土地、建筑物信息核查的同时，对更新意愿达成情况进行不少于 7 个自然日的公示，公示费用由申报主体承担。公示地点和方式包括但不限于项目现场、项目所在街道办、主管部门办公场所、主管部门网站、《深圳特区报》或《深圳商报》
罗湖区	申报主体申请城市更新单元计划与规划审批的，应提交以下材料：……（四）更新意愿汇总表……区领导小组审议通过之日起 5 个工作日内，由主管部门在项目现场、《深圳特区报》或《深圳商报》及罗湖区电子政务网上对计划草案进行不少于 10 日的公示；对规划草案在项目现场、罗湖区电子政务网上进行不少于 30 日的公示
宝安区	根据《宝安区城市更新公示公告管理细则》的规定，更新意愿公示方式主要为：1. 媒体公示。通过报纸进行公示，在《深圳特区报》《深圳商报》任选一家，以及《宝安日报》进行公示。2. 网络公示。通过宝安政府在线网站进行公示。3. 现场公示。由项目经办人在区城市更新局、项目所在街道办、社区股份合作公司、项目现场设置展板进行公示。公示时间为 7 天
盐田区	申报主体向区主管部门申请城市更新单元计划与规划审批的，应提交以下材料：……（五）更新意愿证明材料及更新意愿汇总表……申报主体完成更新单元计划修改后报区主管部门审查，审查通过后，由区主管部门在部门公示栏、项目所在街道办公场所、项目现场、《深圳特区报》或《深圳商报》及深圳盐田政府在线网上对计划草案进行不少于 10 日的公示
光明区	领导小组审定通过的，由区城市更新局于 5 个工作日内在项目现场、深圳特区报或者深圳商报及"光明区政府在线"网站上就计划内容予以公示
坪山区	委员会审议通过的，由城市更新局在 5 个工作日内组织开展计划草案公示工作。公示地点应当包括：项目现场、相关社区及辖区街道办事处公示区、《深圳特区报》或《深圳商报》、坪山区政府网站，公示时间不少于 10 日，公示费用由申报主体承担
大鹏新区	主管部门在征求意见的同时，对更新意愿达成情况进行不少于 7 个自然日的公示，公示费用由计划申报主体承担。公示地点和方式包括项目现场、项目所在办事处、主管部门办公场所、新区政府网站、《深圳特区报》或《深圳商报》

在公示过程中，可能有潜在或相关权利人对更新意愿的达成提出异议，此时，除进一步向产权登记部门核实外，申报主体应协助政府部门处理相关异议的答复和处理。

二　更新单元计划申报

申报主体在按要求完成更新意愿征集的相关工作后，可以以计划申报主体的身份开展相关的计划申报工作。在进行计划申报时，除需满足上述更新意愿条件外，还需同时满足其他政府部门规定的条件，并严格履行政府主管部门设定的相关程序。

（一）更新单元的条件

更新单元是指为实施以拆除重建类城市更新为主的城市更新活动而划定的相对成片区域，是确定规划要求、协调各方利益、落实城市更新目标和责任的基本管理单位。城市更新单元的拟定应符合政府规定的条件和要求。

1. 应符合以拆除重建方式实施城市更新的情形

（1）城市基础设施、公共服务设施严重不足，按照规划需要落实独立占地且用地面积大于 3000 平方米的城市基础设施、公共服务设施或其他城市公共利益项目。

（2）环境恶劣或者存在重大安全隐患，主要包括下列情形：环境污染严重，通风采光严重不足，不适宜生产、生活；经相关机构根据《危险房屋鉴定标准》鉴定为危房的房屋集中，或者建筑质量有其他严重安全隐患；消防通道、消防登高面等不满足相关规定，存在严重消防隐患；经相关机构鉴定存在经常性水浸等其他重大安全隐患。

（3）现有土地用途、建筑物使用功能或者资源、能源利用明显不符合社会经济发展要求，影响城市规划实施，主要包括以下情形：①所在片区规划功能定位发生重大调整，现有土地用途、土地利用效率与规划功能不符，影响城市规划实施；②属于深圳市禁止类和淘汰类产业，能耗、水耗严重超出国家、省和市相关标准的，或者土地利用效益低下，影响城市规划实施并且可以进行产业升级；③其他严重影响城市近期建设规划实施的情形。

2. 应符合划定城市更新单元的原则和技术要求

城市更新单元的拟定应符合全市城市更新专项规划，充分考虑和尊重所在区域社会、经济、文化关系的延续性要求，并满足以下技术要求：

（1）城市更新单元内拆除范围的用地面积应当大于 10000 平方米。

（2）位于原特区已生效法定图则范围内、拆除范围用地面积不足 10000 平方米但不小于 3000 平方米且具有以下情形之一的区域，可申请划定小地块城市更新单元：①旧工业区升级改造为工业用途或者市政府鼓励发展产业的；②旧工业区、旧商业区升级改造为商业服务业功能的；③为完善法定图则确定的独立占地且总面积不小于 3000 平方米的城市基础设施、公共服务设施或其他城市公共利益项目，确需划定城市更新单元的。

（3）城市更新单元不得违反基本生态控制线、一级水源保护区、橙线（重大危险设施管理控制区）、黄线（城市基础设施管理控制区）、紫线（历史文化遗产保护区）等城市控制性区域管制要求。

（4）政府社团用地、特殊用地、政府土地整备区范围内的用地，不单独划定为城市更新单元。

（5）除通过城市更新实现用地清退的外，被非法占用的已完成征转及补偿手续的国有未出让用地和基本农田保护区用地不划入城市更新单元。

（6）福田区、罗湖区、南山区、盐田区的原农村集体经济组织地域范围应当整村划定城市更新单元，其他各区参照执行。按照整村范围划定城市更新单元的，拆除范围内的面积可以小于 10000 平方米。

（7）未建设用地原则上不划入城市更新单元，但因规划统筹确需划入城市更新单元，属于国有未出让的边角地、夹心地、插花地的，总面积不超过项目拆除范围用地面积 10% 且不超过 3000 平方米的部分，可以作为零星用地一并出让给项目实施主体；超出部分应当结合城市更新单元规划的编制进行用地腾挪或者置换，在城市更新单元规划中对其规划条件进行统筹研究。

（8）因规划统筹和公共利益需要，旧工业区、旧商业区中部分建成时间未满 15 年的建筑物，符合以下条件之一的，可纳入城市更新单元拆除范围进行统筹改造：①建成时间未满 15 年的建筑物占地面积之和原则上不得大于 6000 平方米，且不超过更新单元拆除范围用地面积的 1/3。②城市更新单元公共利益用地面积原则上不小于拆除范围用地面积的 40%，或者该城市更新单元涉及法定规划要求落实不小于 6500 平方米独立占地的公共服务设施及落实政府急需建设的轨道交通、次干道及以上道路、河道整治等基础设施。

（9）国有已出让用地在 2007 年 6 月 30 日前已建设，但建设面积不足合同或有关批准文件确定的建筑面积，不涉及闲置土地或闲置土地处置已完成，因规划实施等原因需划入城市更新单元的，整宗地可纳入城市更新单元拆除范围，适用城市更新政策。

（10）"十三五"期间，全市试点开展 10 个左右重点更新单元实施。区政府根据辖区发展需要、城市更新政策要求及相关权利主体意愿，初步划定重点更新单元范围，由市规划国土部门统筹上报市政府批准后，列入城市更新单元计划。重点更新单元应符合以下条件：①位于《城市更新"十三五"规划》划定的优先拆除重建区内。②属于福田、罗湖、盐田、南山等区的，拆除范围用地面积原则上不小于 15 万平方米；属于宝安、龙岗、龙华、坪山、光明、大鹏等区的，拆除范围用地面积原则上不小于 30 万平方米。③拆除范围内合法用地比例应当不低于 30%。

（二）确定申报主体

1. 权利主体自行申报

其主要适用于更新范围内的权利主体为单一权利主体或多个权利主体将全部权益转移至其中一个权利主体的情形。其中城市更新单元内用地属城中村、旧屋村、原农村集体经济组织和原村民在依法划定的非农建设用地范围外形成的建成区域的，可由所在原农村集体经济组织的继受单位进行申报。

2. 权利主体委托单一市场主体申报

即权利主体通过召开业主大会会议、公开招标、集中投票、集中谈判等方式，委托符合条件的市场主体代为申报。涉及城中村、旧屋村等，可由村股份公司召开股东大会或村民表决选举市场主体。自 2016 年 9 月 1 日起，集体土地参与城市更新项目引进合作开发商需在集体资产交易平台上通过公开招标、竞争性谈判方式产生，同时在处理集体资产时需要重点把握村股份公司开会、街道办开会这两个环节。

3. 市、区政府相关部门申报

以旧住宅区为主的计划申报工作，由区城市更新职能部门负责进行申报，通常为各区重建局或旧改办。

关于申报主体法律地位的特别说明：申报主体仅代表自身或接受权利主体委托开展单元计划申报的相关工作，但这些申报工作并不代表其已经是项目实施主体，项目实施主体的形成和确认还需满足其他条件，相关内容将在本章第三节中进行详细阐述。

（三）申报、审批流程

1. 申报阶段

2012 年开始实行常态申报机制，即符合条件的城市更新项目可随时申报，主管部门按照申报情况定期汇总、分批次报批报审。根据各区的城市更新实施办法，宝安区和福田区的计划和规划必须同时申报，罗湖区、盐田区可以同步申报，龙岗区在单一权利主体的情况下可以同步申报，大鹏新区、龙华区、光明区、坪山区则必须分开申报。

申报主体应向各区城市更新主管部门递交相关申报材料。根据各区计划与规划的合并申报情况，福田区、盐田区、罗湖区合并规定了计划与规划的申报材料，龙华区、大鹏新区、光明区、坪山区分开规定了计划与规划的申报材料，宝安、龙岗两区未规定申报材料。

在合并规定计划与规划材料的三个区中，申报材料如表 3—2 所示。

表 3—2　　　深圳市福田区、罗湖区、盐田区更新立项申报文件要求

辖区	共同申报材料	特殊要求
福田区	1. 申报表格 2. 申报主体的身份证明 3. 地块现状详细信息一览表 4. 更新单元范围图 5. 现状权属图 6. 建筑物信息图 7. 城市更新规划成果 8. 法律、法规、规章及规范性文件规定的其他文件	1. 申请书 2. 更新意愿证明材料（需经公证或律师见证） 3. 土地、建筑物权属资料 4. 城市更新规划成果要求乙级以上规划设计资质单位 5. 近期现状照片 6. 涉及产业发展项目，应提交产业专项规划方案和产业主管部门意见
罗湖区		1. 更新意愿汇总表 2. 城市更新规划成果要求甲级规划设计资质单位 3. 设计产业发展的更新单元，应提交产业专项规划和招商引资方案 4. 自愿接受有关自持物业、转让限制等规定的承诺书
盐田区		1. 申请书 2. 更新意愿汇总表 3. 更新意愿证明材料 4. 土地、建筑物权属材料 5. 城市更新规划成果要求乙级以上规划设计资质的单位 6. 近期现状照片

　　在分开规定计划与规划材料的四个区，其计划申报材料如表 3—3 所示。

表 3—3　　深圳市龙华区、大鹏新区、光明区更新立项申报文件要求

辖区	共同申报材料	特殊要求
龙华区	1. 申请书 2. 申报表格 3. 申报主体的身份证明 4. 地块现状详细信息一览表 5. 更新单元范围图 6. 现状权属图 7. 建筑物信息图 8. 具有相应资质的测绘单位出具的地块及周边现状测绘报告 9. 土地、建筑物相关权属资料 10. 法律、法规、规章及规范性文件规定的其他文件	1. 更新意愿汇总表 2. 更新意愿证明材料 3. 具有甲级规划资质的规划编制单位出具的地块周边市政及公共设施承载研究报告 4. 涉及产业发展的更新单元，应提交产业计划 5. 涉及区属国有企业资产、集体资产参与城市更新的，应提交区属国有企业资产、集体资产处置的相关证明材料
大鹏新区		1. 更新意愿证明材料（经公证或律师见证） 2. 近期现状照片 3. 涉及产业发展的更新单元，应提交产业规划和产业主管部门意见 4. 主管部门认为需要提交的其他材料
坪山区		1. 更新意愿汇总表 2. 更新意愿证明材料 3. 现状包括工业用地的项目，应当提交区级环境保护部门备案的土壤环境质量调查评估报告，涉及土壤环境质量不达标的项目，还应当提交区级环境保护部门备案的土壤环境修复方案 4. 涉及产业发展的项目，应当提交产业主管部门意见
光明区	根据《深圳市城市更新办法》及其《实施细则》需要准备的相关资料	

2. 受理阶段

区城市更新主管部门应对申报主体递交的申报材料先进行形式审查，对于申报材料不完整或明显不符合要求的，应给予书面答复并说明理由；对于申报材料完整并符合要求的，予以受理。在计划材料的初审环节，各区均由主管部门独自初审，宝安区原来是需要主管部门经过区规划专业委员会研究后初审，但其最新的《关于加快城市更新工作的若干措施》提出优化办事环节，在城市更新单元计划阶段，除涉及工业区块线的项目需征求产业发展专业委员会意见外，不再征求区更新工作委员会各专业委员会意见，即由主管部门独自初审。

3. 审查阶段

区城市更新主管部门对申报主体提交的申报材料进行受理后，应对以下内容进行审查：

（1）对更新意愿的达成情况及计划申报主体资格进行认定；

（2）对更新单元内的现状建设情况进行核查；

（3）对申报进行城市更新的必要性及更新单元范围的合理性进行综合判断。

经审查申报材料符合相关要求的，各区城市更新主管部门需征求各职能部门意见，其中福田、龙岗、龙华、大鹏四区在征求意见的同时要求进行更新意愿公示。

收到各单位意见后，宝安区须由更新部门报区城市更新工作委员会办公室审议，需要征求相关专业委员会意见的，由委员会办公室联合相关专业委员会召开会议进行审议，审议通过后，报区城市更新工作委员会审定，其他各区则无此步骤要求。若是位于工业控制线内的"工改工"类城市更新项目，区产业发展领导小组会议和区城市更新工作委员会议可合并召开。

主管部门汇总意见后出具修改或反馈意见，申报主体按要求提交优化的计划及规划草案，区领导小组经审议通过后公示。其中盐田区只需经主管部门审查即可公示，无须经区领导小组审议。

4. 审批阶段

计划草案公示后，罗湖区要求报区政府审议，宝安、盐田、龙华、光明、坪山五区报决策机构（其中盐田、龙华、光明为区领导小组，宝安为区更新工作委员会）审批，福田、龙岗、大鹏三区则公示后无须再审批，直接公告。

5. 计划公告阶段

盐田区规定先在市规土委备案后，再由区城市更新主管部门公告；其余各区通过公示审批环节后，先公告再报市规土委备案；龙岗区计划批准后，还需开展城市更新单元影像记录工作。

三　更新单元规划编制

项目纳入更新单元计划后，申报主体完成更新改造范围内土地及建筑物核查、汇总工作后，结合核查结果，委托相应资格的规划设计资质单位开展更新单元规划的编制工作，并按照相关流程进行申报、审批。

（一）更新单元规划的内涵

更新单元规划是指依据已经批准的城市总体规划、城市更新专项规划及其他各类专项规划，在法定图则的基础上，对城市更新单元的更新目标定位、更新方式、土地利用、开发建设指标、配套设施、道路交通、市政工程、城市设计、各方主体利益平衡以及分期实施等方面做出规定的更新改造方案。

城市更新单元规划需要依据城市总体规划确定的规划用地布局、用地现状、改造需求、改造目标和策略等确定城市更新的地块范围，对改造项目的用地性质、公共设施建设、开发强度控制等内容进行系统深入的研究，为下一层次的开发建设行动规划的确定提供依据。涉及总体规划中的强制性内容（如基础设施、公共设施、基本农田和绿化用地、环境保护、自然和历史文化遗产保护、防灾减灾等）的，应当落实在详细规划中。

（二）更新单元规划的编制原则

（1）优先保障和鼓励增加城市基础设施和公共服务设施等公共利益；

（2）充分尊重相关权利人的合法权益，有效实现公众、权利人、参与城市更新的其他主体等各方利益的平衡；

（3）研究、细化已批法定图则规定的各类用地性质和开发总量，深化、落实法定图则规定的各类城市基础设施和公共服务设施用地；

（4）鼓励增加公共用地，提高绿地率和绿化覆盖率，降低建筑密度，在总量平衡的基础上适当提高开发建设用地的容积率；

（5）推进文化遗产融入城市发展，保护城市肌理和特色风貌，改善生态环境和人文环境，实现低碳绿色更新。

（三）更新单元规划的编制内容

（1）城市更新单元内基础设施、公共服务设施和其他用地的功能、产业方向及其布局。

（2）城市更新单元内更新项目的具体范围、更新目标、更新方式和规划控制指标。

①更新单元范围。根据土地与建筑物核查结果，以空间范围控制为手段明确单元更新权益划分。划定"拆迁用地范围"，"独立占地的城市基础设施、公共服务设施及保障性住房用地范围"以及"开发建设用地范围"。②更新目标与方式。包括目标定位、拟采用的更新方式及其对应的空间范围。③功能控制。包括功能布局、地块用地性质、建筑总量及各类功能建筑量、建筑密度、绿地率、绿化覆盖率、道路交通设施、公共服务设施、市政工程设施及地下空间开发利用等。④空间控制。包括城市空间组织、建筑形态控制、公共开放空间与慢行系统设计等。

（3）城市更新单元内城市设计指引。

（4）实施措施和计划，如落实搬迁责任、进行开发建设及政府主管部门要求落实的绑定责任，制订分期实施计划。

（5）利益平衡方案：基于更新单元现状权益状况，套用相关政策，制定更新单元与城市间的利益平衡方案；如果单元内涉及多个实施主体，还应载明各实施主体间的利益平衡方案。

（6）产业部门意见：涉及产业升级的，还应当由相关产业主管部门出具意见。

（四）更新单元规划编制的注意事项

1. 应对更新单元的现状进行分析

计划申报主体应对更新单元所在的区域环境、规划范围、规划区的建设状况、人口状况、用地地籍现状、土地利用现状、建筑物现状、道路交通现状、市政工程现状（包括给水工程现状、雨水工程现状、污水工程现状、电力工程现状、通信工程现状、燃气工程现状、环卫工程现状等）、区域建设现状等进行分析，识别更新单元现状建设的问题所在，说明对其进行更新改造的必要性。

2. 应明确更新单元规划目标及规划区功能定位

计划申报主体应指出规划依据，并根据上层次的规划要求及相关的政策性要求，确定规划原则，明确改造目标及规划区功能定位，提出改造模式、改造策略，并进行经济操作性分析及可行性分析。规划内容涉及改变法定图则强制性内容的，应在规划中明确需调整的指标和内容。

3. 应明确更新单元的规划方案

规划方案中应包括土地利用规划、地块控制指标、城市设计方案（规划区外部资源分析、区域景观资源分析、建设开发强度、地下空间开发利用、建筑总量及各类建筑量、覆盖率、绿地率及绿化覆盖率、景观环境设计、建筑形态控制等）、经济技术指标及公共配套设施规划方案、道路交通规划方案、市政工程规划方案、环境保护方案等。

4. 应在规划中明确项目实施主体相关的拆迁与配建责任

规划中须明确更新单元内项目实施主体必须承担的开发建设、城市基础设施、公共服务设施或其他城市公共利益项目用地的搬迁责任及土地移交的相关要求；配建保障性住房及创新型产业用房的相关要求；项目配建的城市基础设施、公共服务设施、保障性住房和创新型产业用房的产业管理要求。

5. 对于城市更新单元内未建设用地的规划要求

对于城市更新单元范围内的未建设用地，因规划统筹确需划入城市更新单元，属于国有未出让的边角地、夹心地、插花地的，总面积不超过项目拆除范围用地面积的 10% 且不得超过 3000 平方米的部分，可以作为零星用地一并出让给项目实施主体；超出部分应当结合城市更新单元规划的编制进行用地腾挪或者置换，在城市更新单元规划中对其规划条件进行统筹研究。

对于依照城市更新单元的划定原则，因规划统筹确需划入城市更新单元的已批未建用地，在征得土地使用权人同意后，可结合城市更新单元规划的编制进行用地腾挪或置换。

6. 对于城市更新规划涉及改变法定图则强制性内容的处理原则

城市更新单元规划在编制过程中，应当研究、细化已批法定图则规定的各类用地性质和开发总量。涉及改变法定图则强制性内容的，应当重新校核城市基础设施和公共服务设施的容量，经论证后按照城市更新单元规划的审批程序报批。

7. 应充分尊重相关权利人的权益，有效实现各方利益的平衡

城市更新过程中，会涉及众多的利益主体，包括政府、原权利人、开发商等，因此，在城市更新单元规划的过程中，应建立公众参与的平台，如建立规划咨询、规划信息系统等，加强公众的参与力度。同时，还应对相关利益主体的利益进行分析，综合多方意愿，通过规划听证和方案比选，提供公平、合理的利益平衡方案，权衡各方面的利益，保证方案的科学性和可行性，保证项目的顺利有序实施。

（五）规划申报、审批流程

更新单元规划编制完成后，由申报主体报区城市更新决策机构或市城市规划委员会建环委进行审批。具体流程如下。

1. 材料受理

更新单元规划申报材料由区城市更新主管部门负责受理。受理后，对于申报材料的内容和深度不符合相关政策与技术要求的，书面答复申请人并说明理由；符合要求的，向区城市更新各职能部门征求意见。涉及产业升级的，还应征求市产业部门的意见。分开规定计划与规划材料的四个区中，其规划申报材料如表3—4所示。

表3—4　　　　　深圳市龙华区、大鹏新区、光明区、坪山区
城市更新单元规划申报材料

辖区	共同申报材料	特殊要求
龙华区	1. 申报表格 2. 申报主体的身份证明 3. 城市更新规划成果 4. 土地建筑物信息核查结果/复函 5. 法律、法规、规章及规范性文件规定的其他文件	1. 城市更新规划成果要求甲级规划设计资质单位 2. 涉及文物保护的，取得文体局关于文物保护的意见 3. 涉及产业发展的，应提交产业专项规划（含招商引资方案）

辖区	共同申报材料	特殊要求
大鹏新区	1. 申报表格 2. 申报主体的身份证明 3. 城市更新规划成果 4. 土地建筑物信息核查结果/复函 5. 法律、法规、规章及规范性文件规定的其他文件	1. 城市更新规划成果要求相应规划设计资质单位 2. 相应规划设计资质单位编制的城市更新单元范围及周边市政及公共设施承载研究报告 3. 涉及文物保护的，取得文体局关于文物保护的意见 4. 涉及产业发展的，应提交产业专项规划和产业主管部门意见 5. 主管部门认为需要提交的其他材料
光明区		1. 城市更新规划成果要求乙级以上规划设计资质单位 2. 涉及产业发展的，应提交产业专项规划与招商引资方案
坪山区		1. 城市更新规划成果要求乙级以上规划设计资质单位 2. 涉及文物保护的，应当提交文物保护部门关于文物保护的意见 3. 涉及产业发展的，应当提交产业主管部门意见

规划申报材料初审后征求各职能部门意见的过程中，除宝安区是由区规划专业委员会去征求意见，其余各区均由主管部门征求意见，光明区则要求与相关更新职能部门开展规划联审。

2. 规划草案公示前审查

主管部门汇总各单位意见后，除宝安、龙岗、盐田三区外，其余各区规定主管部门对需要修改和完善的内容函复申报主体并审查修改后规划，报区更新决策机构审议通过后公示；宝安区要求由区规划专业委员会报决策机构办公室审核，由决策机构审议后公示；龙岗、盐田两区则只需主管部门审查通过即可公示。

3. 规划草案公示后审查、报批

区城市更新局根据已生效的法定图则等规划对申报材料进行审查，对符合法定图则的，福田、龙岗、大鹏、坪山四区经公示后由其更新部门直接公告，宝安、盐田、罗湖、龙华、光明五区经决策机构审议后公告。对法定图则做实质性调整的，福田、龙岗、大鹏三区公示后直接报市建环委审批，宝安、盐田、罗湖、龙华、光明经决策机构审议后报市建环委审批，市建环委审批通过后公告；龙华、坪山两区对法定图则调整的还以区政府名义报市建环委审批。

4. 规划公告

更新单元规划经批准后，区城市更新局就规划内容进行公告，并函复申报主体。罗湖、福田、盐田、大鹏、龙华、坪山、光明七区要求依照规定程序将更新单元规划纳入市规划国土委"一张图"综合管理系统；龙岗区要求将更新单元规划成果报市规划和国土资源委员会备案，同时抄送深圳市规划和国土资源委员会龙岗分局；宝安则要求报市规划和国土资源委员会备案。

（六）更新单元规划的效力

更新单元规划的批准，视为已完成所在地区法定图则相应内容的编制和修改，相关内容将由市规划国土部门纳入法定图则。经批准的更新单元规划是办理后续更新改造各项行政许可手续的重要依据，也是作为确定项目所涉及的地块控制条件和技术指标、供地方式、拆迁安置补偿方案和项目审批的主要依据。

第三节　土地建筑物的核查认定

"合法财产受法律保护"，在我国《宪法》《民法通则》《物权法》中均有明确规定。在法律上明确保护私有财产，可以使财产所有人产生一种制度预期，对自己的财产产生安全感，一方面可以激励人们依法创造财富的积极性；另一方面可以起到鼓励交易，并形成稳定有序的市场秩序，推动市场经济向前发展。而按照广东省人民政府《关于推进"三旧"改造促进节约集约用地的若干意见》的相关精神，属于"三旧"改造的房屋和土地，未经确权、登记，不得改造。《深圳城市更新办法》中也明确强调，"城市更新范围内的违法用地、违法建筑应当依照有关法律、法规及广东省、深圳市的有关规定接受处理后，方可作为权属确定的更新对象。城市更新项目范围内未办理房地产权登记，又不属于违法用地或违法建筑的建筑物或者附着物，应当依据有关房地产权登记历史遗留问题处理的相关规定完善手续后，方可作为权属确定的更新对象"。由此我们可以得出一个结论，即只有产权明晰的、合法的更新对象方能纳入更新改造的范围，对其实施拆除重建。这就要求在进行更新单元规划编制之前，首先对更新单元范围内的土地、建筑物的相关信息进行核查和分类汇总，以分别进行处理后最终确定可以纳入更新改造范围的更新对象。

一　土地、建筑物核查的必要性

（一）保障相关权利人合法权益和维护社会稳定的需要

城市更新改造的过程，必然会涉及物权保护的问题。只有在充分尊重和保护相关权利人的合法权益的前提下实施更新改造，有效实现公众、相关权利人、参与城市更新的其他主体等各方利益的平衡，方能保证更新改造项目的顺利进行。这就要求我们在进行城市更新前期，首先须对更新改造范围内的权利人的身份、其所享有的权利的性质、范围及相关内容进行核实和明确，保证更新改造范围内的土地及建筑物权属清楚，无争议，以防在安置补偿阶段出现任何的差错或纷争。

（二）完善各类历史用地手续和妥善解决各类历史遗留问题的需要

深圳在城市化发展的初期，由于城市规划管理和土地管理体制的原因，出现了大量的城中村。这些城中村建筑物密度高、功能不齐全、利用效率低、规划滞后，土地及地上建筑物权属状况及使用状况混乱，违法建筑物众多，极大地影响了深圳的土地利用和城市化进程。另外，由于一定的历史原因，深圳还存在一定数量的旧屋村，既没有产权证明，也没有办理相关报建手续，但因其历史悠久，其合法地位在原村民心中根深蒂固，故只能给予特殊处理。这些历史遗留问题严重影响了深圳城市化的进程。如何客观公正地处理这些历史遗留问题，平衡各方利益，并保持土地管理政策的延续性，就成了城市更新过程中需要解决的最主要的问题之一。政府之所以在进行城市更新单元规划之前设立土地及建筑物核查的程序，就是想通过这一程序，对相关的历史遗留问题进行彻底的摸查，并引导其进行妥善解决，使其符合现行的土地管理政策，从而保证城市更新的顺利推进。

二　核查的法律性质及内涵

《物权法》第三十三条规定，"因物权的归属内容发生争议的，利害关系人可以请求确认权利"。这里的确认涉及行政确认和司法确认，其本质在于使个人、组织的权利义务得到法律上的承认。从法律概念的范畴来看，土地建筑物核查属于确权的一种。

（一）一般意义上的确权

1. 行政确权

所谓行政确权，是指行政主体在其职权范围内，对公民、法人或者其他组织之间已经发生的事实或已经建立的权利义务关系给予确定、认可或证明的行为。具体而言是指，相关行政机关对公民、法人或者其他组织之间因特定财产和自然资源的所有权或使用权问题而发生的争议，依法确认其权利性质及归属的行政行为，主要包括土地权属争议，林木、林地权属争议，草原权属争议，水事争议，水面、滩涂权属争议，矿藏资源争议等。

行政机关对以上权属纠纷作出的确权决定，属于其行使行政管理职权的具体行政行为，《行政复议法》第一次以法律的形式将这些确权行为纳入行政复议的受理范围。根据该法第六条第四款的规定，公民、法人或者其他组织对行政机关作出的关于确认土地、矿藏、水流、森林、山岭、草原、荒地、滩涂、海域等自然资源的所有权或者使用权的决定不服的，可以申请行政复议。同时，根据该法和最高人民法院《关于适用〈行政复议法〉第三十条第一款有关问题的批复》，行政复议程序属于前置程序，即对确权处理决定不服的，当事人应当先行复议，对复议决定不服的，才可以向人民法院提起诉讼。

2. 司法确权

所谓司法确权，即确权之诉，是指司法机关通过一定的司法程序对当事人之间已经发生的事实或已经建立的权利义务关系给予确定、认可或证明的行为。其目的在于消除当事人之间的权利争议，查明当事人之间以及当事人与土地房屋之间的法律关系。在合作建房、房屋买卖、土地买卖等交易中发生争议时，往往需要通过司法确权来明确产权归属。司法是确权的最终解决途径。

（二）城市更新中的确权

城市更新过程中的确权，简而言之，就是确认城市更新范围内土地、房屋以及附着物和构筑物的权利归属，以及该权利所处的一种状态，是土地、建筑物的核查汇总工作的关键。具体而言是指，经申请人申请，由政府相关行政主管部门对其提供的相关权属证明材料进行核查，结合相关规定，对拟拆除重建区域内土地及房屋的权属、性质、功能、面积等内容进行的清理和认定。其目的在于明确该区域范围内土地及房屋的权利主体，以及该权利主体在城市更新过程中所处的法律地位和应享有的法律权利，以确定最终的补偿主体和补偿标准。确权的过程就是对被更新改造对象的性质和被补偿安置主体的资格等进行法律梳理和定位的过程，其终极目的是为更新改造项目的补偿安置和项目实施提供基础性的法律依据。

城市更新过程中的大部分确权行为，就其性质而言，属于行政法意义上的行政确认行为，具有以下法律特征：

（1）该确权行为是依申请的行政行为，只有申请人提出申请，行政主体才能对其申请事项进行确认。

（2）该确权行为是一种外部的具体行政行为，它由申请、受理、审查、公示、确认等一系列程序性要素组合而成，并由此构成一个完整的行政确认行为。

（3）该确权行为是一种要式行政行为，行政主体作出确认行为时必须以书面形式为之，并要符合一定的技术要求。

（4）该确权行为属于确认性或宣示性行政行为，它仅表明法律关系的现有状态，而不以法律关系的产生、变更或消灭为目的。

（5）该确权行为是具有法律效力的行为，这种法律效力具体体现为确定力、证明力。

（6）该确权行为主要是对法律主体资格、身份、法律地位的确定和认可行为，其外在表现形式往往以确认书、认定书、房地产权属证书等形式出现，在较大程度上受技术规范的制约，并由此决定该法律主体的法律地位和权利义务。

（7）当与确权结果有利害关系的当事人有异议时，可通过行政复议、行政诉讼的行政救济渠道进行权利救济。

三　核查确权的相关法律问题

（一）土地确权过程中须明确的法律问题

1. 土地的所有权

我国土地依据其所有权性质的不同，可分为国有土地和集体土地。其中，城市土地和法律规定属于国家所有的农村和城市郊区的土地归国家所有，除由法律规定属于国家所有的以外的农村和城市郊区的土地，以及宅基地、自留地和自留山归集体所有。

2. 土地的用途

依据土地用途的不同，我国的土地可分为农用地、建设用地和未利用地。按照《土地管理法》中的规定："农用地是指直接用于农业生产的土地，包括耕地、林地、草地、农田水利用地、养殖水面等；建设用地是指建造建筑物、构筑物的土地，包括城乡住宅和公共设施用地、工矿用地、交通水利设施用地、旅游用地、军事设施用地等；未利用地是指农用地和建设用地以外的土地。"

3. 土地的使用权

（1）国有土地使用权

我国国有土地使用权的取得方式概括来说有三种：有偿取得方式（出让、租赁）、无偿取得方式（划拨）、流转取得方式（转让、出租、抵押）。

①土地使用权出让，是指国家以土地所有者的身份将土地使用权在一定年限内让与土地使用者，并收取一定土地使用权出让金的行为。土地使用权出让应当签订土地使用权出让合同。土地使用者应当按照土地使用权出让合同规定的期限和用途开发、利用土地，需要改变其使用用途的，须征得出让方同意并经土地管理部门和城市规划部门批准。土地使用权出让可采用协议、招标、拍卖等方式

进行。商业、旅游、娱乐和商品住宅等各类经营性用地，必须以招标、拍卖或挂牌的方式出让；同一宗地有两个以上意向用地者的，也应当采用招标、拍卖或挂牌的方式出让。国家对土地使用者依法取得的出让土地使用权，在出让合同约定的使用年限届满前不收回；因社会公共利益的需要，依照法律程序提前收回的，应对土地使用者给予合理补偿。

②国有土地租赁，是指国家将国有土地出租给使用者使用，由使用者与县级以上人民政府土地行政管理部门签订一定年期的土地租赁合同并支付租金的行为。承租人取得国有土地承租使用权后，可将承租土地使用权转租、转让或抵押。承租人转让土地租赁合同的，租赁合同约定的权利义务随之转让，承租土地使用权由第三人取得，租赁合同经更名后继续有效；地上房屋等建筑物、构筑物依法抵押的，承租土地使用权可随之抵押，但承租土地使用权只能按合同租金与市场租金的差值及租期估价，测算能担保债权数额，抵押权实现时土地租赁合同同时转让。在使用年期内，承租人有优先受让权，租赁土地在办理出让手续后，终止租赁关系。国有土地租赁是国有土地有偿使用的一种补充形式，故其适用范围有一定的限制。根据《规范国有土地租赁若干意见》的规定，"对原有建设用地，法律规定可以划拨使用的仍维持划拨，不实行有偿使用，也不实行租赁；对因发生土地转让、场地出租、企业改制和改变土地用途后依法应当有偿使用的，可以实行租赁。对于新增建设用地，重点仍应是推行和完善国有土地出让，租赁只作为出让方式的补充。对于经营性房地产开发用地，无论是利用原有建设用地，还是利用新增建设用地，都必须实行出让，不实行租赁"。国家对土地使用者依法取得的承租土地使用权，在租赁合同约定的使用年限届满前不收回；因社会公共利益的需要，依照法律程序提前收回的，应对承租人给予合理补偿。

③划拨土地使用权，是指土地使用者通过各种方式无偿取得的土地使用权。划拨土地使用权经批准并符合法定条件才能转让、出租、抵押。政府根据城市建设发展需要和城市规划需要，可以无偿收回划拨土地使用权，但对其地上建筑物和附着物，应当根据实际

情况给予适当补偿。

④土地使用权转让，是指土地使用者将土地使用权再转移的行为，包括出售、交换和赠予。未满足法律规定转让条件的，以及未按土地使用权出让合同规定的期限和条件投资、开发、利用土地的，土地使用权不得转让。土地使用权转让时，其地上建筑物、其他附着物随之转让。

⑤土地使用权出租，是指土地使用者作为出租人将土地使用权随同地上建筑物、其他附着物租赁给承租人，由承租人向出租人支付租金的行为。未按土地使用权出让合同规定的期限和条件投资、开发、利用土地的，土地使用权不得出租。

⑥土地使用权抵押，土地使用者可以将其拥有的土地使用权进行抵押，土地使用权抵押时，其地上建筑物、其他附着物随之抵押；地上建筑物、其他附着物抵押时，其适用范围内的土地使用权随之抵押。抵押人到期未能履行债务或在抵押合同期间宣告解散、破产的，抵押权人有权按照国家法律、法规和抵押合同的规定处置抵押财产，处分抵押财产所得，抵押权人有优先受偿权。

国有土地使用权转让、出租、抵押的，应当向登记机构申请变更登记。基于土地使用权流转的法律事实，新的土地使用权人即取得原土地使用权人的国有土地使用权。

（2）集体土地使用权

①宅基地使用权是指农村集体经济组织的成员依法享有的在农民集体所有的土地上建造个人住宅的权利。根据我国物权法的规定，宅基地使用权人依法对集体所有的土地享有占有和使用的权利，有权利用该土地建造住宅及其附属设施。

宅基地使用权实行严格的"一户一宅"制。根据土地管理法的规定，农村村民一户只能拥有一处宅基地，其面积不得超过省、自治区、直辖市规定的标准。宅基地使用权人对宅基地享有占有、使用、收益和处分的权利。宅基地因自然灾害等原因灭失的，宅基地使用权消灭，对没有宅基地的村民，应当重新分配宅基地。宅基地使用权人出卖、出租住房后，再申请宅基地的，土地管理部门将不再批准。另外，宅基地使用权的受让人只限于本集体经济组织的成员。

②集体农用地使用权。农用地是指农民集体所有和国家所有依法由农民集体使用的耕地、林地、草地，以及其他依法用于农业的土地。我国实行农村土地承包经营制度。承包方依法享有承包地使用、收益和承包经营权流转的权利，有权自主组织生产经营和处置产品；承包地被依法征用、占用的，有权依法获得补偿。

③集体建设用地使用权。《中华人民共和国土地管理法》第四十三条规定，"任何单位和个人进行建设，需要使用土地的，必须依法申请使用国有土地；但兴办乡镇企业和村民建设住宅经依法批准使用本集体经济组织农民集体所有的土地的，或者乡（镇）村公共设施和公益事业建设经依法批准使用农民集体所有的土地的除外"。由此可以得出，集体建设用地使用权是指农民集体和个人进行非农业生产建设依法使用集体所有的土地的权利。法律对集体土地建设用地使用权的主体有较为严格的限制，一般只能由本集体及其所属成员拥有使用权；其他单位、组织和个人需要使用集体土地的，只有通过征收程序，使之转化为国有用地后方能申请取得。

（3）临时用地

临时用地是指因工程建设施工和地质勘查需要临时使用、在施工或者勘查完毕后不再需要使用的国有或者农民集体所有的土地，不包括因临时使用建筑或其他设施而使用的土地。

建设项目施工和地质勘查需要临时使用国有土地或者农民集体所有的土地的，由县级以上人民政府土地行政主管部门批准。其中，在城市规划区内的临时用地，在报批前，应当先经有关城市规划行政主管部门同意。土地使用者应当根据土地权属，与有关土地行政主管部门或者农村集体经济组织、村民委员会签订临时使用土地合同，并按照合同的约定支付临时使用土地补偿费。临时使用土地的使用者应当按照临时使用土地合同约定的用途使用土地，并不得修建永久性建筑物，其使用期限一般不超过2年。

（4）违法用地

所谓违法用地，是指违反我国土地管理和城乡规划等法律规定的用地行为，主要包括以下几种情形：①使用的土地未经规划部门（或被授权机关）批准，未领取使用土地许可证或临时用地许可证的；②擅自改变用地位置或扩大用地范围的；转让、交换、买卖、租赁或变相买卖、租赁土地的；③擅自改变用地性质的；④临时用地逾期不交还的。凡违法用地，一律限期退出，并给予罚款。

（5）边角地、夹心地、插花地

根据广东省政府《转发〈省国土资源厅关于"三旧"改造工作实施意见（试行）〉的通知》规定了边角地、夹心地、插花地的相关定义。边角地是指在城市规划区或者村庄建设规划区内难以单独出具规划要点、被"三旧"改造范围地块与建设规划边沿或者线性工程控制用地范围边沿分隔（割）、面积小于3亩的地块。夹心地是指在城市规划区或者村庄建设规划区内难以单独出具规划要点、被"三旧"改造范围地块包围或者夹杂于其中、面积小于3亩的地块。插花地是指在城市规划区或者村庄建设规划区内难以单独出具规划要点、与"三旧"改造范围地块形成交互契入状态、面积小于3亩的地块。

（二）**房屋确权过程中须明确的法律问题**

1. 房屋的权利形态

（1）房屋所有权

房屋所有权是指房屋所有人依法对自己的房地产所享有的占有、使用、收益和处分的权利，是一种最充分、最完整的财产权或物权。具体而言包括以下内容：

①占有权，是指所有人对其房屋进行直接的实际控制或掌握的权利。占有权是房屋所有权的基本内容。没有占有，就谈不上所有权。然而占有并非就是所有，因为占有可分为所有人占有和非所有人占有、合法占有和非法占有、善意占有和非善意占有。

②使用权，是指房屋所有权人对其房屋享有的直接按照它的性质和用途加以利用的权利。使用权的行使必须符合下列条件：第一，无损于房屋的本质。第二，按照房屋的自然性能、经济性能和规定的土地用途使用。第三，遵守法律和公共道德，不损害公共利益和他人的合法权益。

③收益权，是指房屋所有权人利用其房屋进行收益的权利。如将房屋出租取得租金、用房屋作为合伙入股取得红利等。

④处分权，是指房屋所有权人在法律许可的范围内，对其房屋进行处置的权利。如依法对自己所有的房地产出售、出租、抵押、典当、赠予、拆除等。

一般说来，完整的房屋所有权必须同时包括上述四项权利。但是，占有、使用和收益权有时会与所有权分离。

依据房屋所有权主体的不同，房屋所有权可分为公房、私房、外产房、中外合资房和其他性质的房屋所有权。

第一，国有房屋所有权，即国家对国有房产享有的所有权。

国有房产可分为直管公房（由各级房产管理部门直接管理的公房）和自管公房（由全民所有制的机关、社会团体和企业事业单位自行管理的公房）、军产房（中国人民解放军部队所有的房产，包括由国家划拨的房产、利用军队开支或军队自筹资金购建的房产）。

第二，集体房屋所有权，即由集体所有制单位享有的房屋所有权。集体房产主要来自集体所有制单位购置、自筹资金建造或联合建造，以及少量受赠房屋。集体房屋所有权人对其所有的房产享有完全的占有、使用、收益和处分的权能。

第三，私有房屋所有权，即由公民个人、家庭、数人共有或私营企业拥有的房屋所有权。在我国，私有房屋所有权根据其权利内容和效力的不同，可分为：一般城镇私房（包括购买的商品房）所有权、自建（购）公助房所有权。

第四，外产房屋所有权，即由外国政府、企业、社会团体、国际性机构和外国侨民在中国境内享有的房屋产权。

第五，中外合资房屋所有权，即由中国企业或其他经济组织与外国企业、其他经济组织或个人共同在中国境内享有的房屋所有权。中外合资的房屋所有权产生于中外合资双方合资建造、购置房屋等法律事实。目前，外产房产和中外合资房产都作为专门的房产所有权登记注册。

第六，其他性质的房产所有权，是指除上述五种房屋所有权以外的房屋所有权，如宗教团体等所享有的房屋所有权。

（2）房屋使用权

房屋使用权是指按照房屋的性质和用途对房屋进行实际利用的权利。房屋使用权包含在房屋的所有权之中，是房屋所有权四项基本权能之一。通过一定的法律契约（最典型的就是房屋租赁），非房屋所有权人也可以获得房屋的使用权，但须向房屋所有权人支付一定的对价。

2. 房屋的产权形态

①完全产权房，即已办理相关产权登记手续，并取得房地产产权证的房屋。权利人对房屋和土地使用权享有占有、使用、处分、收益的完整权利。对于该类房屋，按照相关权属证书上登记的内容给予直接确权。

②部分产权房，相对于"完全产权人"而言，该权利人对该房屋和土地仅享有部分的产权。其强调的是永久使用权和继承权，而对收益权和处分权的行使则受到一定限制。目前，部分产权房主要包括微利房、集资房、房改房等政策性住房。

微利房，是指由各级政府房产管理部门组织建设和管理，以低于市场价格和租金、高于福利房价格和租金，用于解决部分企业职工住房困难和社会住房特困户的房屋。

集资房，是指由政府、单位、个人三方面共同筹集资金建造的房屋。职工个人可按房价全额或部分出资，国家在信贷、建材供应、税费等方面给予部分减免。集资房的权属，按出资比例确定。个人按房价全额出资的，拥有全部产权，个人部分出资的，拥有部分产权。

房改房，也就是福利分配给职工的住房，房改后由职工按规定购买。房改房原包括成本价购买的公房和以成本价购买的公房。国家原来规定，职工以成本价购买的公房5年后可上市流通。5年后，职工拥有产权的房改房可以自由转让流通。

③村证房，是指一些城中村为了改善村民住宅环境，利用本村的集体土地自主开发建起来的村民福利房。这些未经县市政府统一开发的"城中村"土地依然是集体土地性质，城中村也没有相应的开发资质和施工条件，其房地产开发行为并没有向国土部门缴纳土

地出让金取得国有土地使用权，也没有办理国家规定的"四证"即《国有土地使用证》《建设用地规划许可证》《建设工程规划许可证》《施工许可证》等手续，因此不允许作为商品房对外销售，销售对象只限于本村村民，只允许村民内部转让。此外，该类房屋没有在房管局备案，没有县级房产管理部门统一印制的房产证，只有村里发给的类似宅基地证的房产所有权证明。

3. 违法建筑的认定

违法建筑处置是城市更新确权过程中经常遇到的问题，违法建筑的认定和确权是一项非常复杂的事务，下文将对此专门论述。

四　深圳城市更新核查确权的有关规定

（一）核查内容

①城市更新单元范围内土地的性质、权属、功能、面积等信息；

②城市更新单元范围内建筑物的性质、面积等信息。

（二）核查依据

①计划申报主体向区城市更新主管部门提供拟拆除重建区域范围内土地使用权出让合同、用地批复、房地产证、旧屋村范围图、建设工程规划许可证、测绘报告、身份证明等材料。

②政府相关部门信息管理系统记载的数据。

（三）核查流程

①计划申报主体向区主管部门递交申请。

②区主管部门应在 20 个工作日内完成土地及建筑物核查的结果，并将结果按《深圳市城市更新土地、建筑物信息核查及历史用地处置操作规程（试行）》中的附件《土地、建筑物信息核查意见的复函》填写并函复申报主体，同时形成《土地信息一览表》《建筑物信息一览表》《土地征转补偿信息图》《土地权属图》和《建筑物信息图》等成果一并归档。

③各区对土地及建筑物信息核查、汇总的特殊规定。针对土地及建筑物信息的核查、汇总，除光明、龙岗两区外，已出台的各区城市更新暂行办法或实施办法根据各区的不同要求，或将土地及建筑物信息核查成单独一章列出，或将该内容放入更新单元计划与规

划部分，并列明申请材料明确核查依据，具体各区规定如下。

第一，福田区。

《深圳市福田区城市更新实施办法（试行）》在第二章"更新单元计划与规划审批"中规定了土地及建筑物信息核查的内容，相应条款具体列举了申报主体向主管部门申请土地、建筑物信息核查时需提交申请表，申报主体身份证明材料，房地产权利证书或土地、建筑物的其他权属来源证明文件，建筑物现状测绘报告、土地、建筑物信息一览表及相关图纸，土地征（转）证明材料等申请材料。主管部门根据申报主体提供的材料，结合档案、地籍产权管理系统等基础资料，在材料提交10个工作日内完成土地、建筑物信息的核查。

第二，罗湖区、龙华区、盐田区、大鹏新区、坪山区。

罗湖区、龙华区、盐田区、大鹏新区、坪山区的城市更新实施办法规定的土地及建筑物信息核查的内容与《深圳市福田区城市更新实施办法（试行）》大致相同。但在形式上，罗湖区、龙华区、盐田区、大鹏新区、坪山区都单列一章节规定土地及建筑物信息核查的内容，加强并完善了对这一核查工作的规范要求和制度设计。

第三，宝安区。

宝安区出台的《深圳市宝安区城市更新暂行办法》及配套文件中，单独制定了配套文件《宝安区城市更新项目土地权属认定规则》以解决土地权属认定的问题，该认定规则分类列举了可直接确认为合法用地类型的土地和经处理可认定为合法用地类型的土地。《宝安区城市更新项目土地权属认定规则》还需征求深圳市规划和国土资源委员会意见，报市政府审批同意后，方可生效。该认定规则若能实施运用，将对土地权属的确认起到明确的规范指引作用。

（四）核查结果

通过核查和汇总，可将更新范围内的土地和建筑物进行如下分类。

1. 土地分类

（1）国有出让用地：已办理合法的土地使用手续的用地，包括已签订土地使用权出让合同或已办理房地产权登记的用地。

（2）城中村用地（城市化过程中依照有关规定由原农村集体经

济组织的村民和继受单位保留使用的非农建设领域的非农建设用地），或根据申请人提供的材料可落实并核销非农建设用地、征地返还用地指标的用地。

（3）旧屋村用地：取得旧屋村范围图，或提供相关证明材料可认定为旧屋村的用地，主要是指在 1979 年设市之前就已存在的传统村落，以原农村集体经济组织的村民或继受单位在 1993 年 1 月 1 日以前建设的旧房、祖屋为主。

（4）已按房地产登记历史遗留问题处理的用地：主要是指按照《深圳市人民政府关于加强房地产登记历史遗留问题处理工作的若干意见》，地上建筑物已取得规划确认文件和土地权属证明文件的用地，或符合补办规划确认文件和土地权属证明文件要求的用地。

（5）经处理的历史遗留违法用地：按照《深圳市人民代表大会常务委员会关于农村城市化历史遗留违法建筑的处理决定》，地上建筑物已完成申报并录入历史遗留违法建筑台账，经区查违办和区规划土地监察机构认定，不属于依法应当拆除或者没收的范围，且经规划土地审查符合确权条件并取得《农村城市化历史遗留违法建筑拟确权通知书》的用地。

（6）其他用地。包括违法用地、储备用地、边角地、夹心地、插花地等。

2. 建筑物分类

（1）商品房，即已取得房地产证的建筑物；

（2）经土地清理确认的城中村、旧屋村及旧改项目用地范围内的建筑物；

（3）历史遗留建筑物：已取得规划确认文件和土地权属证明文件并缴纳地价的建筑物；

（4）经处理的历史遗留违法建筑物：已取得确权通知书并缴纳地价、罚款的建筑物；

（5）需完善手续的其他建筑物；

（6）不予确权的其他违法建筑和批准临时使用的违法建筑。

五 历史遗留用地的处理办法

依据粤府 78 号文件的规定，纳入"三旧"改造范围、符合土地利用总体规划和"三旧"改造规划、没有合法用地手续且已使用的建设用地，可以按照以下方式完善用地手续。

第一，用地行为发生在 1987 年 1 月 1 日之前的，由市、县人民政府土地行政主管部门出具符合土地利用总体规划的审核意见书，依照原国家土地管理局 1995 年 3 月 11 日发布的《确定土地所有权和使用权的若干规定》进行确权后，办理国有建设用地确权登记发证手续。

第二，用地行为发生在 1987 年 1 月 1 日之后、2007 年 6 月 30 日之前的，已与农村集体经济组织或农户签订征地协议并进行补偿，且未因征地补偿安置等问题引发纠纷、迄今被征地农民无不同意见的，可按照用地发生时的土地管理法律政策落实处理（处罚）后按土地现状办理征收手续，属于政府收购储备后再次供地的，必须以招标拍卖挂牌方式出让，其他可以协议方式出让。

凡用地行为发生时法律和政策没有要求听证、办理社保审核和安排留用地的，在提供有关历史用地协议或被征地农民集体同意的前提下，不再举行听证、办理社保审核和安排留用地。

第三，纳入"三旧"改造范围，没有合法用地手续的土地，符合土地利用总体规划而又保留为集体土地性质的，参照上述规定进行集体建设用地确权登记发证。

第四，改造中涉及的边角地、夹心地、插花地等，符合土地利用总体规划和城乡规划的，可依照有关规定一并纳入改造范围。允许在符合土地利用总体规划和控制性详细规划的前提下，通过土地位置调换等方式，对原有存量建设用地进行调整使用。

第五，纳入"三旧"改造范围，需完善征收手续的土地，需由当地市、县人民政府制订改造方案，报省人民政府批准后实施。

第六，完善改造中涉及的各类历史用地手续工作应在 2012 年前完成。2007 年 6 月 30 日以后发生的违法用地不适用上述完善用地手续的规定。

六　违法建筑的认定及补偿

在城市更新项目实施中，普遍存在违法建筑物情况，最容易引发冲突和矛盾的就是违法建筑物的认定和处理问题，这是土地建筑物核查工作的一大难点。从法律方面看，违法建筑物由于不符合法律法规的强制性规定，其建造人的建造行为被法律所否定，其建造的建筑物的产权归属也面临法律法规的消极评价；从社会影响方面看，违法建筑物的存在阻碍了城市的建设和发展，造成稀缺的土地资源的浪费，影响了城乡规划的科学实施和市容市貌，危及城市的公共安全，因而它又成为社会鞭挞的对象。虽然违法建筑物面临上述两方面的讨伐，但其毕竟是人类耗费了大量的人力和物力建造的物质财富，贸然对其全盘否定，也不利于公民权利的保护和社会经济的发展。更何况，我国现在大量违法建筑物的出现，绝非建造人完全追求个人私利以及政府执法不力所造成，它与我国的基本国情有直接关系，某种意义上可以说，它是我国经济高速发展到一定阶段的必然结果，有着深层次的经济和制度方面的原因。因此，在城市更新改造过程中，对于违法建筑物的处理，要具体问题具体分析，依据法律法规和法律原则，在对违法建筑物持否定态度的基础上，根据不同情况采取不同的处理认定和补偿方法，妥善处理城市更新项目中的违法建筑物搬迁安置补偿问题，以达到既维护法律尊严又维护公民私权的双重目的，这样才能顺利推进城市更新改造。该问题将在第四章中予以分析。

第四节　协议签订及实施主体确认

项目实施主体是指具备一定条件，并取得项目实施主体资格的权利主体，其只能是单一主体。城市更新单元拟拆除范围内只有单个权利主体的，该权利主体可直接向相关城市更新职能部门申请进行项目实施主体的确认；若存在多个权利主体的，所有权利主体只有将其所有的房地产的相关权益全部转移到同一单位，形成单一主体后，方能进行项目实施主体资格的确认。

其中，签订搬迁补偿安置协议为城市更新项目实施主体形成的主要方式之一，搬迁补偿安置工作是整个城市更新改造活动的核心，也是各方利益主体关注的焦点。本节将对搬迁补偿安置协议的签订、实施主体的确认进行详细阐述。

一 项目实施主体的形成方式

对于拟进行拆除重建的更新单元范围内存在多个权利主体的，该多个权利主体可以通过以下方式形成单一主体：

①权利主体以房地产作价入股成立或加入公司；

②权利主体与搬迁人签订搬迁补偿安置协议；

③权利主体的房地产被收购方收购。

需要注意的是，属于合作实施的城中村改造项目的，单一市场主体与原农村集体经济组织继受单位签订改造合作协议；属于旧住宅区改造项目的，由区政府组织通过招标等公开方式选定市场主体单位与业主进行搬迁补偿谈判。市场主体与所有业主达成一致并签订搬迁补偿安置协议后，形成单一主体。

二 搬迁补偿安置协议的签订

（一）协议性质

搬迁补偿安置协议，是指更新改造范围内的权利主体与申报主体（申报主体经确认后成为实施主体，即搬迁人）在平等协商的基础上，依照法律规定，就该更新改造范围内房屋及其他建筑物的拆除重建及相关搬迁补偿安置事宜进行谈判后形成的书面协议。该协议不仅是双方权利义务予以明确的载体，也是政府相关职能部门履行备案审查、办理相关认证和回迁房权属证书的依据。该协议的签订应遵循意思自治、等价有偿的基本原则。

（二）协议内容

一份合法有效的搬迁补偿安置协议是进行补偿安置工作最为重要的法律文件，在该协议中，协议双方应就以下事项进行明确：

①协议当事人的基本情况；

②拟被拆除重建房屋的产权情况，包括房屋位置、房屋性质、房屋用途、权属人、房屋产权受限情况（抵押、查封情况）、租赁情况等；

③补偿安置方式、内容和标准;

④补偿安置款和产权调换差价款的支付方法;

⑤房屋存在抵押、查封等权利受限等情况的处理办法;

⑥房屋搬迁的期限、搬迁过渡方式和过渡期限,权利主体的房屋交接和拆除、回迁房的交付;

⑦产权调换期房就地回迁办法,包括回迁房屋的面积、地点、登记价格、建设标准、建设期限、选房办法、回迁面积差异处理办法、办理房产证的时限和费用负担;

⑧违约责任;

⑨争端解决途径;

⑩签约时间、地点,协议生效时间和条件;

⑪其他需要约定的事项。

搬迁安置补偿协议的谈判主要集中在搬迁补偿安置标准和权利主体房屋特殊情况的处理方面。

(三)签约主体的认定

1. 普通情形下权利主体身份的认定

(1)个人

如权利主体为个人的,则其身份的认定一般以房地产产权登记部门登记的权利人为准,具体应通过审查权利人的身份证、户口簿等身份证明文件是否与产权登记中的权利人相一致来确认。

(2)企业

权利主体为企业的,其身份的认定应以房地产产权登记部门登记簿上注明的产权人为准,具体应通过审查企业的工商登记信息与产权登记上的权利人是否一致来确认。若企业在工商局办理了名称变更,但未在房地产产权登记部门办理相关变更登记手续,导致名称不一致的,则须先行办理相关变更手续后方可对其权利主体的身份进行确认。

2. 特殊情形下权利主体身份的认定

权利主体身份的认定一般以房地产产权登记部门登记的权利人为准,但基于婚姻、继承或企业改制等方面的原因,可能存在相关共有人或其他权利人的情形。

（1）基于婚姻关系产生的权利共有情形

若被搬迁房屋属于夫妻双方在婚姻存续期间的共同财产，则即使其产权登记在一方名下，也应以夫妻双方为共同的被搬迁人。

根据最高人民法院《关于适用〈中华人民共和国婚姻法〉若干问题的解释（一）》第十七条的规定：夫或妻非因日常生活需要对夫妻共同财产做重要处理决定，夫妻双方应当平等协商，取得一致意见。夫妻双方在决定对其共有房屋进行更新改造时，必须协商一致。仅有一方签约的补偿安置协议在其效力上属于效力待定，只有另一方也作出相同的意思表示方能认定其有效。在具体签约过程中，如夫妻双方只有一方到场签约，则为避免法律风险，须要求其出具经公证的另外一方签署的书面同意和授权文件。

夫妻双方离婚，且通过协议方式或判决方式已就房屋产权进行明确分配，但未办理相关产权过户手续的，应先办理房屋析产过户手续后，方能确定其权利主体的身份。

（2）基于继承关系产生的权利共有情形

权利主体死亡后，应以该房屋的其他共有人及继承人为共同的权利主体。继承人身份的确认有遗嘱，依遗嘱；无遗嘱的，应依据我国《继承法》的相关规定来确定继承人。

（3）特殊企业房屋的权利主体认定

如涉及对破产企业的房屋进行拆除重建，则根据相关法律规定，应以经人民法院指定的破产管理人为权利主体。

如涉及对改制企业的房屋进行拆除重建，则依据相关法律规定，应以其工商登记文件中确定的权利义务的承接主体为权利主体。改制后，未办理相关产权过户手续的，应先办理相关过户手续后方可确定其权利主体的身份。

（四）补偿安置方式

权利主体在签订《搬迁补偿安置协议》时，可以自行选择补偿安置方式。目前，进行补偿安置的方式主要有三种。

1. 货币补偿

即将被搬迁房屋的价值，以货币结算方式对权利主体进行补偿的行为。该种补偿安置方式的优点是：操作简单，且一次性了结，不会产生延长过渡期限、权利主体不能及时回迁等后续问题，更方便权利主体自行挑选适合的住房，而不受固定地点、户型等方面的限制，避免了因安置用房迟延交付、回迁房质量问题而使协议双方产生矛盾。该方式的缺点在于开发商需在项目开发前期支付大量的现金，对开发商资金实力的要求较高。另外因回迁面积减少，不利于项目争取到较好的规划指标。

2. 产权调换

即实施主体用项目原地建造或者异地建造的房屋与权利主体的房屋产权进行调换，权利主体失去了该被搬迁房屋的产权，但却拥有了调换后房屋的产权。该种安置补偿方式实质上是按等价交换的原则以实物形态来体现实施主体对权利主体的补偿。该模式涉及补偿面积和比例、回迁房位置（坐落、楼层、朝向等）、回迁房交付时间、回迁房地价和税费承担、安置房房地产证办理、临时安置期和安置费标准等，谈判难度较大，且履行周期长、项目开发建设进度等不确定因素较多，因此容易引起违约事件发生。但从实施主体的角度来说，此补偿安置方式可以减缓项目开发的资金压力；从被搬迁人的角度来看，房屋以旧换新，价值提升和环境改善较为明显；从社会管理和稳定的角度上说，通过产权调换更有利于保障权利主体的基本生活和居住条件。

3. 货币补偿跟产权调换相结合

权利主体根据其自身的情况和需求，要求部分房屋面积来用货币补偿，部分房屋面积用于产权调换，这种方式是在实践过程中的一种变通方式，同时也体现了协议双方在选择补偿安置方式方面的灵活性，在权利主体房屋面积比较大的城中村改造项目中较为常见。

（五）补偿安置标准

目前，对于拆除重建类城市更新活动中的搬迁补偿安置标准，更新办法及其细则中并未具体规定，一般是由搬迁安置补偿协议的双方当事人通过友好协商的方式在协议中确定。不过，市场主体在制定补偿方案、设定补偿安置标准时，可以参照 2011 年国务院颁布实施的《国有土地上房屋征收和补偿条例》、深圳市人民政府在

2013 年发布的《深圳市房屋征收与补偿实施办法（试行）》（深圳市人民政府第 248 号令）和农村城市化历史遗留违法建筑处理等相关规定。根据深圳市城市更新项目的通常操作，补偿项目及标准主要包括以下内容。

1. 房屋补偿

（1）补偿方式

①货币补偿：政府征收项目中，房屋货币补偿金额按照被拆除房屋的区位、用途、建筑面积等因素，以房地产市场评估价格来确定，不得低于房屋征收决定公告之日被征收房屋类似房地产的市场价格，并增加了置业补助以实现市场价格补偿。而市场主体实施的城市更新项目中，房屋评估价仅作为参考，货币补偿往往高于市场评估价，由双方协商确定。

②产权调换：深圳政府征收项目中，引入了套内建筑面积标准实施产权调换的原则。城市更新项目中，以建筑面积标准确定拆赔比例，一般为 1∶1.2 左右。因更新改造后房屋容积率较高、实用率低，近年来，更多的被搬迁人开始要求按照套内建筑面积标准实施产权调换，很大程度上增加了开发商的补偿成本。

（2）用途确定

被搬迁房屋的用途一般以房地产权利证书确定的用途为准；未办理房地产权利证书的，按照土地使用权出让合同、报建批准文件或能够证明其用途的其他文件确定用途。

（3）面积认定

被搬迁房屋已办理房地产权利证书的，按照房地产权利证书确定补偿面积；没有房地产权利证书或者房地产权利证书没有载明建筑面积，可以根据合法有效的竣工测绘报告认定房屋建筑面积（包括套内建筑面积）。仍无法认定的，由测绘机构测绘确定。

2. 房屋构筑（附属）物、其他附着物补偿

通常采取货币补偿方式，补偿金额以重置价评估或协商确定。

3. 装修装饰补偿

室内自行装修装饰补偿费按照房地产评估机构评估确定的重置成新价或协商确定。

4. 临时安置费

搬迁人提供周转房的，可不支付临时安置补助。业主自行安排住所临时过渡的，应按以下情形支付临时安置费：

①产权调换的房屋，参照同类房屋市场租金按月支付临时安置补助费，支付临时安置补助费的计算期限为，自搬迁之日起至产权调换房屋交付使用之日，住宅另加三个月、非住宅另加六个月的装修期临时安置费。

因搬迁人的责任，延长过渡期限的，对自行安排住处的被拆迁人，应当自逾期之日起增加临时安置补助费；使用改造主体提供的周转房的，权利主体有权在延长过渡期限内使用周转房。

②货币补偿，应当参照同类房屋市场租金支付三个月临时安置补助费。

5. 搬迁费

更新改造过程中涉及搬迁的，应当向权利主体或相关权利人支付搬迁费。参照征收项目的标准，根据房屋类型确定不同的搬迁费标准，商业类型房屋略高于住宅、厂房、办公。涉及地上附着物（苗木等）、工业厂房机器设备资产等特殊搬迁的，需委托专业评估机构进行评估确定搬迁费。

6. 停产、停业补偿

对已出租的住宅房屋，经登记、备案的，可给予租赁经营损失补偿。

在对合法的经营性房屋进行更新改造时，引起其停产、停业的，应根据该房屋的区位和使用性质，结合其经营赢利状况给予停产、停业补偿费。

在对矿场、采石场、加油站、码头等特许经营项目的房屋及构筑物、其他附着物等进行更新改造时，引起其停产、停业的，应给予其剩余经营期限的停产停业补偿费。

7. 擅改商适当补偿

部分非经营性用途或工业用途房屋，未经批准擅自改为经营性用途的，已取得营业执照的，针对其擅改面积，给予两种用途市场租金差额的适当补偿，计算期限通常不超过 3 年。

8. 搬迁奖励

根据权利主体对城市更新项目的配合程度，在签约工作开始后一定期限内按期签约并承诺在搬迁公告的期限内按时搬迁腾空房屋的，可给予一定的签约搬迁现金奖励，也可以以赠送车位使用权、减免物业管理费等方式给予权利主体奖励。

除上述常规的补偿项目外，在城市更新项目中，权利主体往往会提出其他额外补偿要求，如因更新改造导致其对第三方承担的违约责任、因公司搬迁停业产生的员工遣散费、商铺的顶手费（转让费）、机器设备或青苗买断费、客户流失损失、预期收益的损失、学位问题等。因城市更新补偿需遵循自愿、协商的原则，在谈判过程中开发商需对各类不同的情形和补偿要求进行区分对待分析、灵活处理，在征求主管部门、专业服务机构意见的基础上充分协商、论证，审核通过能够予以补偿的，由权利主体提供详细具体完整的文件资料并签订保密协议，防止补偿扩大化、引发群体事件；审核后不予补偿的，应做好相关解释工作或做变通处理，避免谈判陷入僵局。

（六）签约流程及注意事项

1. 协议签署

（1）主体资格

在签署补偿安置协议时，应严格审查被搬迁人的签约主体资格，保证协议签署的合法、有效性。该协议的签订可由公证机关进行公证或由律师进行见证。

（2）补偿标准

与补偿方案保持一致，同时注意超出补偿标准的其他特殊补偿情形的认定处理，以及与其他被搬迁人的平衡问题。

（3）付款方式

建议采取分期付款，付款进度与被搬迁人的搬迁责任挂钩，约束被搬迁人。

（4）违约责任

被搬迁人的违约行为主要为未按期搬迁、房屋产权发生争议，搬迁人的违约行为主要是迟延付款、延长安置期、提前终止项目。应根据项目实际需要，设置相应的违约责任。

（5）协议附件

因后续产权注销需要，权利主体应在协议签订的同时向搬迁人提交被搬迁房屋的房地产权属证书及注销房地产权属证书委托书，相应的房地产权益由搬迁人承受；没有房地产权属证书的，应当提交相应的产权证明文件、搬迁补偿安置协议及房地产权益由搬迁人承受的声明书。

（6）争议解决

搬迁补偿安置协议中应当约定争议解决方式，搬迁人可选择对自身有利的方式，如选择就近法院管辖、选择一裁终局的仲裁等。

2. 协议备案

补偿安置协议签订后，搬迁人应报区城市更新职能部门备案。

3. 协议保全

拆除依法代管的房屋，包括房屋所有权人出走弃留或者下落不明，由市区国土房管局代为管理待发还产权的房屋的，补偿协议必须经公证机关公证，并办理证据保全。

（七）特殊补偿事项

1. 合作建房的补偿事宜

合作建房的房屋已办理产权证的，按照产权证登记情况办理；若未办理产权证，可以根据权利人合作建房合同约定的房屋分配办法，对房屋进行确权后，根据确权结果进行补偿安置。

2. 出租用房的补偿事宜

对于已列入更新改造范围的出租用房，其承租人相对于房屋出租人而言，只是以支付租金的方式取得了一定期限内该房屋的使用权，权利类型为债权；而房屋的收益处分权仍由房屋所有人享有。故在签订搬迁补偿安置协议时，应以房屋所有人为签约主体。但基于承租人占有房屋，承担实际搬迁义务，且房屋更新改造会给承租人带来一定的损害和不便，故也应对其进行适当的补偿。在具体操作中，应注意以下方面：

（1）协议签署主体

通常情形下，开发商仅与房屋所有人签订搬迁补偿安置协议，将所有补偿款项支付给房屋所有人，由房屋所有人负责租赁关系的解除、承租人补偿款项的支付、房屋搬迁移交等，开发商不直接面对承租人。应所有权人和承租人要求，也可签订三方协议。

（2）区分补偿项目

无论是双方协议还是三方协议，均将房屋所有人、承租人各自的补偿项目进行区分，若房屋所有人向承租人支付，则应约定其未履行支付义务时需承担的违约责任。

（3）关注搬迁问题

因承租人实际占有房屋，房屋的搬迁移交与承租人相关。而拆迁项目中，经常出现房屋所有人已签订协议、但承租人拒不搬迁的情况，建议通过责任义务的约定、补偿款项的支付安排等进行规避。

3. 抵押房屋的补偿事宜

（1）补偿协议的效力问题

未经抵押权人同意，抵押人就按揭房屋与拆迁人签订搬迁补偿安置协议效力问题，现行法律并没有进行明确规定。但从物权法的基本原则，并结合相关法律规定分析，笔者倾向认为在获得抵押权人同意之前签署的《搬迁补偿安置协议》属于效力待定的合同，在取得抵押权人同意后，该协议方具完全的法律效力。

（2）抵押注销和补偿款支付问题

2001年，原建设部修订的《城市房地产抵押管理办法》中规定，按揭房屋因国家建设需要纳入拆迁房屋的，抵押人应通知抵押权人，并向抵押权人提前清偿借款或重新设置抵押物，否则抵押权人可向法院起诉，处分该抵押的房产。深圳市房地产登记中心也要求，抵押房屋在注销抵押登记前，必须经抵押权人出具书面同意文件。按照法律的规定与相关主管部门的要求，按揭房屋在拆除前搬迁当事人须告知抵押权人，并与抵押权人协商通过提前还款或重新设置抵押物等方式解除抵押合同和注销抵押登记事宜，取得抵押权人的书面同意文件，办理抵押登记注销后方可进行拆除。

　　如权利主体无法通过提前清偿借款或者以重新设定抵押物的方式办理房屋抵押注销手续，搬迁人可以采用与权利主体、抵押权人三方协议的方式签订搬迁补偿安置协议，用部分补偿款项用于清偿抵押债务或者用回迁房作为置换抵押物等方式进行约定。但因回迁房未建成，风险较大，银行作为抵押权人时通常不会同意以回迁房作为置换抵押物这一方式。实践中，如补偿款项不足以偿还抵押债务、权利主体又没有能力补足的，为推进项目进度，有些开发商则向权利主体提供借款或抵押物以注销抵押，但需与权利主体、银行签订系列协议，确保自身权益。

　　同时，为避免风险，被搬迁房屋的补偿款的支付进度应与被搬迁房屋抵押注销事项的办理进度挂钩。

　　4. 查封房屋的补偿事宜

　　对于被相关机构依法查封的房屋，原则上应在该房屋被依法解除查封后方可与该权利主体签订搬迁补偿安置协议。但在实际操作中，为加快更新改造的步伐，可先与房屋所有人签订搬迁补偿安置协议，但在签订协议前，应告知房屋查封机构该房屋已纳入城市更新范围的情形，并与查封机构共同协商解决办法。

　　改造主体可以与权利主体、查封机构就该房屋的拆迁补偿事宜签订三方协议，约定由改造主体支付的安置补偿款项优先支付查封机构用于解除查封之用；若三方无法达成一致，而改造主体又无法通过拍卖程序竞拍成为房屋的新权利主体，则须与该新权利主体协商另行签订补偿安置协议。

　　5. 产权不明房屋的补偿事宜

　　产权不明的房屋主要是指无产权关系证明、产权人下落不明、暂时无法考证产权的合法所有人、存在产权纠纷的房屋。对于该类房屋，在其产权纠纷得到最终解决或权利主体确定后，可根据确权结果与之签订搬迁补偿安置协议，或者由改造主体提出补偿安置方案，经政府主管部门审核同意，对被改造房屋办理证据保全公证，并将补偿费依法提存后，方可实施房屋拆除。

　　6. 绿本房的补偿事宜

　　绿本房虽然在产权性质上属于不完全产权房，但国家对于该种权利属性是予以认可的，故可以将其看作权属确定的更新改造对象，与之权利主体签订搬迁补偿安置协议。

但对于该房屋的权利主体要求回迁时将其绿本房转为红本房（商品房）的，若只涉及补缴地价的问题，则双方可以在协议中约定在补偿费用中扣减相应的地价款。

7. 特殊建筑物的补偿事宜

这里所称的特殊建筑物主要是指军事设施、教堂、宗祠、寺庙、文物古迹等。对于该类建筑物的更新改造，应当根据《国务院宗教事务管理局、建设部关于城市建设中拆迁教堂、寺庙等房屋问题处理意见的通知》等相关规定进行。

对宗教团体所有的房屋进行更新改造时，应当事先征求宗教事务管理部门意见，并与宗教团体签订搬迁补偿安置协议。

对属于军事设施、文物古迹的房屋进行更新改造时，应当事先征求军事管理或文物管理部门意见，并与其签订搬迁补偿安置协议。

8. 特殊人群建筑物的补偿事宜

（1）生活特殊困难人员

权利主体属于生活特殊困难人员的，在补偿安置时应当参照政府规定给予一定的照顾。

（2）华侨、港澳台同胞、外籍华人

华侨房屋包括三种类型：①华侨、归侨的私有房屋；②中华人民共和国成立后用侨汇购建的私有房屋；③依法继承华侨、归侨的私有房屋。

对上述华侨房屋进行更新改造时，应依据《广东省拆迁城镇华侨房屋规定》办理。香港、澳门特别行政区居民、台湾同胞和外籍华人的私有房屋，参照上述规定办理。

在补偿安置中，此类房屋的权利人往往不在国内，或需回国办理或委托代理人办理，周期较长，谈判难度大。委托代理人代理的，搬迁人应注意审查其委托手续的合法性和有效性，以确保其签署搬迁补偿协议的效力。同时，根据权利主体所在国政策法规不同（可能涉及高额的所得税、遗产税），对税费、款项支付等事项作出合理安排。

9. 违法建筑的补偿

违法建筑的认定和补偿问题，本章第三节已有详述，在此不予赘述。

三　实施主体的确认

（一）实施主体的确认申请

城市更新单元内的权利主体在形成单一主体后，该单一主体应向区城市更新主管部门申请进行实施主体资格确认。根据各区的城市更新暂行措施或实施办法的规定，部分地区对实施主体的确认申请有特殊程序要求，如福田、龙岗、大鹏要求主管部门组织制定更新单元实施方案；龙岗则要求意向实施主体与项目拆除范围内所有权利主体签订搬迁补偿安置协议，报辖区街道办事处备案后申请。

在进行项目实施主体确认申请时，应提供以下材料：

①项目实施主体确认申请书；

②申请人身份证明文件；

③城市更新单元规划确定的拆除重建区域内土地和建筑物的测绘报告、权属证明及抵押、查封情况核查文件；

④申请人形成或者作为单一主体的相关证明材料，该材料包括：

a. 申请人收购权利主体房地产的证明材料及付款凭证；

b. 申请人制定的搬迁补偿安置方案及与权利主体签订的搬迁补偿安置协议、付款凭证、异地安置情况和回迁安置表；

c. 权利主体以其房地产作价入股成立或者加入公司的证明文件；

d. 申请人本身即为权利主体或者权利主体之一的相关证明文件；

e. 以合作方式实施的城中村改造项目的改造合作协议。

⑤法律、法规、规章及规范性文件规定的其他文件。

（二）实施主体确认文件的核查和核发

区城市更新主管部门在收到上述申请材料后在规定工作日内完成对相关申请材料的核查（见表3—5）。

表3—5　　　　　　**深圳市各区核查实施主体确认文件时限**

辖区	审查时限（工作日）
宝安、龙岗	10个
福田、龙华、光明、大鹏、罗湖、坪山	5个
盐田	3个

　　经核查，区城市更新主管部门认为申请人不符合实施主体确认条件的，予以书面答复并说明理由；认为申请人符合实施主体确认条件的，应将申请人提供的土地、建筑物权属情况及单一主体的形成情况在项目现场、《深圳特区报》、《深圳商报》及本部门网站等场所，进行不少于7日的公示，公示费用由申请人承担。光明区要求公示前报决策机构办公室审查，其余各区均只需主管部门审查通过即可。

　　区城市更新主管部门应当在公示结束后限定工作日内完成公示意见的处理，福田、龙华、盐田、大鹏、罗湖、坪山六区为3个工作日，龙岗、光明两区为5个工作日。公示后，福田、盐田、罗湖、龙岗、龙华、大鹏坪山七区为主管部门自行核发实施主体确认文件并签订项目实施监管协议，宝安、光明两区则要求报决策机构审议后通过。

　　各区都要求签订项目实施监管协议，宝安、龙岗两区明确要求先签订项目实施监管协议再核发实施主体确认文件，其余各区未严格要求签订项目实施监管协议在核发实施主体确认文件之前。项目实施监管协议的签订主体一般为区城市更新主管部门与实施主体（或申请人），罗湖要求主管部门会同区物业办签订项目实施监管协议，龙岗要求主管部门会同街道办签订项目实施监管协议。

　　项目实施监管协议是政府对实施主体后续项目开发监管的重要依据，应当明确以下内容：①实施主体按照城市更新单元规划要求应履行的移交城市基础设施和公共服务设施用地等义务；②实施主体应当完成搬迁，并按照搬迁补偿安置方案履行货币补偿、提供回迁房屋和过渡安置等义务；③更新单元内项目实施进度安排及完成时限；④区城市更新职能部门采取的设立资金监管账户或者其他监管措施；⑤双方约定的其他事项。

从性质上来说，核发实施主体确认文件的行为是一种行政许可行为，申请人在取得该实施主体确认文件后，即取得对更新改造范围内的房屋及其他建筑物实施拆除重建的法律资格或法律权利。

第五节　建筑物拆除、房地产权证注销

建筑物拆除是指对拆除重建范围内所有建筑物、构筑物及其他附着物进行拆除的过程。搬迁人在进行建筑物拆除的过程中，应当严格遵守相关法律、法规、规章的规定，依法组织施工，保障拆除工程和施工安全，维护施工环境。

一　建筑物拆除的流程

（一）被拆除房屋的交付

补偿安置协议签订以后，权利主体应在协议约定的时间范围内进行搬迁，并与搬迁人办理房屋验收移交手续。权利主体移交房屋时，应保证房屋的完整性，不得破坏房屋结构，不得拆除相关附属设施设备，应结清与拆除房屋有关的一切费用，并且已经将房屋钥匙、房产证原件及委托注销房地产证委托书（或放弃房地产权利声明书）交给了搬迁人，方代表双方已办结被搬迁房屋验收移交手续。

（二）房屋拆除

福田、盐田、龙岗、南山、大鹏五区规定在建筑物拆除前需要制订拆除工作方案、建筑废弃物减排及处理方案，报区相关建设主管部门备案，其余各区无此要求。

1. 发布拆除公告

拆迁公告载明拆除人、拆除范围、拆除期限等事项；拆除公告应张贴于拆除范围内及其周围较为醒目、易于为公众阅读的地方。对于规模较大的更新改造项目，还应在报纸、电视等新闻媒体上予以公告。

2. 房屋拆除

如项目实施主体自身具备相关资质可以自行实施房屋拆除，若无则需依法委托具有相关资质的单位实施房屋拆除。在委托其他单位进行房屋拆除时，应避免出现违法拆除、暴力拆除等情形。

房屋拆除工程施工前，施工单位应当依法取得政府主管部门颁发的施工许可。若需要实施爆破工程的，还应当取得政府主管部门的爆破许可，做好相应的安全预防措施。

3. 强制拆除

补偿安置协议签订后，房屋权利人或承租人在搬迁期限内拒绝搬迁的，搬迁人可依法向仲裁委申请仲裁或向人民法院起诉。若房屋权利人或承租人不履行仲裁裁决或人民法院生效判决的，搬迁人可以向人民法院申请强制执行。

应当注意的是，国务院于2011年1月新颁布实施的《国家土地上房屋征收与补偿条例》中已明确取消行政强拆，故从该法颁布实施之日起，只有通过以上法律程序方能实施司法强制拆除。

地上建筑物拆除完毕后，实施主体向区主管部门申请建筑物拆除确认，并向市房地产登记主管部门申请办理房地产证注销。

二　房屋拆除中的相关法律问题

在项目范围内旧房屋拆除中的以下问题值得关注，以防范房屋拆除过程中的法律风险。

（一）房屋拆除工程的施工资质和施工许可

房屋拆除工程实施单位应当是具有建设行政主管部门颁发的"爆破与拆除工程专业承包企业资质"的企业。城市更新项目实施主体应当与受委托的企业、机构签订书面委托合同，并自委托合同签订之日起15日内报深圳市政府主管部门备案，而且受委托的企业、机构不得再委托或者转让受托事务。

确定房屋拆除工程实施单位之后，还需办理相关的行政许可手续。《中华人民共和国建筑法》第四十二条规定，需要进行爆破作业的，建设单位应当办理申请批准手续，也就是申请办理工程爆破许可。《民用爆炸物品安全管理条例》的相关规定明确了申请人应当向爆破作业所在地设区的市级人民政府公安机关提出办理工程爆破许可的申请，并且应提交下列有关材料：①工商部门颁发的企业营业执照；②爆破施工合同；③可行的设计方案；④爆破施工安全责任保证书；⑤爆炸物品使用许可证；⑥建筑业企业施工资质证书；⑦设计人员、工地负责人、技术负责人、爆破员、安全员的身份证明文件。

（二）对特殊类型拟拆除房屋的拆除

城市更新单元中，拟拆除房屋除了常见的住宅用房和工业用房之外，还有交通、仓储、商业、金融服务业、教科文卫等社会公益事业、宗教、军事、行政办公用房。在搬迁环节中，对于特殊性质、公益事业用途的房屋实施拆除可能需要有关部门的许可，因此，本部分以宗教类房屋和社会公益事业用房涉及拆除的有关规定作如下阐述。

1. 拆除宗教房屋的处理

宗教房屋，是教徒和信众们集体进行宗教活动的寺院、宫观、清真寺、教堂等固定处所。《宪法》第三十六条规定"中华人民共和国公民有宗教信仰的自由。国家保护正常的宗教活动"。在党的宗教政策和有关法律的贯彻实施之下，我国城市教堂、寺庙得以增多，并且许多由于年久失修或者被当作"四旧"遭到破坏的教堂、寺庙也得到修复。然而，伴随城市发展的需要，有些教堂、寺庙也难以避免面临拆除。

针对这种情形，2005年3月1日实施的《宗教事务条例》第三十三条规定，因城市规划或者重点工程建设需要拆除宗教团体或者宗教活动场所的房屋、构筑物的，拆除人应当与该宗教团体或者宗教活动场所协商，并征求有关宗教事务部门的意见。经各方协商同意拆除的，拆除人应当对被拆除的房屋、构筑物予以重建，或者根据国家有关规定，按照被拆除房屋、构筑物的市场评估价格予以补偿。

《深圳经济特区宗教事务条例》也有类似规定："因城市建设需要拆除宗教房产，应当事先征得宗教团体或者宗教活动场所和宗教事务部门的意见，依法给予合理安置或者补偿；征用宗教团体或者宗教活动场所管理使用的土地，应当按照有关法规、政策办理。"

2. 拆除公益事业房屋的处理

公益事业用房是指城市中为社会公共利益服务、不以牟利为目的的，满足社会公众需要的事业用房及构筑物、附属物。公益事业用房包括市政基础设施，如水、电、气供应，测量标志、城市公共交通设施等；文教、卫生、体育设施，如学习、幼儿园、医院、体育馆（场）、博物馆设施等；社会福利设施，如养老院、疗养院、社会福利院事业用房；其他为社会公共利益服务的事业用房，如防汛、防疫等用房。[①]

为了保障城市公益事业的发展，我国对各种公益事业用房的拆除制定了一些专门的规定，比如《城市供水条例》第三十条规定，"因工程建设需要改装、拆除或者迁移城市公益设施的，建设单位应当报经县级以上人民政府规划行政主管部门和城市供水行政主管部门批准，并采取相应的补救措施"。又如《中华人民共和国电力法》第五十五条规定，"电力设施与公用工程、绿化工程和其他工程在新建、改建或者扩建中相互妨碍时，有关单位应当按照国家有关规定协商、达成协议后方可施工"。再如《中华人民共和国测量标志保护条例》第十九条规定，"进行工程建设，应当避开永久性测量标志；确实无法避开，需要拆迁永久性测量标志或者使永久性测量标志失去使用效能的要分别报国务院或者省级人民政府管理测绘的部门批准，并支付迁建费用"。还有《中华人民共和国邮政法实施细则》第十八条规定，"任何单位因建设需要，征用、拆迁邮政企业及分支机构或者邮政设施时，应当与当地邮政企业协商，在保证邮政通信正常进行的情况下，应当将邮政企业及分支机构、邮政设施迁至适宜的地方或者另建，所需费用由征用、拆迁单位承担"。

《深圳市房屋征收与补偿实施办法（试行）》的颁布为深圳市公益事业用房的拆除提供了处理路径，该办法第二款规定："征收原有公共基础设施或者公益事业用房，应当依照有关法律法规的规定

---

① 王才亮：《房屋征收制度立法与实务》，法律出版社 2008 年版，第 244 页。

和城市规划的要求予以重建；不能或者无须在原地重建的，按照原性质和规模予以异地重建或者按照重置价评估给予货币补偿。"

（三）拆除前的准备工作：房屋搬迁和移交

《国有土地上房屋征收与补偿条例》第二十七条规定："实施房屋征收应当先补偿、后搬迁。作出房屋征收决定的市、县级人民政府对被征收人给予补偿后，被征收人应当在补偿协议约定或者补偿决定确定的搬迁期限内完成搬迁。任何单位和个人不得采取暴力、威胁或者违反规定中断供水、供热、供气、供电和道路通行等非法方式迫使被征收人搬迁。"由此可见，对被搬迁房屋进行补偿和安置是房屋拆除的前提条件之一。

而在拆除重建类城市更新项目中，由于存在大量的城中村、旧住宅区、旧村，甚至是上述三种区域交错的情形，一方面涉及的房屋用途比较混乱，可能是住宅，也可能是经营类房屋；另一方面城中村或者旧村屋多为村民自建，部分还可能是违法建筑，产权比较混乱，这都给房屋拆除工作带来了不少难题。

为了方便拆除工作的顺利展开，避免在拆除过程中出现纠纷，应当对以下事项留意：

①应当保持房屋的完整性，如房屋结构、拆除墙、门、窗、固定装修、水电表、变压器、配电房、电梯等附属设施设备等应当要求被搬迁人在移交时保持原状；

②应当由房屋拆除工程实施单位拆除工作，不得由被搬迁人自行拆除被搬迁房屋及其临时建筑、构筑物、附属物和其他固定设施设备；

③应当结清相关费用，在被搬迁人移交房屋的同时，应当结清与被搬迁房屋有关的水费、电费、燃气费、电话费、有线电视使用费、网络使用费、物业管理费及其他应向有关部门缴交的一切费用，并向实施主体提供合法的费用收据凭证原件。

（四）房屋拆除纠纷及解决

在《国有土地上房屋征收与补偿条例》颁布之前，《城市房屋拆迁管理条例》采取以下纠纷解决方式：①拆迁补偿安置协议已订立，而且被拆迁人或者房屋承租人在搬迁期限内拒绝搬迁的，拆迁人可以向仲裁委员会申请仲裁，或者向人民法院起诉；②拆迁人与被拆迁人或者拆迁人、被拆迁人与房屋承租人达不成拆迁补偿安置协议的，任何一方均可以向房屋拆迁管理部门申请行政裁决，如果房屋拆迁管理部门是被拆迁人的，由同级人民政府裁决。第一种情形下，拆迁人可以在诉讼期间申请人民法院先予执行；第二种情形下，如果被拆迁人或者房屋承租人在裁决规定的搬迁期限内未搬迁的，由房屋所在地的市、县人民政府责成有关部门强制拆迁（又称行政强制拆迁）或者由房屋拆迁管理部门依法申请人民法院强制拆迁（又称司法强制拆迁）。

　　而在《国有土地上房屋征收与补偿条例》颁布之后，《城市房屋拆迁管理条例》随之废除，由于新条例限定国有土地上房屋的征收主体只能是市、县级人民政府确定的房屋征收部门，主体身份的变化也使得房屋拆迁纠纷的解决方式相应调整，取消了行政裁决和行政拆迁，废止了行政强制拆迁和司法强制拆迁，并重新规定了司法强制搬迁，引进了行政复议和行政诉讼。如新条例第十四条规定"被征收人对市、县级人民政府作出的房屋征收决定不服的，可以依法申请行政复议，也可以依法提起行政诉讼"；又如第二十六条规定"房屋征收部门与被征收人在征收补偿方案确定的签约期限内达不成补偿协议，或者被征收房屋所有权人不明确的，由房屋征收部门报请作出房屋征收决定的市、县级人民政府依照本条例的规定，按照征收补偿方案作出补偿决定，并在房屋征收范围内予以公告。被征收人对补偿决定不服的，可以依法申请行政复议，也可以依法提起行政诉讼"；再如第二十八条规定"被征收人在法定期限内不申请行政复议或者不提起行政诉讼，在补偿决定规定的期限内又不搬迁的，由作出房屋征收决定的市、县级人民政府依法申请人民法院强制执行"。因此，政府通过征收方式实施的城市更新项目中发生房屋拆除纠纷，因征收行为属具体行政行为，被征收人或被搬迁人一般通过行政复议和行政诉讼的途径进行权利救济。

　　市场主体实施的城市更新项目，市场主体开发商与被搬迁人都是平等的民事主体，若发生因搬迁补偿安置协议项下房屋拆除纠纷的，或者因为房屋拆除而发生的侵权纠纷，均应当通过民事诉讼或者民事仲裁的方式解决。当然若项目拆除工程行政许可过程中存在行政机关就审批事项的具体行政行为引起的争议，被搬迁人应当通过行政复议和行政诉讼的途径进行权利救济。

由于房屋拆除纠纷发生之后至当事人采取救济方式的过程中，房屋很有可能已被拆除而导致无法提供有效证据，正是因为房屋拆除后权利的灭失具有不可恢复性，存在争议和纠纷的房屋和产权不明的房屋拆除之前需申请办理证据保全公证。房屋拆迁证据保全公证是指在房屋拆迁之前，公证机关对房屋及附属物的现状依法采取勘测、拍照或摄像等保全措施，以确保其真实性和证明力的活动。

（五）其他特殊情况的处理

1. 拆除过程出现侵权的处理

拆除重建类城市更新项目多集中在城中村、旧屋村或者旧工业区，尤其是城中村的建筑往往犬牙交错，"握手楼""接吻楼"比比皆是。此外，往往一个城市更新单元中汇集了好几个城市更新项目，因此，在房屋拆除过程中，楼栋之间、项目之间都有可能出现相邻权侵权问题。

对于处理不动产相邻关系的原则，我国早在1986年颁布的《民法通则》第八十三条中就规定"不动产的相邻各方，应当按照有利生产、方便生活、团结互助、公平合理的精神，正确处理截水、排水、通行、通风、采光等方面的相邻关系。给相邻方造成妨碍或者损失的，应当停止侵害，排除妨碍，赔偿损失"。该条款表明，一方面不动产权利人对相邻不动产权利人负有避免妨害的注意义务，另一方面如果不动产权利人只有使用邻地才能对自己的不动产进行正常使用时，有权在对邻地损害最小的范围内使用邻地，邻地权利人不能阻拦。

2007年颁布的《中华人民共和国物权法》就以专章形式对"相邻关系"进行了详尽规定。如第八十七条规定"不动产权利人对相邻权利人因通行等必须利用其土地的，应当提供必要的便利"；又如第八十八条规定"不动产权利人因建造、修缮建筑物以及铺设电线、电缆、水管、暖气和燃气管线等必须利用相邻土地、建筑物的，该土地、建筑物的权利人应当提供必要的便利"；再如第九十条规定"不动产权利人不得违反国家规定弃置固体废物，排放大气污染物、水污染物、噪声、光、电磁波辐射等有害物质"；还有第九十一条规定"不动产权利人挖掘土地、建造建筑物、铺设管线以及安装设备等，不得危及相邻不动产的安全"。当出现不动产权利人因用水、排水、通行、铺设管线等利用相邻不动产的情形时，第九十二条规定："应当尽量避免对相邻的不动产权利人造成损害；造成损害的，应当给予赔偿。"可见，如果在拆除过程中，房屋拆除工程实施单位对不动产权利人造成上述损害的，后者可以房屋拆除工程实施单位或城市更新项目实施主体为被告提起侵权诉讼以救济己方权利。

2. 拆除工程对文物的保护

《中华人民共和国文物保护法》第十七条和第二十条分别对建设工程施工与文物保护进行了相关规定，房屋拆除工程实施单位或城市更新项目实施主体对拆除工程施工工地临近的文物实施保护应予注意。

一般情况下，文物保护单位的保护范围内不得进行其他建设工程或者爆破、钻探、挖掘等作业。但是，因特殊情况需要在文物保护单位的保护范围内进行其他建设工程或者爆破、钻探、挖掘等作业的，必须保证文物保护单位的安全，并经核定公布该文物保护单位的人民政府批准，在批准前应当征得上一级人民政府文物行政部门同意；在全国重点文物保护单位的保护范围内进行其他建设工程或者爆破、钻探、挖掘等作业的，必须经省、自治区、直辖市人民政府批准，在批准前应当征得国务院文物行政部门同意。

此外，建设工程选址也应当尽可能避开不可移动文物；因特殊情况不能避开的，可以采取以下方式进行保护并且由此产生的原址保护、迁移、拆除所需费用，应由建设单位列入建设工程预算：

①应当首选原址保护的方式，建设单位应当事先确定保护措施，根据文物保护单位的级别报相应的文物行政部门批准，并将保护措施列入可行性研究报告或者设计任务书。

②无法实施原址保护，必须迁移异地保护或者拆除的，应当报省、自治区、直辖市人民政府批准；迁移或者拆除省级文物保护单

位的，批准前须征得国务院文物行政部门同意。全国重点文物保护单位不得拆除；需要迁移的，须由省、自治区、直辖市人民政府报国务院批准。

三　土地平整

搬迁人对项目拆除重建区域内的建筑物及其附属设施进行拆除后，应对该拆除后的土地进行平整，以达到后续的房地产开发的施工条件和项目完成后的入住条件。平整场地前应先做好各项准备工作，如清除场地内所有地上、地下障碍物；排除地面积水；铺筑临时道路等。

四　房地产权证注销

搬迁人被确认为项目实施主体后必须完成现状建（构）筑物拆除工作及房地产证注销工作后，方可申请建设用地审批。

搬迁人申请办理房地产证注销时应提供以下材料：

①《深圳市房地产变更及其他登记申请表》（房地产权利人签名或盖章）；

②申请人身份证明（核原件收复印件，权利人无法亲自到场的，应提交经公证的授权委托书）；

③房地产证或其他权利证书（原件）；

④含项目改造范围图的改造专项规划或城市更新单元规划批复文件（核原件收复印件）；

⑤项目实施主体确认文件（核原件收复印件）；

⑥与申请注销房地产权属证书的房地产对应的搬迁补偿安置协议（核原件收复印件）；

⑦区城市更新主管部门出具的建筑物已经拆除的确认文件；

⑧法律、法规、规章及规范性文件规定的其他文件。

权利主体签订搬迁补偿安置协议时未向搬迁人提交相关权属证书及委托书等材料的，其房地产权属证书的注销按照房地产登记部门的原有规定办理。

对于遗失房地产证、房屋所有权证书等权利证书，不能提供上述材料的，在符合下列条件时，可办理房地产证注销手续：

第一，区城市更新主管部门对房屋拆除情况进行确认，并出具确认函；

第二，经房地产登记机构核查，搬迁安置补偿协议载明的房产证号、房屋位置、房屋权利人等房屋自然状况、权利状况与房地产登记簿所记载的内容一致。房地产登记机构在办理房产证注销之前应在《深圳特区报》或《深圳商报》和房屋现场进行公告，公告期为 10 天。公告期间无异议或异议不成立的，可办注销。

第六节　项目土地取得和建设销售

在完成拆除重建区域内所有建筑物、构筑物及其他附着物的拆除及房地产证注销工作后，项目实施主体即可按照相关法律、法规、规章的规定的程序办理城市更新单元建设用地申请，进而进行建设和销售。但其项目土地取得和建设销售中的各个环节，均需取得政府相关行政许可并接受政府相关部门的监督。

一　项目用地审批

权利人拆除重建类更新项目的实施主体在取得城市更新项目规划许可文件后，应当与主管部门签订土地使用权出让合同补充协议或者补签土地使用权出让合同，土地使用权期限重新计算，并按照规定补缴地价。

在实务操作中，项目实施主体在完成建筑物拆除和房地产证注销工作后，需持实施主体确认文件、项目实施监管协议、相关土地权属证明文件等材料，就更新单元规划确定由其进行开发建设的用地及地下空间向区城市更新主管部门申请进行项目建设用地审批。主管部门对申请事项进行审查，符合条件的，报请区决策机构审批；不符合条件的，书面答复申请人并说明理由。其中，只有罗湖、坪山两区经过主管部门审查通过即可，其余各区均须报区决策机构审批。

审批通过的，各区主管部门依据相关规定向实施主体核发《建设用地方案图》与《建设用地规划许可证》。宝安、盐田、罗湖、龙华四区可同步申请、同时核发《建设用地方案图》《建设用地规划许可证》，福田、龙岗、南山、大鹏、光明、坪山六区则是分开核发上述文件。宝安区涉及市政公共设施独立占地的，由区土地整备局与实施主体理顺补偿关系（含土地征转关系），签订补偿协议。

二　土地使用权出让合同签订

区城市更新主管部门与实施主体签订土地使用权出让合同，其中福田、龙岗、南山、大鹏、坪山五区要求缴纳地价款之后才予以签订土地使用权出让合同；另外，项目涉及农用地转用的，还应办理农用地转用报批手续。城市更新项目土地使用权出让合同中应就以下内容进行明确：

①按照城市更新单元规划，独立占地的城市基础设施、公共服务设施用地和城市公共利益项目的移交入库要求；

②出让给实施主体的开发建设用地的建设、管理要求；

③保障性住房、创新型产业用房、城市基础设施和公共服务设施等的配建要求；

④按照项目搬迁补偿安置方案和项目实施监管协议的要求，用于补偿安置的房产不得申请进行预售；

⑤城市更新单元规划明确及项目实施监管协议约定的其他相关内容。

三　地价计收

项目实施主体在签订土地使用权出让合同并按照政府规定缴纳相关地价后，项目实施主体即可取得该项目的土地使用权证书。为了鼓励和支持城市更新项目的推进，政府在地价核算上给予了地价优惠。有关地价的计收标准规定如下。

（一）城中村用地地价计收

拆除重建类城市更新项目中城中村部分（包括城中村中工业厂房），建筑容积率在 2.5 及以下部分，不再补缴地价；建筑容积率在 2.5—4.5 之间的部分，按照公告基准地价标准的 20% 补缴地价；建筑容积率超过 4.5 的部分，按照公告基准地价标准补缴地价。

上述建筑容积率的计算方式为城市更新项目同期开发的总建筑面积与合法用地面积的比值，其中按照城市更新单元规划的要求移交的基础设施、公共服务设施用地纳入容积率的计算。已批准合作建房并签订土地使用权出让合同、已办理产权转移或享受过城中村地价政策的用地不再适用上述地价计收标准。

（二）历史遗留项目用地地价计收

《深圳市人民政府关于宝安、龙岗两区自行开展的新安翻身工业区等 70 个旧城旧村改造项目的处理意见》（深府〔2006〕258号）规定的宝安、龙岗两区自行开展的 70 个旧城旧村改造项目中，除城中村和旧屋村部分以外的用地，根据平均容积率分摊的建筑面积，按照其改造后的功能和土地使用权使用期限，以公告基准地价标准计收地价。

（三）鼓励发展产业用地地价计收

拆除重建类的工业区升级改造为物流或研发用途的，原有合法建筑面积以内的部分与改造前的产权性质保持一致，增加建筑面积部分限定自用的比例不低于 50%；配套设施应当统一规划、集中建设，不得分割转让或者改变用途，建筑面积一般不超过项目总建筑面积的 30%。拆除重建类的工业区升级改造项目，未按照公告基准地价标准全额缴纳地价的部分限定自用；建成后其建筑物需要转让的，适用市政府工业楼宇转让的有关规定。物流用地的公告基准地价按照工业和商业公告基准地价的平均值测算，研发用地的公告基准地价按照工业和办公公告基准地价的平均值测算。

拆除重建类的工业区升级改造项目经产业部门认定为市政府鼓励发展产业的，按照上述标准测算地价，并以鼓励发展产业地价修正系数进行修正。此类项目实施完成后，市产业部门应当会同相关部门对项目的产业准入进行监管，保证城市更新单元规划确定的产业导向落实到位。对于按照上述标准缴纳地价的项目，实施完成后实际进驻的产业经市产业部门认定不属于市政府鼓励发展产业的，由市产业部门责令改正。

（四）多种类别用地的地价计收

项目改造前拆除范围内包含城中村、旧屋村、其他用地等多种类别用地的，按照以下标准和次序进行地价测算。

①出让给实施主体的开发建设用地面积不大于原有城中村用地面积的，改造后的建筑面积按照城中村用地地价测算。

②开发建设用地面积超出原有城中村用地面积的部分，不大于原有旧屋村用地面积的，该部分用地面积根据平均容积率分摊的建筑面积进行地价测算，具体为现状占地面积1.5倍的建筑面积不再补缴地价，超出部分按照公告基准地价标准补缴地价。

③开发建设用地面积超出原有城中村和旧屋村用地总面积的，超出部分用地面积根据平均容积率分摊的建筑面积进行测算，其中，可进行地价扣减的原有合法建筑面积，为拆除范围内除去原有城中村、旧屋村的其他用地上的合法建筑面积。实施主体应当配合提供相关建筑物权属材料，以进行地价扣减。

具体地价测算而言，主要有以下几种情形：

第一，拆除重建类的工业区升级改造项目升级改造为工业用途或者市政府鼓励发展产业的，原有合法建筑面积以内部分不再补缴地价；增加的建筑面积按照公告基准地价标准的50%缴纳地价。

第二，拆除重建类的工业区升级改造项目升级改造为住宅、办公、商业等经营性用途的，原有合法建筑面积以内部分，按照其改造后的功能和土地使用权使用期限以公告基准地价标准计算应缴纳的地价，扣减原土地用途及剩余期限以公告基准地价标准计算的地价；增加建筑面积部分，按照其改造后的功能和土地使用权使用期限以市场评估地价标准计算应缴纳的地价。宝安、龙岗两区旧城旧村改造项目按原有的处理意见办理。

第三，拆除重建类的工业区升级改造项目，未按照公告基准地价标准全额缴纳地价的部分限定自用；建成后其建筑物需要转让的，适用市政府工业楼宇转让的有关规定。

第四，其他拆除重建类城市更新项目，按照其改造后的功能和土地使用权期限以公告基准地价标准计算应缴纳的地价，扣减原有合法建筑面积按照原土地用途及剩余土地使用权期限以公告基准地价标准计算的地价。

第五，非商品性质房地产转为商品性质的，应当按照有关规定另行补缴相应地价。

（五）零星用地地价计收

项目包含零星国有未出让用地的，改造后零星用地面积根据平均容积率分摊的建筑面积，按照以下标准进行地价测算：

①零星用地已进行转地补偿的，按照市场评估地价标准测算；

②零星用地未进行转地补偿的，按照公告基准地价测算。

（六）地下空间用地的地价计收

项目地下空间的开发、利用和管理应当遵循保护资源、城市基础设施和公共服务设施优先的原则，在符合全市地下空间开发利用专项规划及相关规划的基础上，在城市更新单元规划中予以统筹规划。

项目拆除范围内规划开发的地下空间，未被规划用于城市基础设施和公共服务设施的，其地下空间土地使用权可结合该项目土地使用权一并出让给项目实施主体，地价按照地上建筑物地价测算规则进行测算，并以地下空间地价修正系数予以修正，纳入项目整体地价计收。

（七）合同地价分摊

出让给项目实施主体的用地包含多个地块的，以项目为单位测算并计收地价总额，并按照改造后地上建筑物功能和面积，按比例进行地价分摊，作为确定单个地块土地使用权出让合同地价金额的依据。

四　项目建设要求

项目实施主体应按照政府规定的相关要求进行项目建设。

（一）配建保障性住房

按照城市更新单元规划，拆除重建类城市更新项目实施后包含住宅的，应当在实施过程中配建一定比例的保障性住房。具体配建比例、配建方式、回购标准依照《深圳市城市更新项目保障性住房配建规定》（深规土〔2016〕11号）执行。2018年3月，市规划国土委又对其附图进行了修改，规定了时效性原则。《配建规定》颁布以来，相关政府部门陆续编制了新的轨道交通规划和重点地区规划等，增加了新的轨道线位和产业园区，本次修订是根据新的规划与建设情况进行了适时的调整。较修订前，一类、二类、三类地区共增加了 297.85 平方公里。按"十三五"期间拆除重建区域进行估算，"十三五"期间通过城市更新可配建保障性住房约 740 万平方米，较修订前增加了 90 万平方米，约 1.8 万套。

（二）配建创新型产业用房

按照城市更新单元规划，拆除重建类城市更新项目实施后包含产业用房的，应在实施过程中配建一定比例的创新型产业用房。具体配建比例、配建方式、回购标准的确定办法由市规划国土部门会同有关部门另行制定。

创新型产业用房由市产业部门依照市政府有关规定进行管理。

（三）配建配套设施和代建城市基础设施、公共服务设施

项目实施主体应当按照土地使用权出让合同及监管协议相关内容，在项目建设范围内建设并无偿移交给政府相关配套设施，该配套设施建成后移交并登记在政府相关管理部门名下。

除此之外，城市更新单元规划确定的独立占地的城市基础设施和公共服务设施的立项应优先安排，保证与城市更新项目同步实施。相关部门可以委托实施主体代为建设，在建设完成后予以回购。

（四）住宅户型比例

拆除重建类城市更新项目实施后包含住宅的，超出实施前住宅总建筑面积的部分，按国家有关规定控制户型比例，并允许以更新单元为单位进行内部平衡。

（五）工程质量要求

城市更新项目应严格执行法定建设程序和技术标准规范，加强施工管理，确保工程质量。项目在实施过程中应按照集约用地、绿色节能、低碳环保的原则，推广使用经国家、省、市有关部门认定的新技术、新工艺、新材料和新设备，在满足适用功能的前提下，优先适用建筑废弃物绿色再生产品。

五　建设过程中的相关行政许可事项

实施主体与区主管部门签订土地使用权出让合同并缴清地价款后，可以申请办理土地使用权证，项目建设过程中参照一般房地产建设项目开发的过程办理如下行政许可事项：

（1）申请办理建设工程用地规划许可证。

（2）申请办理建设工程规划许可证。

（3）申请办理建设工程施工许可证。

（4）申请办理商品房预售许可证。

（5）申请办理建设工程竣工验收备案证明。

（6）申请办理建设工程规划验收合格证。

六　房地产预售的特殊要求

（一）预售条件

根据《深圳市房地产市场监管办法》的规定，商品房预售应当符合如下条件：

（1）已付清地价款，并取得房地产权利证书；

（2）取得建设工程规划许可证、建设工程施工许可证；

（3）七层以下（含本数）的商品房项目已封顶，七层以上的商品房项目已完成地面以上2/3层数；

（4）确定施工进度和竣工交付日期；

（5）预售商品房项目及其土地使用权未设定他项权利且未被司法机关或者行政机关查封、扣押；

（6）项目资本金账户余额不低于项目资本金10%；

（7）法律、法规规定的其他条件。

（二）房产预售时的注意事项

（1）项目实施主体在办理商品房预售许可证过程中，除了需按照普通商品房办理预售许可证需要提交的资料外，还需提供区政府对项目拆迁补偿安置方案和项目实施监管协议履行情况的确认意见。

（2）需申请规划验收，取得区城市更新主管部门就城市更新单元规划确定的拆迁等捆绑责任的履行情况出具的确认意见，以证明城市更新单元规划已经落实到位。

（3）拆迁补偿安置方案确定的用于补偿安置的房屋不得纳入预售方案和申请预售。

（三）房地产销售的主要流程

1. 办理房地产预售许可证

我国的房地产预售实行预售许可证制度，故项目实施主体在进行房地产预售时，应当按照规定办理房地产预售许可证。

2. 订立房地产预售合同

项目实施主体在进行房地产预售时，应当向预购人出示房地产预售许可证，并按要求与其订立符合规定的房地产预售合同。预售合同应当就项目建设情况、标的房地产情况、共有部位和其他共有设施设备权益、计价方式和价款、付款方式和日期、房屋交付验收时间及方式、房屋保修、房屋面积差异的处理、销售广告、售楼书、样板房的效力、规划设计变更、权利瑕疵担保、办证义务、前期物业管理、延期付款或延期办证的违约责任、合同备案、通知和送达、纠纷处理等相关内容进行明确。在深圳预售时，需要使用《深圳市房地产买卖合同（预售）》示范文本，并且从市规划国土委员会网站上下载合同文本进行签署，实施主体可以根据项目的具体情况，就相关内容以附件的形式进行约定。

3. 办理预售合同登记备案手续

项目实施主体应当自预售合同签约之日起30日内，向房地产管理部门及相关土地管理部门办理商品房预售合同登记备案手续。

4. 办理房屋竣工验收、规划验收和房屋交付手续

5. 办理房地产权证

七　项目验收、回迁房及共建配套设施的交付

（一）项目验收

城市更新项目应参照国家、广东省和深圳市现行的相关规范要求，进行项目内的主体工程及各专项工程的竣工验收。

（二）回迁房的交付

补偿安置协议中约定以产权调换方式进行补偿的，应自回迁房

取得竣工验收合格备案后，方可进行交付，交付程序如下：

1. 办理入伙手续

项目实施主体应向权利主体送达入伙通知书，双方应按入伙通知规定的时间办理入伙手续。入伙时由双方共同对房屋进行验收。经验收，权利主体有异议的，应提交书面异议，项目实施主体整改完毕后通知权利主体重新验收。

2. 提供回迁房保修服务

项目实施主体应向回迁主体签发《房地产（住宅）质量保证书》和《房地产（住宅）使用说明书》，为其提供房屋保修服务。

3. 双方结算回迁房屋面积差价

双方应在办理入伙手续时按照搬迁补偿安置协议的约定结算回迁房屋面积差价。

4. 回迁房登记

搬迁补偿安置方案中确定的用于回迁的房产，应当按照经区城市更新职能部门备案的搬迁补偿安置协议，以被搬迁人为权利人办理分户分证登记。

5. 共建配套设施的交付

更新单元规划确定的非由实施主体负责建设的城市基础设施和公共服务设施，政府可以委托实施主体代为建设，与项目同步施工，在建设完成后予以回购。

在项目实施完成后，对于该类设施应当在房地产登记部门以市、区政府或者其指定机构为权利人办理初始登记。

按照土地使用权出让合同及监管协议相关内容，由项目实施主体建设并无偿移交给政府的相关配套设施，应当以政府相关管理部门为权利人办理登记。

八　房产证办理

（一）权属登记

补偿安置方案确定的用于补偿安置的房产，应当按照经区城市更新主管部门备案的补偿协议，以被拆迁人为权利人办理初始登记，登记价格以补偿安置协议中约定的价格为准，未约定的由协议双方协商并进行补充约定。

登记价格涉及实施主体的项目税赋和被搬迁人后续回迁房持有、再转让的税赋，金额如何确定以及何时确定需要仔细考虑和利弊权衡。

（二）房产证办理流程

①项目实施主体负责为权利主体办理回迁房的房地产证。权利主体应当提供必要的协助与配合，包括提交身份证明、缴纳应当由其承担的税费等事项。

②办理回迁房屋房地产证应当缴纳的有关税费，由双方按回迁房入伙时国家、广东省及深圳市的相关规定各自承担，或者按搬迁安置补偿协议的约定进行分担。

③在办理房地产证之前，双方应当结清补偿安置协议约定的相关款项，包括但不限于补偿款、补助款、回迁房面积差价、违约金及办理房地产证的相关税费。

第四章 深圳市城市更新政策中的问题分析

整体而言，深圳的市级层面规章及规范性文件已经形成了全面而详尽的城市更新政策体系，为项目准入、规划审批、权属核查、违法建筑处理、实施主体确认、用地手续办理、集体资产监管等各个环节都提供了政策依据。"强区放权"后，各区也根据实际情况制定了更为详细的规则。然而，从实施的角度，城市更新项目的推进效果并不太理想。据公开数据统计，2010—2016年期间，深圳市累计列入更新计划的项目约650个，累计涉及的更新用地规模多达3000公顷。但这些列入计划的项目中已批专项规划的约为240个，而已经确认实施主体的约为120个，完成用地供应的更少，而完成开发建设进入市场的更是屈指可数。笔者通过调研，总结了目前城市更新实践各阶段中存在的主要问题，在此进行初步的分析，以求同人的探讨。

第一节 意愿征集阶段

一 意愿征集的法律效力不足以约束当事人

从物权的角度，如果一个地块因为房屋品质问题或公共设施配套问题需要进行更新时，理应由该地块的不动产权益人，即房屋所有权人、土地使用权人主动进行更新，在权益人不具备更新能力或资质的情况下，也应当由其以"主人"的身份委托其信任的房地产开发企业进行更新改造，即"我要更新"。然而在不动产权分散的地块，由于我国住宅区居民自治程度不高，又或者工业地块业主缺乏沟通或协调，使得在大多数此类项目中"主人"成为"被动者"，即"要我更新"，成为开发企业的"项目"，这也是早年多家房地产开发企业争相进入旧住宅区以致产生乱象的根源。罗湖区的金钻豪苑住宅小区①、木头龙住宅小区②，南山区的南园新村住宅小区十年无法达成100%的搬迁补偿协议签约率，也与分散的业主在一开始就没有能够就选择委托更新的开发企业的标准达成一致，而是分散开来接受开发企业的议价有着直接的关系。

虽然目前的政策中规定了城市更新单元拆除范围内权利主体的更新意愿征集是获得计划申报主体资格的"入场券"，体现了《物权法》保护私人财产权利的硬性要求，同时强调了旧住宅小区必须由政府征集意愿，但其并无具体的程序性规定，特别是公众切实参与更新过程缺乏具体明确的程序保障。更重要的问题是，征集意愿是在城市更新单元规划编制和审批之前，无论是哪一方对将来更新后的"蛋糕能做多大"都是没有底的，即便开发企业对将来的规划有着预判，又或者根据有效的法定图则可以进行测算，对于大多数小业主来说也是专业的技术性问题，无法理解或者需要花费很多时间和精力才能理解。在此种公众对信息不知晓或者搜寻信息需要支付高昂成本的状况下，公众对城市更新对自身的影响难以评估，则无法对是否应当更新、如何进行更新作出理性的选择，③ 亦很难判定一项简单的征询是否愿意进行更新改造的民意调查有多大的价值。正因为如此，更新意愿征集在一定程度上成为"过场"与"形式"，对于那些不是危旧房屋继续改造的不动产权益人而言，大多数人的心态实际上是"如果能够得到更大的房子、更多的利益或者更好的环境我就愿意改"，然而其愿望能否满足需要靠后续的谈判，因此此时意愿征集的法律效果仅仅是希望成为实施主体的开发企业

---

① 冯少文：《深圳金钻豪园更新项目久拖不决，或将实施行政征收》，2018 年 5 月 15 日（http://www.oeeee.com/nis/201801/05/539623.html）。

② 李文：《十年拆不动的木头龙：搬迁费花了 10 亿还剩 30 多户没签》，2018 年 5 月 15 日（http://sz.leju.com/news/2016 - 12 - 13/11476214284372808618714.shtml? wt_source = newslist_nr_01）。

③ 王桢桢：《城市更新：权力失衡与能力赋予》，《中共中央党校学报》2011 年第 5 期，第 86—87 页。

的一张"入场券"，对"入场"后各方主体的行为并没有法律约束力，既不能对此后各方的"讨价还价"空间产生约束，也不能就双方谈判的期限及终局处理方式产生约束。

二　意愿征集对象界定问题

（一）《深圳市城市更新办法实施细则》（简称《实施细则》）第三十七条有关建筑物区分所有权利主体的界定不清晰

《深圳市城市更新办法实施细则》第三十七条关于城市更新单元内建筑物区分所有权利主体的城市更新意愿要求表述为，"专有部分占建筑物总面积三分之二以上的权利主体且占总人数三分之二以上的权利主体同意进行城市更新"。这里需要明确的一个问题是"权利主体"的界定，[①] 即这个权利主体具体指的是哪些权利，是建筑物区分所有权、租赁权抑或包括占有权能。法律政策文件中用语的不周延性，往往容易产生歧义而导致实践操作过程中的不确定性，统一的评判标准的缺失也造成城市更新意愿征集阶段因征集对象的不确定而陷入困境。

《实施细则》上述条款规定的上位法依据为《物权法》第七十六条第一款第六项以及第二款的规定，该规定是关于业主决定区分所有建筑区划内重大事项的表决权。由于改建、重建建筑物及其附属设施关系到每个业主的财产权益，属重大表决事项，采取既体现"人合性"又兼顾"物合性"的多数决比例，有助于保证决策能符

---

① 该条款采取了与《深圳市城市更新办法》（以下简称《办法》）第三十三条不同的表述。根据《深圳市城市更新办法》第三十三条的规定，同一宗地内建筑物由业主区分所有，经专有部分占建筑物总面积 2/3 以上的业主且占总人数 2/3 以上的业主同意拆除重建的，全体业主是一个权利主体，由此引入"权利主体"的概念。该条款所谓"全体业主是一个权利主体"，以多数决否认业主对其建筑物专有部分的所有权，设定了建筑物"一个权利主体"的概念，显然僭越上位法。另此处的表述是"业主"，表明权利主体为建筑物区分所有权人；《实施细则》第四十六条第三款有关旧住宅区改造项目单一主体的形成，要求市场主体与所有业主签订搬迁补偿安置协议，将前述《办法》第三十三条的规定修改为一致同意，但仍然采纳的是"业主"的表述。此外，有关城市更新意愿征集对象的规定，深圳市规划和国土资源委员会颁布的《深圳市城市更新单元规划制定计划申报指引（试行）》作出了与《实施细则》基本一致的要求，不过其对"权利主体"进行了界定，规定"权利主体"指的是"土地使用权人与地上建筑物、构筑物或者附着物所有权人"。

合绝大多数业主的利益，从而做到个体业主权益与社区整体利益的平衡。但《物权法》同样采用的是"业主"的表述，对于其他"非业主"的权利主体能否成为更新意愿的征集对象，从体系化的解释角度来看，应是不包括的。

从"多数决"原则来看，其适用的前提是必须存在一个具有清晰界别的、用于确定是否占据多数的"全体"，此处"界别"的划定应当为这个团体中具有相对稳定关系的人，则通常的基于短期租约的房屋承租人不宜作为表决人参与决定公寓大厦的公共管理事项。① 因此，无论是从法律体系的逻辑性考虑，还是从条文的基础法理角度分析，《实施细则》第三十七条有关"权利主体"的表述都不够严谨，可以考虑作出相应修订。

（二）权利主体的认定问题

意愿征集属项目启动的前期准备工作，其目的在于征求权利主体的更新意愿以进行计划的申报立项，并不涉及实体权利的处分。只是深圳土地制度演变中产生的诸多历史遗留问题，造就了深圳大量的合法外土地与违法建筑。土地权属不清、经济关系复杂的现状，一直以来都是困扰市场主体实施更新的首要难题，特别是项目进行到后期的搬迁补偿安置与建筑物拆除阶段，由于前期开发企业已投入大量的资金和劳动力、时间成本，若因土地建筑物的权属问题而致后期无法形成单一实施主体，则必然前功尽弃。因此，在意愿征集阶段是否需要先进行权属主体的确认，现有的法规政策没有给予明确指引，确实为一个重要的实操问题。另外，由于申报主体此时掌握的项目材料并不完备，如果要求确认权属主体，就会不适当地提高城市更新项目的准入门槛，而具体如何确认，是以证载权利人为准还是以实际控制使用人为准，都是亟待解决的问题。

基于物权公示公信原则，以证载权利人作为确认权属的标准无疑是符合法律规定的，且不动产登记簿记载的公示效力对于权利主体的明确以及搬迁补偿安置协议的效力认定都提供了法律保障。但我国的不动产登记制度开展较晚，现实中大量存在的情形是证载权

---

① 丁南：《不法性强制拆迁的认定及相关私权救济》，《深圳大学学报》（人文社会科学版）2012 年第 3 期，第 106 页。

利人与实际控制使用人不一致，此时若完全不顾其真实的交易关系而单一按照证载权利人去确定权属主体，必然导致大量实际控制人的异议，而后续的建筑物拆除工作也将难以进一步推进。在此试举一例：

> A 小区是一个建设于 20 世纪 90 年代的旧住宅区，由 B 公司在企业内部集资兴建，用于解决公司职工住房问题。A 小区内所有的房屋均未单独办理房地产登记，整个小区仅办理一个房地产证，登记产权人为 B 公司。A 小区建成后，B 公司通过签署购房协议的方式向公司职工转让了小区房屋，涉及户数1000 套；所有购房职工均已按协议支付全部购房款，并接收房屋居住至今。但因房屋所涉历史遗留问题，A 小区已转让给职工的房屋，一直无法办理房地产过户登记、将房地产证办在购房职工名下。为改善人居环境、提升公建配套，区政府计划对A 小区进行拆除重建改造，由辖区街道办事处组织开展更新意愿征集工作。现就房屋实际权利人与证载权利人不一致情形下，城市更新意愿征集相关操作，辖区街道办事处工作人员产生了一定的意见分歧。

上述案例中，A 小区的土地使用权及地上建筑物的登记权利人均为 B 公司，但 B 公司已通过签署购房协议的方式向其职工转让了A 小区地块上的房屋，并进行了房屋移交，但因故一直无法办理房屋过户登记。根据不动产物权的理论以及《物权法》《城市房地产管理法》等相关规定，房屋转让应当进行登记，不动产物权登记后方可设立。

据此，如严格按照不动产物权设立的理论及法律规定，A 小区房屋尽管已由 B 公司转让给了其职工，但因该转让行为未经过户登记，因此未产生物权效力，受让房屋的职工在法律层面上依然还不是房屋的所有权人；A 小区所处地块在法律层面上表现为单一宗地且权利主体单一，权利主体仅为 B 公司，辖区街道办事处在开展更新意愿征集时，只需按照"单一宗地且权利主体单一"的情形征集

B公司的城市更新意愿即可。

　　但是，A小区房屋实际已转让给了B公司职工，且完成了房屋移交；购房职工已按约定支付全部购房款且一直居住至今；购房职工系合法占有、使用房屋，属于房屋的实际权利人。故此，若以B公司为单一的意愿征集对象，一方面势必会引致小区职工的普遍反对与不支持，另一方面在搬迁补偿安置阶段也无法实现物业的签约、腾空移交，进而影响项目的推进。若认可购房职工"权利主体"的地位，则需按照建筑物区分所有的情形，征集购房职工（实际权利人）的更新意愿，占建筑物总面积2/3以上且占总数量2/3以上的权利主体同意后，方可进行计划申报。但此举又囿于购房职工未实际取得法律意义上的房屋所有权，而缺乏法律、政策依据。

　　上述问题存在的制度原因主要在于深圳市城市更新政策规定的意愿征集的对象系土地使用权人及地上建筑物、构筑物的所有权人，而在实践中却又大量存在着房屋转让但未办理（或无法办理）过户登记的情况。根据《物权法》《城市房地产管理法》以及物权理论，不动产物权的设立，除事实行为（合法建造、继承、司法确权等）成就而设立外，因转让、赠予等法律行为变更物权的，需登记方可设立；故此，房屋转让、移交使用但未办理产权过户登记的，房屋的所有权并未发生转移。

　　但是在深圳市城市更新实践中，却又大量存在房屋虽已转让但未办理（或无法办理）过户登记的情况。比如，商品房屋转让但未办理过户登记的，非商品性质房屋（绿本类）转让但无法办理过户登记的情况。在开展更新意愿征集过程中，若机械地认定房屋证载权利人作为房屋所有权人而征集其意愿的，无疑会忽视房屋实际权利人（证载与实际不一致时）的更新意愿，后期在项目推进过程中也难以取得实际权利人的配合；若以实际权利人作为意愿征集的对象，一方面缺乏法律、政策的依据，另一方面房屋的证载权利人可能会提出权利主张使得房屋确权处于不稳定的状态。

　　深圳市旧住宅区拆除重建类城市更新项目中，不乏存在许多证载权利人与实际权利人不一致的情况，实践中，有各类不动产权证的，一般都以证载权利人为意愿征集对象，只有在房屋没有办证的情况下，才会考虑以房屋实际权利人为意愿征集对象。但是，也有一些项目的做法是以实际权利人作为意愿征集的对象并与之签署搬迁补偿安置协议，此种做法虽照顾到房屋的实际使用情况，但在后续房屋产权注销过程中却会面临着难题，即产权注销工作仍需获得房屋证载权利人的配合。

实践中个别由政府主导或政府主导、国企实施的旧住宅区城市更新项目，在证载权利人与实际使用人不一致的情况下，其所认定的权利主体为实际使用权人。但其并非《物权法》所承认法律意义上的所有权人或他物权人，因此，这种认定是否构成对物权法的突破，是否违反了不动产登记的相关规定，乃至其本身的合法性都是值得质疑的。另外，如果认为其突破具有现实意义，那么，其突破的尺度在哪里，市场主体是否可同样适用？这其实涉及的是债权稳定状态下的物权化问题。

（三）权利主体无法找到的处理问题

深圳是一座移民城市，人员来自五湖四海，流动较为频繁，在实践中，经常会出现城市更新单元项目拆除范围内权利主体无法找到的情况。此时其所有的建筑物及其附属设施因主体缺失而无法直接完成相关权益的转移，同时可能因不存在财产代管人而使得其财产处于无人照管的状态，亦无法完成财产权利的间接移转。也即是说，该建筑物及其附属设施可能因无法征得所有权人或法律规定的失踪人的财产代管人的同意而进行任何法律或事实意义上的处分，导致项目在意愿征集阶段就因权利主体比例不达标而无法申请立项。

我国《民法总则》规定自然人下落不明满两年的，其利害关系人可以向法院申请宣告其失踪或死亡。从各国的立法例来看，宣告失踪制度的设立初衷就在于为失踪人的财产设置代管人，以维护相关财产关系的稳定性，保护失踪人及其利害关系人的合法权益。因失踪人作为民事权利主体，在社会生活中必然同他人发生民事法律关系，在其失踪期间，由于其财产无人照管，使得他与别人的民事关系处于不稳定状态，这对其利害关系人乃至整个社会经济秩序都是不利的，而宣告失踪制度就是为了结束这些不确定状态。①

　　失踪人的财产代管人，负责其失踪期间的财产管理，但关于财产代管人的权限，《民法总则》的规定过于模糊。其仅具体规定"失踪人所欠税款、债务和应付的其他费用，由财产代管人从失踪人的财产中支付"，以及规定了财产代管人的"妥善管理"义务。至于财产代管人的法律地位，其具体的管理权限等未予明晰。以至于在更新意愿征集的时候，无法明确财产代管人是否可作为征集对象，更遑论财产代管人尚未确定的情况。其实自失踪人下落不明时起，即宣告失踪程序正式启动之前，失踪人的财产就已经处于无主的状态，而我国《民事诉讼法》规定的宣告失踪的申请与确定程序较为复杂，历时较长，这个阶段对于失踪人财产无法为任何的管理行为，意即有关失踪人财产的管理出现了空白期。该问题反映在城市更新领域，表现为权利主体下落不明的状况影响对其所有的物业进行相应的处分，包括更新意愿的征集与之后的建筑物拆除或者权利移转，延缓项目进程。

　　即使是已明确财产代管人的，根据法律规定其非为失踪人利益管理不得对其财产为经营或处分，且经营或处分行为被限制在必要范围内。司法实践中对于必要的认定是存在争议的，主要有主观说与客观说，② 但无疑二者都对财产代管人的代管行为设置了必要的限制，尤其在因故意或重大过失造成失踪人财产损失应承担赔偿责任的处罚条款影响下，财产代管人对失踪人财产的处分更显得小心谨慎，不利于其管理能动性的发挥，亦无法实现对失踪人财产的积极维护功能。有学者在其论著中认为，财产代管人的法律地位应相当于无行为能力人的法定代理人，就失踪人财产管理的事项，法律

---

　　① 王胜明：《中华人民共和国民事诉讼法释义》，法律出版社 2012 年版，第 437—439 页。

　　② 主观说认为，只要财产代管人在实施经营或处分失踪人财产行为时主观上是为了失踪人利益，即可认定为必要的经营或管理行为；客观说认为，只有从客观结果看，财产代管人的经营或处分行为确使失踪人财产受益才可认定其必要的经营或管理行为。若采纳客观的判断标准，则有违商业经营的风险规律，而主观判断标准在实务中很难加以认定。

有规定的依其规定，法律无规定的应参照适用有关法定代理人的规定。[①] 本书对此说法采认同观点，日本法律与我国台湾地区规定之所以对财产代管人的行为作出严格限制，在于其未设置宣告失踪制度，这与我国民法有实质性区别。我国《民事诉讼法》对于宣告公民失踪案件规定了具体的申请条件、案件审理程序与公告程序，[②] 被宣告失踪的人下落不明的状态更为稳定，因此应赋予财产代管人以更大的管理权限。城市更新领域中，因无法找到所有权人导致项目无法立项时，明确财产代管人的权利主体地位，并在财产代管人缺位的情况下设置相应的灵活处理程序，不失为一个好的解决思路。

　　实务中，对于此类无法找到权利主体的建筑物及其附属设施，有允许申报主体作灵活处理的特例，但对"灵活处理"的界定却并不清楚。在个别已实施的项目中，在有相关部门监管的情况下，由实施主体提供担保，先拆除建筑物，之后按照更新单元内普遍的搬迁补偿标准预留出安置房。但此种做法并不具有普适性，因此，亟待政府出台相关文件对此类无法找到权利主体的更新单元拆除范围内建筑物及其附属设施的灵活处理作出相应的政策指导。

第二节　更新单元立项计划申报阶段

一　更新范围的合理界定问题

　　"自下而上"的城市更新运作方式容易导致缺乏宏观统筹，市场主体的营利性促使其在选择更新项目时普遍存在"挑肥拣瘦"的现象。一般区位好、利润高的片区炙手可热，如旧工业区、老屋村就因利润空间大成为城市更新首选目标，并尽可能规避捆绑过多的公共设施用地与房屋搬迁补偿安置责任；[③] 相反，区位差、拆迁难

---

① 尹田：《论宣告失踪与宣告死亡》，《法学研究》2001 年第 6 期，第 88 页。
② 《中华人民共和国民事诉讼法》第一百八十三条、第一百八十五条。
③ 闫蕾、孙文伟：《深圳城市更新实行公私合作模式探讨（上）》，《住宅与房地产》2016 年第 10 期，第 37—38 页。

的片区因利润低而无人问津，其主要为原特区外历史违法用地问题
突出、各项基础设施又亟待改善的地区，此类区域的更新需求强
烈，政府亦希望通过更新来推进地区改造、落实公建配套设施。但
因城市更新项目立项 60% 合法用地比例的要求较高，且对于历史用
地的处置需要按照一定比例向政府无偿提供公共设施用地,[①] 这就
导致部分历史用地问题突出的地区无法满足合法用地占比要求或达
到要求后因公共利益贡献大而项目难有利润，致使项目的经济可行
性差而最终被抛弃。

在此试举一例：某地块欲申报立项，该地块内拆除范围用地面
积 7.1 万平方米，其中：国有已出让用地 3.6 万平方米；符合历史
遗留违法建筑处理规定，已办理房地产权属登记的用地约 0.21 万
平方米；旧屋村用地 0.43 万平方米，合法用地面积共 4.24 万平方
米，占拆除用地面积 59%，仅差 1% 未满足合法用地比例要求，无
法申报城市更新立项。

这种"自下而上""遍地开花"的盲目改造状态，不仅会给那
些更新时机不成熟的地区带来不稳定因素，也导致部分急需改造的
地区因缺乏激励政策错失改造良机。[②] 同时，随着更新成本的日益
提高，经过开发企业"挑选"后被剩下来的区域推进更新改造的难
度也将进一步加大。

二　对城市更新单元范围内的房屋交易和经营行为缺乏制约措施

受城市更新预期利益的刺激，很多已列入计划的城市更新项目
中，存在大量的房屋交易行为（包括大量无产权房的交易行为），
也存在大量的房屋装修、改建，甚至扩建行为。与政府征收中会设
定不动产补偿的时间点及对征收公告发布后的建设禁止和严控不

---

① 参见深圳市政府《关于加强和改进城市更新实施工作的暂行措施》（深府办
〔2016〕38 号）第十一项第三款，对于拆除重建类项目，政府将处置土地的一定比例交
由继受单位进行城市更新，其余部分纳入政府土地储备，其中一般更新单元处置土地中
纳入政府土地储备的比例为 20%。在交由继受单位进行城市更新的土地中，应当按照
《办法》和《实施细则》的要求将不少于 15% 的土地无偿移交给政府纳入土地储备。

② 耿延良：《深圳城市更新路在何方（一）》，《住宅与房地产》2015 年第 1 期，第
59—62 页。

同，现行城市更新政策中缺乏对已划定城市更新单元范围内的交易行为进行管理和监控的制度，从而增加了确权和搬迁谈判难度。

在香港特区城市更新中，更新区域一旦确定并经公告，政府将停止该区域中的建设和产权交易行为，以稳定更新区域现状建筑量的产权关系，避免投机行为导致更新成本增加。[1] 相较而言，深圳城市更新的规划管理对于规划前期（项目立项后、完成规划编制前）城市更新单元内的房屋建设和交易行为，缺乏相应的监管与制约措施，无形中加大了更新成本，且导致房屋的确权工作与搬迁补偿协议的签订存在诸多不确定性与潜在的诉讼风险。

三　申报立项过程中完善合法用地比例的程序问题

城市更新项目立项，要求权属清晰的合法土地面积占拆除范围用地面积的比例达到60%，但在计划申报阶段，仍存在具体事项的申报程序未予明确的情况，如完善合法用地比例的手续是否必须在申报立项阶段完成，即城市更新单元计划的审批是否要求满足合法用地比例。[2] 从深圳市各个区规定提交的计划申报材料来看，大部分地区都要求提交土地、建筑物权属资料，但具体审查的时候是否会在此阶段因合法用地比例遭否决，目前尚未明确。

从开发企业的角度来看，其当然希望能先立项，之后再通过非农建设用地的调入、申请"两规"处理历史遗留违法用地和违法建筑等措施去提高合法用地的占比，如此便在时间维度上降低了城市

---

① 赵若焱：《对深圳城市更新"协商机制"的思考》，《城市发展研究》2013年第8期，第119页。

② 《关于加强和改进城市更新实施工作的暂行措施》（深府办〔2016〕38号）第四项第一款规定，"申报拆除重建类城市更新计划的城市更新单元，拆除范围内权属清晰的合法土地面积占拆除范围用地面积的比例应当不低于60%"。据此，有观点认为，在计划申报阶段，满足合法的用地比例是项目计划获批的前提条件，也是主管部门具体审查的内容之一。笔者认为，对于上述《暂行措施》条文，不能从程序的角度去解读，而是指项目最终申报成功所需达到的合法用地比例。深圳市规划国土委于2018年4月26日发布《深圳市拆除重建类城市更新土地、建筑物信息核查及历史用地处置规定》（征求意见稿），其对城市更新单元计划批准后、土地建筑物信息核查阶段的具体权属认定工作做了明确规定，申报主体在接到区城市更新职能部门关于城市更新单元土地、建筑物信息核查意见的复函后，其更新单元内土地和建筑物需完善手续的，应当尽快按照相关程序加以完善。由此可知，此时仍有完善合法用地比例程序开展的空间。

更新项目的立项门槛，利于提高市场主体的更新积极性与项目的实施率。因为项目立项是政府对开发企业资质资格的一种肯定，亦有利于其之后更新程序的开展，如完善合法用地比例以及与权利主体的磋商谈判。但实践中，立项后通过各种途径都无法完善合法用地手续的城市更新项目亦比比皆是，其所耗损的前期开发成本以及项目停滞所造成的社会影响，也是不可忽略的。

深圳土地国有化过程中遗留的复杂土地权属问题、房地产登记问题等，导致一大批项目的合法用地比例难以满足立项要求。实践中业主手中的产权证书五花八门，但并不是所有的证书都能被认定为具有证明产权的效力，一般要求在市规划国土委地籍系统有存档。各区审批时对于五类合法用地的认定，也基本沿用的是这个地籍系统标准，但其实这个地籍系统的数据可能存在与实际情况不相吻合或者滞后的情况，不利于土地确权工作的开展，亦背离了通过更新实现历史遗留用地与违法建筑"合法化"的目标。这种市场与政府政策之间的博弈状况，导致一大批项目无法实施改造。比如，权利人持有房产权利证书（如 20 世纪 80 年代颁发的《房产所有证》），但由于历史原因在不动产登记部门查询不到产权登记信息的，目前就没有相应的政策文件去认定其法律效力，也就无法纳入更新的合法用地范围。这其实仍然是房地产登记的历史遗留问题处理，有关历史上各级政府颁发的权利证书，如何去核实证件的真实性并确定其法律效力，能否将其作为直接的确权依据，以及不同类型权利证书的补偿标准是否应当有所区分等，皆是城市更新申报立项过程中经常会遇到的难题。

如果换个角度来看"合法用地比例"问题，由于广东省"三旧"改造政策对于更新用地的认定标准为"建成时间"，[①] 并无"权属清晰"的要求。深圳城市更新政策是否应转变为与省"三旧"改造政

---

① 根据广东省国土资源厅 2018 年 4 月 4 日印发的《关于深入推进"三旧"改造工作实施意见》（粤国土资规字〔2018〕3 号），纳入标图建库地块的用地时间范围及上盖物占地比例规定为，"2009 年 12 月 31 日前已建设使用，地块上盖物基底面积占入库单元地块面积比例达 30% 以上，符合土地利用总体规划，经第二次全国土地调查和最新的土地利用现状图认定为建设用地，布局散乱、利用不充分、用途不合理、规划确定改造的低效存量建设用地，可按规定纳入'三旧'改造范围"。

策相统一，实为当前更新瓶颈期需要考虑的一个重要方向问题。

四　合法外用地门槛高且体量较大

如前文所述，目前能够纳入城市更新单元合法用地的主要有五类：①国有建设用地；②原集体经济组织取得的确权用地，包括非农建设用地、征地返还用地等；③旧屋村用地；④已按房地产登记历史遗留问题处理的用地；⑤已按历史遗留违法建筑处理的用地。从政策演变趋势来看，对更新单元内合法用地的比例要求一直在降低，目前2015年的《暂行措施》规定一般更新单元合法用地比例须达到60%，重点更新单元须达到30%，坪山中心区为50%，另外规定达到50%的，历史遗留违法建筑可以申请简易处理。

然而，这一要求比例仍然较高，从目前全市用地的数量来看，根据地籍信息系统统计数据，除交通市政设施用地、公园绿地等之外，全市法定宗地，即依法批准利用的宗地，面积仅约407平方公里，约占全市建设用地的44%；而未完善用地手续的用地面积约为430平方公里。从用地的比例来看，根据2009年原农村集体股份合作公司用地调查统计，深圳村股份公司建成区（含空地）共占用约395平方公里，其中仅约97平方公里为合法用地，约占25%；约298平方公里为非合法用地，约占75%，主要包括历史遗留问题用地和违法用地。如此庞大的合法外用地容量，严重影响到更新项目的最终立项率。

五　合法用地认定途径少且有条件限制

深圳在城市化过程中，经由两次征转地后其全市土地从法律层面来讲实现了国有化，但由于补偿不到位或未办理相关的征（转）手续等原因，大量原农村集体用地仍掌握在原农村集体经济组织和原村民手中，处于"政府征不动、集体用不了"的尴尬局面。同时，由于政府监管的长期缺位以及相关用地政策的不连续，导致现实中村民纷纷"种房保地"，原特区外涌现出大量的违法建筑。根据市规划和国土资源委员会统计，截至2014年底，全市违法建筑37.30万栋、4.28亿平方米，其中严重影响城市规划的违建有1.83

亿平方米，占全市 42.76%。从区域分布看，87% 的违法建筑分布在原特区外，历史遗留违法建筑面积前三的区域为：宝安（11816.04万平方米）、龙岗（9538.06 万平方米）、龙华（6344.75 万平方米）。① 如此庞大的违法建筑物体量，推高城市更新的确权成本，而"一刀切"的合法用地比例要求，导致大量符合城市更新其他条件的项目无法列入计划，有些已列入计划的项目也面临漫长的权属清理过程。

　　当前对于历史遗留违法建筑的处理，主要出台有《深圳经济特区处理历史遗留违法私房若干规定》和《深圳经济特区处理历史遗留生产经营性违法建筑若干规定》（以下统称"两规"）以及《深圳市人民代表大会常务委员会关于农村城市化历史遗留违法建筑的处理决定》（以下统称"三规"）、《〈深圳市人民代表大会常务委员会关于农村城市化历史遗留违法建筑的处理决定〉试点实施办法》（以下简称《试点实施办法》）。但事实上目前除龙岗区外，各区均已停止"两规""三规"对历史遗留违法建筑的处理，即该类用地无法通过确认产权的方式转化为权属清晰的合法用地纳入城市更新；而对于之前申报历史遗留违法建筑处理的，亦有范围、期限、区域等诸多条件限制。

　　总体而言，目前对历史用地和违法建筑的处理缺乏行之有效的政策，影响到更新项目合法用地比例的完善，往往容易导致项目停滞的局面。2018 年 9 月 4 日，深圳市人民政府出台了《深圳市人民政府关于农村城市化历史遗留产业类和公共配套类违法建筑的处理办法》，为产业类和公配类历史遗留违法建筑的合法化奠定了法律依据，有利于深圳的工业区转型升级和更新的提速。

六　非农建设用地的划定与调整置换

　　非农建设用地，特指在深圳城市化进程中，集体土地转为国有土地后，政府为满足原农村集体经济组织继受单位生产和生活需要，保障其经济可持续发展，根据深圳市城市规划和土地管理相关

---

① 深圳市规划国土委于 2015 年 7 月 15 日公布《关于查违和历史遗留违建处理工作的汇报》。

规定，按照一定标准确定的补偿给原农村集体经济组织的土地，主要指根据《深圳市宝安、龙岗区规划、国土管理暂行办法》（深府〔1993〕283号文）、《深圳市宝安龙岗两区城市化土地管理办法》（深府〔2004〕102号文）和《深圳市宝安龙岗两区城市化非农建设用地划定办法》（深府〔2005〕65号文）规定所确定的非农建设用地。

深圳非农建设用地合作开发因其程序简便、地价优惠、无土地贡献等优势，成为近年来深圳城市更新取得项目用地或调整用地的重要方式及手段之一。城市更新项目调入非农建设用地（含已划定非农建设用地调整置换及未落实非农建设用地指标划定），主要也是为了解决项目拆除范围内权属清晰的合法土地面积占比不足而无法立项的问题。实践中，非农指标成为市场开发企业竞相争夺的资源，由此出现了大量的非农指标交易行为，使得交易价格不断上涨，这无疑增加了城市更新的成本。另外，非农建设用地指标是有限的，其划定或调整置换有区域范围限制（宝安原则上在本社区范围内，龙岗、龙华、坪山则原则上限于本社区范围内，涉及城市更新项目的允许在本街道范围内），申请非农建设用地调入的缺口较大，难以满足城市更新项目的用地需求，且这种做法无法长期持续。

此外，在非农建设用地指标交易过程中，由于目前政府部门尚未建立系统的非农建设用地台账，政府、市场主体甚至权利人对于非农建设用地都没有一个清晰完整的数据，大量的非农指标仍处于未落地状态。另外，市场主体在其项目范围内无法找到非农建设用地指标或权利人不肯交易的状况下，囿于非农指标调入的范围限制，即不可跨区买卖、异地置换，可能出现因无法满足合法用地比例而致使项目停滞的局面。

七　历史用地处置产生土地私权纠纷

原农村集体经济组织未完善征（转）地手续的历史用地，在纳入城市更新单元进行处置前，要求自行理清土地上的经济利益关系。此种做法一方面避免了政府与原产权人或他物权人之间难以厘清的纠缠，另一方面由原农村集体经济组织内部自行处理可以在不违背政策规定的前提下更好地协调和体现其权益。但深圳的历史用地问题有着当时的合理性，在20世纪八九十年代发展经济时，深圳各村普遍存在与外商签订土地租赁或转让协议，由外商修建工厂进行生产的情形，而这些工业也为深圳的发展做出了贡献。但从目前的司法处理角度，普遍否定当时的土地交易行为，导致原农村集体经济继受组织与外来投资商之间产生矛盾。

八　集体资产的认定

深圳原集体土地征转为国有土地的过程中，由于征转范围广、补偿未到位以及政府政策缺漏等原因，仍有不少用地尚未完善征转等合法用地手续，处于"应征未征""应转未转"或"已转未补"的尴尬状态。总体来说，原集体土地的征转形态主要为：①只下达了征收决定，但未签署征转协议；②未下达征收决定，但签署了征转协议；③既下达征收决定，又签署了征转协议。

对于已签署征转协议但未完成物权变更登记的原集体土地，如何认定其权属主体？实践中存在的权利主体争议是，村集体认为是集体资产但开发企业不认，以及村集体不认为是集体资产，但政府相关部门认为属集体资产等。在这些情况下，如何认定集体资产，涉及对征转地协议的性质认定，以及其与行政征收的区别问题？

深圳在2004年的土地国有化过程中出台了《深圳市宝安龙岗两区城市化土地管理办法》（深府〔2004〕102号文），规定"两区农村集体经济组织全部成员转为城镇居民后，原属于其成员集体所有的土地属于国家所有"，区别于传统的行政征收，强调土地权属的"直接转化"，其合法性问题引发争议。反对论者认为，在中国目前的法律框架下，集体土地变为国有土地的过程，可以是一个强制性的过程，但这必然是一个"征收或征用"的过程，即这种强制性过程必须是为了公共目的；在农村集体经济组织成员转为城镇居民身份后，认为农民集体所有的土地可以直接"转为"国家所有，而不必是一个"征地"过程，是没有充分法律依据的，这实际上是对法律的曲解。① 从财产权利的平等性与不可侵犯性角度看，"集体土地变为国家土地，绝不是一个简单的行政过程，而应该是一个复杂的财产权利交易过程，是国家和土地集体所有者之间的市场合约行为"②，公有产权与私有产权应处于平等的法律地位。支持论者则认为，深圳市的"转地"制度是符合我国法律规定的③，在生产资料公有制体制下，集体土地所有权制度的目的在于保障农业发展。但从深圳市宝安、龙岗两区的现状来看，其依靠房屋经营与出租以及村集体企业股份分红的方式改变了传统农民赖以生存的经济基础，集体土地使用权权能得到扩张，超越了"稳定家庭承包经营制度""保护农地和农民利益"的集体所有土地的立法本意。④ 两区城市化后，如果土地继续保留为集体所有，将直接违反法律有关"城市土地属于国家所有"的规定。另外，根据我国宪法与土地管理法的规定，我国土地所有权专属于国家或集体所有，禁止任何单位和个人侵占、买卖或以其他形式非法转让土地，即农村集体土地所有权属不完全产权，其并不享有处分权能。因此，国家与集体土地所有权人并不是平等的民事法律关系主体，集体土地国有化亦不是财产权利的交易行为。但无论是"征地"抑或"转地"，都要求给予农民补偿，只是二者的补偿标准可能不一致，不过深圳市制定的转地适当补偿标准与征地标准大致相同。

　　目前，我国司法或行政机关对征地补偿协议的性质尚未有明确的定性，《土地管理法》和《土地管理法实施条例》亦未对征地补

---

① 韩俊：《质疑行政强制性土地国有化》，《财经》2004 年第 18 期，第 95 页。

② 同上书，第 96 页。

③ 我国《宪法》第十条规定，"城市的土地属于国家所有"；"农村和城市郊区的土地，除由法律规定属于国家所有的以外，属于集体所有"。《中华人民共和国土地管理法》第八条也进一步规定，"城市市区的土地属于国家所有。农村和城市郊区的土地，除由法律规定属于国家所有的以外，属于农民集体所有"。《〈中华人民共和国土地管理法〉实施条例》第二条第五项亦规定，农村集体经济组织全部成员转为城镇居民的，原属于其成员集体所有的土地，属于全民所有即国家所有。

④ 曹叠云：《深圳转地的来龙去脉》，2018 年 5 月 30 日（https：//mp.weixin.qq.com/s? src＝3&timestamp＝1527695379&ver＝1）。

偿安置协议的签订作出规定。① 对征地补偿协议性质的认定，影响其后续救济途径的选择，而有关征地补偿协议的性质讨论，主要有两种说法。一种观点认为，征地补偿协议属于国家机关的具体行政行为，系行政合同。从协议所体现的国家意志来看，其是行政机关行使行政管理职权的手段，相对人并无自由处分权，不得擅自变更或解除合同；从协议的具体内容来看，征地补偿协议所确定的征地补偿范围、征地补偿标准均是在协议签订之前就已由有权机关文书单方确定，被征地对象的意思表示在协议签订过程中的作用极其微弱，其无权对征地行为表示拒绝，也无权决定土地征用后的用途。② 另一种观点则认为，征地补偿协议是平等主体之间的民事行为，因为在协议签订的过程中存在双方协商的过程，且根据最高人民法院历年出具的司法解释规定的精神，因房屋搬迁补偿安置发生争议的，法院的倾向性意见是按民事案件处理。③ 至于转地协议的性质问题，由于其属于深圳特区的地方性立法，是中国土地制度下的"特例"，对其性质的认识应结合地方实际予以认定。

另外，实际操作中对于已完善征（转）地手续的用地参与城市更新，区城市更新局一般会要求村股份公司出具"确认经济关系已理清函"。但对于已签订征转协议的"已征未转"地，其既未办理相关证件，亦未申请"两规"处理，在纳入更新用地时是否需要征求股份公司意见；以及政府内部的相关部门在集体资产认定过程中意见不一致时如何处理，都是亟待政府部门发布相应指导性文件予以明确的问题。

---

① 《土地管理法》第四十六条规定，"国家征收土地的，依照法定程序批准后，由县级以上地方人民政府予以公告并组织实施。被征收土地的所有权人、使用权人应当在公告规定期限内，持土地权属证书到当地人民政府土地行政主管部门办理征地补偿登记"。根据《国务院关于深化改革严格土地管理的决定》，征地批前程序主要包括告知、确认、听证等主要环节，没有明确要求签订征地补偿安置协议。

② 童文泉：《试论征地补偿协议的诉讼救济》，《法制与社会》2011 年第 11 期（下），第 116 页。

③ 吴坚：《征地拆迁安置协议的性质之分析》，《资源与人居环境》2012 年第 3 期，第 40 页。

九 城市更新确权的依据

城市更新确权以协议还是登记为依据，涉及权利主体①之间的利益平衡问题。若采协议为确权依据，则可能会损害第三人的利益。如在一房数卖的场合，可能损害享有优先顺位权利人的利益，且可能存在买卖双方恶意串通、伪造房屋买卖协议而侵害实际权利人利益的情况等。为防止以上情形的发生，是否需要建立相应的惩罚机制，而建立惩罚机制的同时如何避免过度干预私人主体之间的正常交易行为，值得我们去深度思考。若采登记为确权依据，在实践操作中走不通，因为深圳原农村集体土地上存在着大量未办理房地产登记的用地，其中有可申请房地产登记历史遗留问题处理并完善初始登记的用地，也有无法完善初始登记的违法用地或者违法建造的建筑物、构筑物或者附着物等。此外，在当事人之间的房屋买卖合同生效且受让人已支付部分或全部价款但未办理物权变更登记的情况下，由于不知其交易关系而以出让人（一般为证载权利人）为确权主体并与之签订搬迁补偿安置协议、注销房地产证，其在建筑物拆除时可能遭到房屋受让人的抵制乃至引发诉讼风险，拖缓项目进程。

十 政府规划控制线的划定

城市规划控制线的划定，是为了规划管理城市道路、建筑、绿地以及河流与历史文化建筑等对城市自然生态与人文生态环境有重大影响的土地利用与建设活动，属强制性的规划管控，任何单位和个人都不得在规划控制线内进行违法违规的建设活动。其目的在于城市环境的可持续发展，本无可诟病，但事实上存在的情况是，政府规划管理部门划定规划控制线或对控制线作出相应调整的时候，由于并不需要征得村民的同意，也无相应的通知公示程序，导致村民往往并不知晓规划控制线的存在，甚至其原有的合法建设活动也因被划入控制线范围内而被认定为违法建筑。这明显有违公平原

---

① 此处权利主体指代广义上的民事法律主体，包括物权人以及基于房屋买卖合同而享有请求权的相对人等广义上的民事权利主体。

则，特别是在公权力与私权利明显不对等的场合下，政府的行政行为是否应履行必要的通知程序，既体现为公众知情权的内在要求，亦有利于提高行政决策的执行力。

反映在城市更新领域，由于城市更新单元不得违反基本生态控制线、一级水源保护区、重大危险设施管理控制区、城市基础设施管理控制区、历史文化遗产保护区等城市控制性区域管制要求，因此政府规划控制线的划定（调整）将对城市更新单元的划定具有重大影响。违反规划控制线的更新建设活动，不仅将受到行政处罚，还面临更新项目无法报批的风险。

十一　计划报批后的调整问题

城市更新单元计划申报政府部门批准后，原则上是不可以作任何调整的，除非因为测绘错误等技术问题。但实践中，相关部门会在统筹片区考虑时特别要求增加落实公共配套设施，此时就涉及对依法公布的更新单元计划进行调整。现行政策文件中，无论是2010年的《深圳市城市更新单元规划制定计划申报指引》，还是尚在征求意见的《深圳市拆除重建类城市更新单元规划制定计划申报指引》，均未明确规定调整的具体要求与程序。实践中，可能所有的流程都需要推倒重来，这样便使得更新单元计划的调整效率较低。

在此试举一例：

> 某城市更新项目专项规划已获批，但因项目范围外周边某一小区（占地面积约2000平方米）的业主强烈要求一并纳入该更新单元拆除范围内，并通过多次集体行动阻挠项目开工和推进。若要将该小区纳入范围则需启动范围调整程序，将之前征集意愿、立项、专项规划审批等程序重新进行。

另外，在项目的原合法用地权属比例达标的情况下，如果更新单元的范围扩大，则新纳入的用地范围同样得达到合法用地的比例要求，而这无疑加重了申报主体的确权负担，影响整个更新项目的实施进程。

十二　涉及产业调整的问题

以市场为主导的城市更新项目逐利性强，项目选择偏好明显，尤其是改造方向偏重于商业住宅，① 传统房地产开发思维主导下的产业升级，只是变相的"卖房"。总体而言，"工改工"类项目较少，产业空间流失快，这恐怕也是政府出台"工业红线""工业区块线"政策的根本原因。社会各界对于深圳是否应坚守工业用地红线素有争议，在城市土地资源严重缺乏的背景下，个别人士认为工业用地红线的代价是挤压了其他用途土地，加剧了土地的供需矛盾；支持工业用地红线的观点则认为科技的创新离不开制造业，产业不仅仅是资本的运作，而是包含了研发、创新、生产、制造、销售、服务等多个环节，深圳必须保有一定的制造业，而这自然需要相应的土地资源配置。

城市更新工作的一个重要目标任务就在于优化产业结构、完善城市功能，其在土地用途、供地方式、集体土地流转、旧工业用地的再利用、地价政策等方面的诸多创新和突破，为产业发展提供大量的存量用地，优化空间布局，提升城市土地的利用效率，促进产业升级转型。因此，城市更新与产业升级应是相互融合、相互促进的关系，城市更新应让产业重新回归城市。

当前深圳各个区均提出要保障制造业产业空间，守住工业控制线，包括提供低成本的产业用房、集体未利用产业用地入市等。按照相关政策，凡是工业区升级改造的项目，市场主体需要代建一定比例的创新型产业用房，建成后由政府有偿回收，或优先出租给政府。但对于这部分新增的产业用房具体如何使用，以及其准入门槛的设定问题，仍需要产业部门与相关更新职能部门进一步研究、配合出台相关政策。在新一轮的城市更新转型过程中，产业部门的定

---

① 据不完全统计，深圳既有的更新项目中 65% 的用地改造为居住与商业，仅 12% 的计划项目改造为工业用途。旧工业区改造后仍保留工业用途的用地面积不足 25%，产业空间迅速被计划改造为商住空间。参见缪春胜、王旭、谭艳霞《规划引领和政策管控双视角下的更新实施路径探索——以深圳城市更新为例》，《2016 中国城市规划年会论文集》，沈阳，2016 年。

位、其与更新职能部门的职责划分以及二者之间关系的衔接问题，需要进一步加以明确。

但现行的"工改工"类项目，政府要求的开发难度逐步加大。例如，根据宝安地区政策，M1用地的面积比例要求改造主体自持一半，若是自主改造，则其本身根本不具备持有能力；就算是房地产开发企业，由于资金回流性差也易导致资金链条的断裂，开发风险性高。

此外，早年工业区范围内成规模的厂房改造，由于与厂房配套建设的宿舍大都已经过户到员工个人名下，甚至有的已经办理了红本产权证（为商业性住宅），在分割产权的情况下，改造涉及的权利主体复杂，尤其是对各个散户的拆迁补偿不好谈。但土地分宗是必须征得所有产权人同意的，划定更新单元时无法规避此类产权在个人名下的建筑宿舍，因此实际改造难度依然很大。

在此试举一例：

　　某城市更新项目，用地权属单位为某村股份公司，土地性质为城中村用地，现状为工业园区，法定图则规划为二类居住用地。现该城市更新单元已立项，改造方向为居住、商业等功能。此时地块划入工业控制线，则项目的后续进展未知数较大。

十三　城市更新单元拆除范围内已（拟）纳入土地整备计划的地块的处理问题

城市更新与土地整备作为深圳市解决城市化历史遗留问题、节约集约用地的两种手段，前者倾向于市场主导，后者则属于政府主导；相对于城市更新，土地整备区域的划定，要求保障城市公共利益，优先落实公建配套和基础设施用地，同时，通过土地整备理顺土地权益和经济关系，明确各方权益边界，这些都是不同于城市更新的做法。二者亦因工作进行主导的主体不同，实施的路径不同，一般被认为是两个不同方面的概念。

城市更新在相关办法中，对土地整备与城市更新的关系做出原则性的规定。《深圳市城市更新办法实施细则》（深府〔2012〕1号）第十三条规定，"……（二）全市土地整备规划和年度整备计划确定的政府土地整备区范围内不划定城市更新单元……"。根据《深圳市城市更新单元规划制定计划申报指引（试行）》（深规土告〔2010〕16号），政府土地整备区范围内原则上不得拟定城市更新单元。城市更新制度中规定土地整备范围内原则上不划定城市更新单元，其出发点和落脚点是避免因为城市更新与土地整备范围重叠，在法律法规、政策的适用上出现两种选择，从而出现政府主管部门争权诿责的不良现象，导致重叠范围内不管是城市更新还是土地整备都难以实施。

　　事实上，在城市更新机制不断向深拓展、城市更新项目问题呈现多样化的时候，城市更新与土地整备的交融性越来越强，以下通过两个案例说明实践过程中城市更新单元范围内存在已（拟）纳入土地整备计划用地的具体情况。

　　案例1：A公司申报××街道A××工厂城市更新单元计划，拆除范围全部为城乡建设用地，全部位于允许建成区。经查法定图则，拆除范围内大部分为一类工业用地，同时存在几千平方米的规划道路。规划道路未核发用地方案图，其范围已列入土地整备计划。据了解，申报更新单元计划时，整条规划道路大部分路段上的建筑物已经拆除并厘清经济关系。A××工厂城市更新单元拆除范围内对应的规划道路范围内建筑物未拆除，经济关系未厘清。

　　案例2：B公司的B××工厂城市更新单元正处于专项规划申报阶段，其拆除范围内存在准备实施规划道路，该道路项目年代较为久远，当时土地整备的相关政策文件尚未出台，因此该道路项目并未正式列入土地整备计划，而是通过交通主管部门进行立项，但目前街道办事处及其他政府部门均认定其为土地整备项目，且该项目属于相关部门重点督办项目。由于该道路的打通对城市交通具有重要意义，有关上级部门不断进行催办，街道办事处压力重重。B公司B××工厂城市更新单元将该道路土地整备范围定为贡献范围，并与所属街道办进行协商，达成以下协议：针对该道路土地整备范围，暂不签订完善征转手续的协议，土地权属暂不发生变动，B公司无须提前贡献用地，待城市更新实施主体确认后需贡献用地时再签征转协议，街道办事处负责向相关部门说明情况。

以上关于城市更新中遇到土地整备情况的两个案例中，需要解决的问题是列入土地整备计划的地块是否能够参与城市更新单元项目？如果能，需要哪些程序？案例2中B公司与办事处协商的事宜是否符合土地整备、城市更新的相关规定？探求土地整备与城市更新的关系问题，其更深层次的考虑是，二者在项目推进的过程中遇到难以攻克的问题时，是否可以灵活适用，相互促进。如土地整备中的"钉子户"问题，实践中因为"钉子户"与政府谈不拢，不配合土地整备工作，蓄意拖延，从而影响规划实施的情况不在少数，而这个时候是否可以引入城市更新的解决路径，以及如何引入，都是现行制度没有明确给出指引的问题。同理，在城市更新面临拆迁难问题而无法落实规划的公共配套设施时，可否考虑对需要按规划配建公共配套设施的地块范围进行土地整备。

第三节　更新单元规划编制阶段

一　政府规划控制力度空前加大，但政府的规划编制滞后于市场需要

1996年底，深圳市在参考国外"区划法"相关制度和香港"法定图则"经验的基础上，结合自身的城市规划实际，开始逐步建立并推行"法定图则"制度，在其不断的探索与完善过程中，深圳市大部分地区已完成了法定图则的覆盖编制工作。目前，深圳市法定图则的大部分地区是2009年发布的，当时深圳市政府规划部门的"法定图则大会战"计划在2年内完成全市近250项法定图则的编制工作。在此之后，深圳市法定图则基本采用的是2009年的版本，而一般来说法定图则从编制到审批至少需要2年，由此可以推算深圳大部分地区执行的法定图则仍停留在2007年左右的规划思路。城市建设，本应规划先行，规划在城市发展中起着重要的战略引领

作用，随着城市化进程的加快以及城市更新在全市范围内的推进，部分编制较早的法定图则的修编工作迫在眉睫。目前，市规划与国土资源委员会已将法定图则管理制度改革列入其 2018 年的重点工作，旨在建立精简高效、科学规范的图则制度。

在城市更新领域，城市更新单元的划定应当符合全市城市更新专项规划和法定图则的要求。强区放权后，各区政府都在主导编制片区规划，城市更新单元规划还必须在政府主导的片区规划控制的框架内编制。政府加强对规划的管控力度是必要的和必需的，但现存的问题是：政府主导的规划编制进度落后于城市发展需要和市场主体对城市更新项目的进度要求，很多项目因为政府规划调整的原因而无法实施；另外，政府强调片区规划和公共利益优先的理念下，片区规划范围内的各方主体对规划利益的争夺也是影响项目进程的核心因素，有些项目因为无法平衡城市更新单元范围内的不同主体的利益诉求而陷入僵局。

当前深圳城市更新规划的编制通常以拆除重建的边界为空间范围，以上位规划法定图则为基础设施落实的依据，但缺乏对更新地段周边辐射范围的统筹考虑。[1] 市场价值导向下的城市土地利用在追求集约化发展的同时，其高强度的开发对城市的交通、公共服务以及生态环境等造成压力，尤其是在多个更新项目集中的片区表现得更为明显。各更新单元自成系统，欠缺联系，容易导致城市片区整体发展出现功能重复堆积化、公共开放空间零散化、交通系统隔断化、片区城市形象扁平化等趋势。[2]

二　规划的技术标准问题

《深圳市城市规划标准与准则》作为专项规划的审批依据，其确定的是技术标准与城市更新项目规划的衔接问题。城市更新项目是由政府、市场主体与土地及建筑物所有权人多方合作的"自下而

---

① 周彦吕、洪涛、刘冰冰：《深圳城市更新空间发展及反思——以南山区为例》，《2016 中国城市规划年会论文集》，沈阳，2016 年。

② 叶坚林、何锐、张瑜：《深圳市城市更新单元规划设计和控制优化方式初探》，《2016 中国城市规划年会论文集》，沈阳，2016 年。

上"的更新，每个项目都因其土地区位、用地功能以及产业发展方向等因素的不同而具有独特性。因此，合理地编制更新规划就显得至关重要，进而涉及上层"控规"与更新项目规划之间的关系讨论。城市更新项目规划应当依据上层"控规"编制，似乎是不言自明的道理，但如果更新规划涉及未制定上层"控规"地区或改变上层"控规"强制性内容的，其经审批公示后是覆盖原"控规"，抑或是作为调整"控规"的前期研究存在？从城市规划体系的内部协调性来看，突破"控规"的项目或无"控规"的地区应如何避免过大的"自由裁量权"？

从各地实施情况看，更新改造规划往往被视作"控规"的"升级补丁"。① 深圳市通过地方立法的方式赋予城市更新单元规划以法定规划的地位，《深圳市城市更新办法实施细则》明确规定，"城市更新单元规划的批准视为已完成法定图则相应内容的编制和修改。经批准的城市更新单元规划是相关行政许可的依据"。② 就以单个项目为单位的更新单元规划来说，如何控制自由裁量权以避免对周边地区造成负面影响甚至无序建设，促进规划的统筹考虑，是当前更新规划编制需重点关注的问题。

城市更新单元规划涉及的另一问题在于重"量"轻"质"，当前的更新单元规划主要为定量控制，如建设总量、城市基础设施和公共服务设施用地规模等，而与城市活动多样性相关的功能复合性，与居民空间使用感受相关的尺度和形态，以及与居民生活出行相关的交通系统连接、接驳关系等方面的导引控制则相对薄弱。③由此容易导致更新单元内公共服务单一、功能布局重复、公共交通系统运行效率低下等问题。

三　高容积率问题

现状容积率非常高的地块，尤其是城中村用地，搬迁安置补偿

---

① 李峰清：《新型城镇化视角下珠三角地区城市更新利益机制与规划策略——以广州、深圳等地区实践为例》，《上海城市规划》2014 年第 10 期，第 109—111 页。

② 《深圳市城市更新办法实施细则》第四十四条第二款。

③ 叶坚林、何锐、张瑜：《深圳市城市更新单元规划设计和控制优化方式初探》，《2016 中国城市规划年会论文集》，沈阳，2016 年。

成本高、可扩容的建设用地面积少，严重影响到项目开发的经济收益水平，致使开发企业在预期利润点低的情况下缺乏更新意向。但这些地区往往因为其破落的居住环境与落后的基础设施，居民有强烈的更新需求，公众意图与开发企业的追求未能在城市更新过程中有机结合，影响更新过程的整体协调性。

在此试举一例：

> 某城中村项目欲申报立项，总拆除范围用地面积约 12.4 万平方米，现状总建筑面积约 55.6 万平方米，项目现状容积率高达 4.5。虽然居民改造欲望强烈，但难有市场主体承接。

同时，一些纳入更新计划的项目亦存在容积率的调整问题。由于更新规划在经相应的审批程序后可对法定图则作出修改，开发企业为追求利润最大化要求政府部门提高开发容积率，造成规划阶段市场主体与政府管理部门不断讨价还价的问题。因为在地价标准和公共利益安排基本确定的前提下，开发规模似乎成为满足市场合理利润、保证项目经济可行性的唯一方法。[①] 出于满足更新项目实施的需要，规划主管部门也一般会认可规划的高容积率，但高强度的开发势必会对周边环境带来一定的负面影响。与此同时，当前深圳城市更新项目的利益调控手段单一，容积率补偿成为实际操作中政府运用的主要补偿手段，从而导致重建区域的规划容积率水平大大超出了原有法定规划的控制指标，且呈现越来越高的趋势。[②]

在此试举两例：

> 案例 1：某城市更新项目拆除范围用地面积约 1.02 万平方米，目前已完成规划审批。规划指标如下：开发建设用地面积约 0.6 万平方米，计容积率建筑面积约 5.79 万平方米，容积率为 8.7。

---

① 赵若焱：《对深圳城市更新"协商机制"的思考》，《城市发展研究》2013 年第 8 期，第 119—121 页。

② 刘昕：《深圳城市更新中的政府角色与作为——从利益共享走向责任共担》，《国际城市规划》2011 年第 1 期，第 43—44 页。

　　案例 2：某城市更新项目拆除范围用地面积约 3.2 万平方米，改造方向为居住、商业等功能。目前已完成计划立项，正在进行规划编制。根据申报主体提供的规划文本显示，项目开发建设用地面积约 2.8 万平方米，计容积率建筑面积约 28.84 万平方米，容积率为 10.3。目前，该规划尚未通过更新职能部门审批。

　　高容积率更新的实质是以牺牲城市的可持续性发展为代价，过高的建筑密度，容易造成活动空间不足，居住环境差，绿地、公共环境供应不足，导致居民的舒适度下降，国外城市因重建而造成的城市再拥挤、景观破坏、铅笔楼等后果即是警醒。

四　更新单元内公共设施的处理

（一）公共设施处理的相关规定缺失

　　城市更新项目的实施，要求贡献一定的公共设施用地以保障公共利益，但对于公共设施的具体配建要求与程序却未有相关规定。由于各类公共配套设施的建设主体分属不同政府部门，如何保证公共配套设施与项目同步进行建设同步验收，目前没有相关制度，需要建立一套实施机制使各部门高效顺畅参与城市更新的后续建设。[1] 此外，也存在在规模较小的更新项目中法定图则层面独立占地的公共配套设施难以捆绑，且突破法定图则开发强度的问题。[2]

---

　　① 郭少帆：《政府在深圳城市更新政策体系完善中的作为》，《2014 中国城市规划年会论文集》，海口，2014 年。

　　② 根据《深圳市城市更新单元规划制定计划申报指引（试行）》的相关规定，申报城市更新单元的情形为法定图则已划定城市更新单元及尚未划定城市更新单元的迫切需要拆除重建的特定城市建成区。若项目位于法定图则已划定的城市更新单元范围内，由于法定图则已划定的更新单元面积较大，一般分为多个更新项目进行开发，但项目产权复杂、实施主体以及实施时间的不一致，难以明确公共配套设施的规模及开发模式，且存在公共配套设施用地范围的现状建筑物由谁负责拆迁、补偿费用如何分摊等问题。对于法定图则尚未划定城市更新单元的情形，由于承诺贡献的用地位置与法定图则范围内公共配套设施的地理位置可能存在错位问题，公共配套设施用地规模与法定图则规模亦可能存在差异，而异地捆绑公共配套设施的机制尚未建立，导致更新项目用于贡献公共配套设施的用地无法落实法定图则公共配套设施。参见郭少帆、王成晖《更新进程中的深圳城市更新问题研究》，《转型与重构——2011 中国城市规划年会论文集》，南京，2011 年，第 8482—8486 页。

（二）公共设施的配建难以满足城市化日益增长的人口需求

在现代社会中，经济越发展，对基础设施的要求越高；完善的基础设施对加速社会经济活动，促进其空间分布形态演变起着巨大的推动作用。[①] 城市更新项目申报，要求改造主体向政府无偿提供大于 3000 平方米且不小于拆除范围面积 15% 的用地用于公共配套设施建设，但以"10000 平方米"为底线的更新单元模式，普遍存在难以满足区域发展带来的人口增长及产业升级所需的基础设施供给问题。面对小项目遍地开花的更新市场现状，片区或更大区域层面的基础性设施才是支撑城市未来发展的关键，也将是制约未来更新项目推进的重要刚性因子。[②]

同时，城市更新项目的公共服务设施配套存在合成谬误。单个更新项目的规划方案基本都符合《深圳市城市规划标准与准则》的规范要求，但在考虑外部性的前提下，合成谬误导致已批规划配建的公共服务设施不能满足全部更新项目自身的配套需求。[③]

第四节　土地建筑物核查阶段

一　确权实施具体操作存在冲突

根据《深圳市城市更新办法》的规定，只有权属确定的更新对象方能被纳入城市更新的范围，而确定权属的过程就是确权的过程。从逻辑上来说，该确权工作应该在划定更新单元之前完成，而在《深圳市城市更新办法实施细则》中明确规定，有关土地和建筑物的核查汇总是在城市更新单元规划制订计划审批之后才实施，这

---

① 韩琨、房舒：《旧城更新——以城市基础设施为导向》，《科技视界》2016 年第 7 期，第 268 页。

② 缪春胜：《深圳三十多年城市更新回顾及其下一阶段思考》，《2014 中国城市规划年会论文集》，海口，2014 年。

③ 以教育学位的供给为例，不少小规模的"工改居"类的更新项目根本无法配套新增小学用地，学位缺口的累计叠加效应将导致更新整体难以满足学位供给的新增需求。参见缪春胜、王旭、谭艳霞《规划引领和政策管控双视角下的更新实施路径探索——以深圳城市更新为例》，《2016 中国城市规划年会论文集》，沈阳，2016 年。

就产生了一个问题，更新单元内有部分土地或建筑物不予确权时该如何处理，该更新单元是否须重新划定或做必要调整，办法及实施细则中并未提及，这就给实际操作带来很大的困惑。

二　确权程序规定不明且不够完善

（一）关于确权结果的法律定位不明

申报主体在申请核查前，须按要求向政府相关主管部门提交更新单元范围内土地及房屋的大量基础性材料，而所谓的确权结果即是政府相关主管部门在对申报主体提交的所有材料进行核查的基础上形成的。对于该确权结果，有可能存在两种不同的理解：一种理解是，该种确权结果是政府相关主管部门对上述材料文本及其内容的真实性进行的一种确认，不涉及对其具体权利义务关系的更改和撤销；另一种理解是，对该材料中所涉及的土地及房屋的权属关系及相关具体事项进行二次确认的过程，该结果有可能推翻之前的认定，或者存在纠错的可能，故而也有可能对当事人的相关权益造成事实上的影响。

（二）对于不符合确权条件的土地及房屋没有规定具体的处理措施

《深圳市城市更新办法》及其实施细则中，对于该更新单元范围内未达到确权条件的土地及房屋并未规定具体的处理措施，导致在具体的更新改造实践中，该部分土地及房屋因无法确定其权属关系而无法进行更新项目的土地建筑物核查汇总，对其协议签订、补偿谈判等后续的更新改造工作带来诸多的障碍和难题，大大影响了更新改造的整体进度。

（三）对于确权结果的权利救济程序缺少周全安排

在深圳当前的城市更新法律体系中，并没有对确权的权利救济程序作出必要的规定，故而当政府认定的确权结果有误或侵害了第三人的正当权益时，当事人可以采取怎样的方式进行权利救济、权利救济程序与城市更新进度如何衔接等问题，亟待解决。

从性质上而言，该种确权行为应属于一种具体行政行为。如前所述，依据国家的相关规定，当事人若认为该种具体行政行为违法或直接侵害了其合法权益，则可以通过行政机关的救济（行政复议）和司法机关的救济（行政诉讼）进行权利救济。一旦启动上述救济程序，城市更新项目的土地建筑物核查确权的时间可能很长，甚至超过一年。根据《关于加强和改进城市更新实施工作的暂行措施》，自城市更新计划公告之日起一年内，未完成土地和建筑物核查和城市更新单元规划报批的，可按程序调出计划。显然前述规定没有考虑确权中的行政救济程序及该程序与项目衔接问题。

三　深圳土地及房屋权属关系复杂不利于确权工作的有效开展

深圳在城市化的过程中，由于政策变动频繁，特区内外规划、管理不统一，不仅导致了大量城中村、旧屋村、违法建筑的存在，而且使得特区内外土地及地上建筑物的管理和使用长期处于一种混乱而无序的状态，并由此产生了大量的历史遗留问题。这些不利因素的存在，加上政府对于这些历史遗留问题的处理规定又较为分散，涉及部门较多，处理和执法力度弱，给城市更新过程中的确权工作带来了很大的阻碍和挑战，非常不利于确权工作的有效开展。

在城市更新核查过程中，另外一个重要难点就是历史遗留用地和违法建筑的认定处理问题。前文也有多处提及，但因历史遗留用地、违法建筑问题有其存在的历史背景和政策原因，不能采取"一刀切"、不予补偿的处理方式。

四　违法建筑的处理问题

违法建筑，从文字表述上看，似乎是个很简单的概念，它是指违反了法律法规的规定、因而要对其加以处置的建筑物，它与"合法建筑"这个概念应该是相对应的。然而，从现实的情况看，对违法建筑的概念做上述简单的理解，似乎又有些不合时宜，因为这种简单的理解无法解释城市更新改造过程中出现的大量围绕违法建筑物产权归属和补偿问题所引起的法律现象。因此，倘若我们要深刻理解违法建筑产生的深层次原因，就不得不对"违法建筑"概念进行重新认识。

现有法律法规中对"违法建筑"与"违章建筑"概念充满混乱的认识，我们可以从以下法律、法规、规章的规定来观察这一点。1990 年《城市规划法》第四十条引用"违法建筑物"，2000 年《广播电视设施保护条例》第二十条引用"违章建筑"，2001 年

《城市房屋拆迁管理条例》（已经于 2011 年 1 月 21 日废止）第二十二条引用"违章建筑"，2005 年建设部《城市房屋拆迁工作规程》的通知引用"违法建筑"，2001 年《北京市城市房屋拆迁管理办法》引用"违章建筑"。由此可知，我国法律、法规、规章等规范性文件中对违法建筑和违章建筑的认知是不清晰的。

笔者认为违法建筑的称谓更为合理科学，因为这样混乱地运用"违章建筑"与"违法建筑"概念，既妨害理论界与实务界的沟通，也有损法律法规的严肃性和权威性，同时也不利于违法建筑物建造人的合理利益保护。

因此，我们必须倡导统一使用"违法建筑"这个概念，并且应该给它下一个明确的定义。笔者认为，所谓违法建筑，是指违反全国人大及其常委会制定的法律，违反国务院制定的行政法规及违反地方性人大及其常委会制定的地方性法规规定所建造的建筑物和构筑物。① 而违章建筑是指违反包括法律在内的各种制度规定的建筑物和构筑物，它不仅包括违反法律法规的规定所建造的建筑物和构筑物，还包括违反除法律法规之外的行政规章和各种制度的规定所建造的建筑物和构筑物。② 很显然，违章建筑所涉及的对象范围远大于违法建筑，二者之间是包容与被包容关系。

（一）违法建筑的分类

我们明确了违法建筑的概念，但概念只是对其内涵和外延加以界定，而要对于违法建筑的具体事项加以认定，对该类社会现象的本质和规律给予深刻的认识，则必须要借助分类这种认知手段。

我国关于违法建筑的规定散见于各种法律法规中，这些法律法规主要有：《土地管理法》《城乡规划法》《建筑法》《城市房地产管理法》《消防法》《环保法》《水法》《防洪法》《公路法》《铁路法》《民用航空法》《城市市容和环境卫生管理条例》《国有土地上房屋征收与补偿条例》《物业管理条例》《城市道路管理条例》《城市供水条例》《城市燃气安全管理规定》《城市绿化条例》。在各种地方性法规规章中，关

---

① 建纬（昆明）律师事务所：《昆明城市更新改造实务指引与风险控制》，云南科技出版社 2009 年版，第 51 页。

② 王才亮、陈秋兰：《违法建筑处理实务》，法律出版社 2008 年版，第 29 页。

于违法建筑的规定也很多，但不够统一，而且大都是针对本地实际作出的规定，不具有普适性。① 在法律上对违法建筑的分类，大致有以下几种：

第一种，按照违法建筑违反法律法规性质的不同，可以把违法建筑分为程序性违法建筑和实质性违法建筑。

所谓程序性违法建筑，是指并未违反法律法规中的土地、规划和建设方面的法规，而只是没有办理合法的审批手续，故而程序性违法建筑一般可以补办手续使其成为合法建筑；而实质性违法建筑是指事实上违背了土地、规划和建设方面法律的强制性规定，建造人无法通过补办手续的方式来纠正其违法行为，因而只能予以拆除或没收的建筑物。这种分类是违法建筑分类中的经典分类，该种分类无论对于理论研究还是对于司法实践，都有非常大的意义。

第二种，按照违法建筑物所违反的法律法规的不同或者违反法律法规的数量的差异，可以将违法建筑分为以下几种：

其一，违反土地管理法上的违法建筑。它具体包括如下情形：①无土地使用手续，比如在城市擅自占用国有土地，或者在农村非法占有集体土地来新建、修建和扩建建筑物；②违法租用农用地、建设用地或未利用地；③违法合作建房；④违法买卖宅基地。当前，违反土地管理法规定的违法建筑主要是在农民集体土地上违法建立并向社会租售的"小产权房"。

其二，违反城乡规划法上的违法建筑。它包括下列情形：①未取得城市规划管理部门建设用地规划许可而擅自施工的工程或虽有建设用地规划许可证但未按批准范围、内容施工的建筑物。②未取得建设工程规划许可证而施工或虽有建设工程规划许可证但未按批

---

① 比如2009年深圳市人大常委会《关于农村城市化历史遗留违法建筑的处理决定》中，对于违法建筑是这样规定的："本决定所称农村城市化历史遗留违法建筑（以下简称违法建筑）是指：（一）原村民非商品住宅超批准面积的违法建筑；（二）1999年3月5日之前所建的符合《深圳经济特区处理历史遗留违法私房若干规定》和《深圳经济特区处理历史遗留生产经营性违法建筑若干规定》（以下简称'两规'）处理条件，尚未接受处理的违法建筑；（三）1999年3月5日之前所建不符合'两规'处理条件的违法建筑；（四）1999年3月5日之后至2004年10月28日之前所建的各类违法建筑；（五）2004年10月28日之后至本决定实施之前所建的除经区政府批准复工或者同意建设外的各类违法建筑。"

准范围、内容施工的建筑物。③在乡、村庄规划区内未依法取得乡村建设规划许可证或者未按照乡村建设规划许可证的规定进行建设的建筑物。④未经批准进行临时建设，未按照批准内容进行临时建设或者超过批准期限不拆除的建筑物。在违法建筑中，违反城乡规划的违法建筑占据了相当大的一部分。

其三，违反建筑法上的违法建筑，它主要包括：①不按批准的设计图纸或者施工技术标准施工而擅自改建、加建的建筑物；②无建设工程施工许可证就开工建设的建筑物；③不符合竣工质量验收标准，就擅自交付使用的建筑物。

其四，违反其他单行法律的违法建筑，它包括：违反了消防法的建筑物，或违反了文物法的建筑物，或违反了道路法的建筑物，或违反了水源法的建筑物。

其五，综合违法建筑，这种违法建筑是指一栋违法建筑物违反上述的两种或两种以上的法律规定。

这种分类的意义在于满足司法工作的需要，执法者通过对不同的法律法规进行解读，可以对违法建筑物的违法性质进行全面完整的认定，不至于出现工作的疏漏。

第三种，按照违法建筑建造的时间，我们可以将违法建筑分为历史遗留造成的违法建筑和现实违法造成的违法建筑。

之所以要将这样的标准作为分类的依据，主要是考虑到深圳的现实情况。深圳市曾在2002年颁布"两规"（《深圳经济特区处理历史遗留违法私房若干规定》和《深圳经济特区处理历史遗留生产经营性违法建筑若干规定》），将1999年3月5日以前的违法建筑作为历史遗留的违法建筑给予相关宽容的处理；2009年《深圳市人民代表大会常务委员会关于农村城市化历史遗留违法建筑的处理决定》将2009年6月2日之前的违法建筑列为历史遗留问题的违法建筑进行宽容处理。

上述三种分类，因分类标准的不同，可能导致同一个违法建筑物在不同的分类中都存在，但这并不影响我们对于分类重要性的认识。在城市更新项目违法建筑物处理实务中，依据不同的分类标准认识不同的违法建筑个体，对于行政执法者或者搬迁人正确认识违法建筑的性质，正确和妥善处理违法建筑，依法保护被搬迁人合法权益，推进城市更新改造工作的进度，都是不可或缺的理论工具。

（二）违法建筑的现状

深圳的城市更新对象包括旧工业区、旧商业区、旧住宅区、城中村及旧屋村。其中违法建筑最多的是城中村，次之是旧住宅区、旧商业区、旧工业区，旧屋村比较少。

1. 城中村

城中村是我国快速城市化过程中出现的一种普遍现象，随着我国经济的快速发展，城市化进程不断加快，全国各地不断地进行大规模的城市建设。正是在这样"摊大饼"式的城市扩张的背景下，城区面积不断扩大，对土地的需求也越来越大，原有的国有土地根本满足不了城市建设的现实需求，征收周边地区的农村土地便成为必然。不少城市在城市发展过程中，遇到城中村土地征收的难题时，便采取回避和绕开的方法；或者城中村土地被征用了，但"村"还在，当地农民仍然生活在这里并保留部分供其建房居住的宅基地和集体自留建设用地。这些村庄随着周边地区农用土地的被征用而逐渐被城市包围，形成了"城中有村、村中有城、城市包围农村"的格局，城中村随之形成，于是一些原先的"城边村""城外村"先后成了"城中村"。

城中村违法建筑的建造人有原村民、原村集体经济组织、合作或集资建房的外来户。

城中村的违法建筑物主要表现形式有：

（1）违反土地管理法：非法占用国家所有的土地或者原农村用地红线外其他土地新建、改建、扩建的房屋；未经镇级以上人民政府批准在原农村用地红线内新建、改建、扩建的房屋；超出批准文件规定的用地面积的房屋。

（2）违反规划管理法：未取得建设用地规划许可和建设工程规划许可证擅自建造的房屋，或者超出规划批准文件规定的建筑面积所建的房屋，或者后来加建的房屋。

（3）违反建筑管理法：未取得建设工程施工许可证和建设工程竣工验收备案。

（4）违反其他单行法律：主要是违反消防法，建造房屋时根本没有考虑消防问题，没有消防通道、消防设施，放眼看去城中村成片存在大量不符合消防要求的"握手楼"。

（5）根据深圳市地方性法规的规定，原村民违反一户一栋原则所建的私房。

（6）非原村民未经政府批准合作建房或集资建房的房屋。

"城中村"可谓城市违法建筑物的集中营，城中村的违法房屋往往是上述违法情形的混合体。

2. 旧屋村

旧屋村是指深圳市政府《关于发布〈深圳市宝安、龙岗区规划、国土管理暂行办法〉的通知》（深府〔1993〕283 号，以下简称《通知》）实施前已经形成且现状仍为原农村旧（祖）屋的集中居住区域。

根据《深圳市宝安区、龙岗区、光明新区及坪山新区拆除重建类城市更新单元旧屋村范围认定办法（试行）》规定，按照《深圳经济特区处理历史遗留违法私房若干规定》等规定已办理房产证的私房在《通知》实施前已经建成的，可纳入旧屋村范围。厂房及其他生产经营性用房、《通知》实施后建设的私房不得纳入旧屋村范围。

在旧屋村建造违法建筑物的建造人有原村民、原村集体经济组织。

旧屋村因本身房屋的结构基础差，往往涉及村里的祠堂等因素，或者一般地理位置较偏僻，在旧屋村加建和扩建的较少，基本上维持原貌或者有部分倒坍等情况，现状容积率一般不超过 1.5。如前所述，旧屋村只存在 1993 年之前建成的私房并经"两规"处理后办理房产证一种违法建筑物。除此之外，均不纳入旧屋村范围。

3. 旧工业区

旧工业区是指城市的基础设施和公共服务设施亟须完善、环境恶劣或者存在重大安全隐患，且属于深圳市禁止类和淘汰类产业，能耗、水耗严重超出国家、省和市相关规定的，或土地利用效益低下，影响城市规划实施并且可进行产业升级的成片旧工业区。

违法建筑物的建造人一般是工业区的开发单位、工业厂房的业主、工业厂房的承租人。

旧工业区的违法建筑物表现形式主要有：

（1）没有合法国有土地使用权的用地审批手续的房屋，或者超出批准文件规定的用地面积的房屋。

（2）未取得建设用地规划许可证擅自建造的房屋，或者超出建设用地规划许可证文件规定的建筑面积所建的房屋，或者改变建设用地规划许可证所建造的房屋，未取得建设工程规划验收文件的房屋。

（3）在合法建筑物的结构基础上搭建、扩建的房屋。

（4）将房屋的工业用途改变为商业用途而改建的房屋。

4. 旧商业区

旧商业区是指城市的基础设施和公共服务设施亟须完善、环境恶劣或者存在重大安全隐患，所在片区规划功能定位发生重大调整，现有土地用途、土地利用效率与规划功能不符，影响城市规划实施的成片旧商业建成区。

违法建筑物的建造人一般是商业区的开发单位、商业区房屋的业主、商业区的承租人。

违法建筑物的表现形式主要有：

（1）没有合法国有土地使用权的用地审批手续的房屋，或者超出批准文件规定的用地面积的房屋。

（2）未取得建设用地规划许可证擅自建造的房屋，或者超出建设用地规划许可证文件规定的建筑面积所建的房屋，或者改变建设用地规划许可证所建造的房屋，未取得建设工程规划验收文件的房屋。

（3）在合法建筑物的结构基础上搭建、扩建的房屋。

（4）将房屋的商业用途改变为其他用途而改建的房屋。

5. 旧住宅区

旧住宅区是指建成时间超过 20 年，城市的基础设施和公共服务设施亟须完善，环境恶劣或者存在重大安全隐患的住宅小区。

违法建筑物的建造人一般是小区居民、小区的原开发单位、与小区开发单位合作建房的单位。

旧住宅区的违法建筑主要表现形式有：

（1）没有合法用地审批手续的房屋，或者超出批准文件规定的用地面积的房屋。

（2）未取得任何批准文件，在小区空地上违规建造房屋。

（3）在小区原有房屋结构基础上违规搭建、扩建房屋。

（4）在小区原有房屋结构基础上改建，如将架空层车位改建为商铺。

（5）未经政府批准合作建房或集资建房的房屋。

（三）违法建筑的法律评价

我国法律对违法建筑的规定主要集中在《物权法》《土地管理法》《城乡规划法》《建筑法》等法律。

1.《物权法》

2007 年颁布的《物权法》第九条规定："不动产物权的设立、变更、转让和消灭，经依法登记，发生效力；未经登记，不发生效力，但法律另有规定的除外。"第三十条规定："因合法建造、拆除房屋等事实行为设立或者消灭物权的，自事实行为成就时发生效力。"因此，违法建筑的建造行为违法，所以其不具有设立物权的法律效力。但我们必须承认这个事实，即现实中的大部分违法建筑是在物权法实施之前建造的，根据法不溯及既往这个基本法理，现行物权法的效力不能及于其实施前的违法建筑物，因此"违法建造"是否取得物权，是有争议的。

2.《土地管理法》

2004 年修订的《土地管理法》第七十三条规定："对违反土地利用总体规划擅自将农用地改为建设用地的，限期拆除在非法转让的土地上新建的建筑物和其他设施，恢复土地原状，对符合土地利用总体规划的，没收在非法转让的土地上新建的建筑物和其他设施；可以并处罚款"；第七十七条还规定："农村村民未经批准或者采取欺骗手段骗取批准，非法占用土地建住宅的，由县级以上人民政府土地行政主管部门责令退还非法占用的土地，限期拆除在非法占用的土地上新建的房屋。"

3.《城乡规划法》

2007 年颁布的《城乡规划法》第四十条规定："在规划区内进行建设的，建设单位或者个人应当向相关主管部门申请办理建设工程规划许可证。"第六十四条则把违法建筑分为程序性违法和实质性违法，并分别作出规定："未取得建设工程规划许可证或者未按照建设工程规划许可证的规定进行建设的，由县级以上地方人民政府城乡规划主管部门责令停止建设；尚可采取改正措施消除对规划实施的影响的，限期改正，处建设工程造价百分之五以上百分之十以下的罚款；无法采取改正措施消除影响的，限期拆除，不能拆除的，没收实物或者违法收入，可以并处建设工程造价百分之十以下的罚款。"

4.《建筑法》

1997 年通过的《建筑法》第六十四条规定："违反本法规定，未取得施工许可证或者开工报告未经批准擅自施工的，责令改正，对不符合开工条件的责令停止施工，可以处以罚款。"第七十条规定："违反本法规定，涉及建筑主体或者承重结构变动的装修工程擅自施工的，责令改正，处以罚款。"

5. 其他法律

我国还有许多其他法律都对违法建筑进行了规定，如《公路法》第五十六条、《铁路法》第四十六条、《民用航空法》第五十八条、《文物保护法》第十一条、《水法》第二十四条、《港口法》第四十五条、《防洪法》第二十七条、《继承法》第三条等都对违法建筑做了相应的规定。

6. 行政法规

《国有土地上房屋征收与补偿条例》第二十四条规定："市、县级人民政府作出房屋征收决定前，应当组织有关部门依法对征收范围内未经登记的建筑进行调查、认定和处理。对认定为合法建筑和未超过批准期限的临时建筑的，应当给予补偿；对认定为违法建筑和超过批准期限的临时建筑的，不予补偿。"该法条明确规定了拆除违法建筑不予补偿。

7. 部委规章

建设部于 2001 年 8 月颁布的《城市房地产抵押管理办法》第三条规定："本办法所称房地产抵押，是指抵押人以其合法的房地产以不转移占有的方式向抵押权人提供债务履行担保的行为。……"依此规定，违法建筑不能够抵押。建设部于 2008 年 1 月通过的《房屋登记办法》第二十二条规定："有下列情形之一的，房屋登记机构应当不予登记：（一）未依法取得规划许可、施工许可或者未按照规划许可的面积等内容建造的建筑申请登记的……"这一条文明确规定了违法建筑不能进行不动产登记。

从以上绝大部分法律、行政法规、部委规章等国家层面的规范性文件可以看出违法建筑的法律地位，即处于非法状态，建造人对其没有所有权，不能进行房屋产权登记，不能进行买卖、租赁、抵押、继承等，在拆除时，也不会得到任何补偿。但是这些"一刀切"的规定，在地方实际事务中难以执行。城市更新改造中违法建筑物的存在有它的历史必然性和一定的合理性，但它又违背了我国现行的法律法规，这确实是个极为复杂的问题。城市更新改造中违法建筑物的违法性毋庸置疑，我们对之依法进行处理也是势在必行，只是我们处理的手段和方法要做到谨慎、科学、合理。为此各地方人大和政府，根据各地实际，通过制定地方性法规和规范性文件来规范违法建筑的处理。

（四）违法建筑的认定处理和补偿问题

在我国制定的关于处理违法建筑物的法律法规中，如《城乡规划法》《土地管理法》《建筑法》等法律，对于违法建筑的处理原则都没有具体规定，而《行政处罚法》的规定又缺乏针对性。笔者认为，对于城市更新违法建筑物处理应当遵循尊重历史和现状、维护公共利益、维护法律权威等原则来处理。

深圳市为了处理和制止违法建筑物的问题，先后出台了多部地方性法规和规范性文件。1999 年的《深圳市人民代表大会常务委员会关于坚持查处违法建筑的决定》，2002 年的《深圳经济特区处理历史遗留违法私房若干规定》《深圳经济特区处理历史遗留生产经营性违法建筑若干规定》《深圳市处理历史遗留违法私房和生产经营性违法建筑工作程序》，2004 年的《深圳市人民政府关于坚决制止违法用地和违法建筑行为的通告》《中共深圳市委深圳市人民政府关于坚决查处违法建筑和违法用地的决定》《深圳市城中村（旧村）改造暂行规定》《深圳市宝安龙岗两区城市化土地管理办法》，2006 年的《深圳市临时用地和临时建筑管理规定》《关于处理宝安龙岗两区城市化土地遗留问题的若干规定》《深圳市原村民非商品住宅建设暂行办法》，2007 年的《深圳市公共基础设施建设项目房屋拆迁管理办法》，2009 年的《深圳市人大常委会关于农村城市化历史遗留违法建筑的处理决定》《深圳市城市更新办法》，2012 年的《深圳市城市更新办法实施细则》，2013 年的《深圳市房屋征收与补偿实施办法（试行)》，几经完善，现在深圳市地方性法规和规章对违法建筑物的处理有了较明确规定，对全国的违法建筑处理有普遍的借鉴意义。

对违法建筑处理方式，归纳起来包括下列几种。

1. 确认产权

所谓确认产权，是指对于那些没有实质违法，只是在程序上有瑕疵的或者因历史原因造成的违法建筑给予行政处罚后，确认建造人对违法建筑的所有权，从而使违法建筑过渡为合法建筑的一种行政处理方式。确认产权的处理方式一般适用于程序违法建筑和历史遗留的违法建筑。

确认产权必须具备一定的条件：一是必须经过普查登记，确认建筑物违法。违法建筑物必须在法规规定的时限内主动进行登记并被行政机关予以确认，否则将丧失确权的机会。二是经过行政处罚，并足额及时缴纳了罚款和补交了地价款。三是补办了法律法规规定的手续。

可以确认产权的违法建筑包括如下两种：一是生产经营性违法建筑，它具体是指一定日期以前的违反规划、土地等有关法律、法规的规定，未经规划国土资源部门批准，未领取建设工程规划许可证，非法占用土地兴建的工业、交通、能源等项目的建筑物及生活配套设施。具体有：农村集体经济组织的违法建筑；农村集体经济组织和其他企业或单位合作兴建的违法建筑；其他企业或单位的违法建筑。二是住宅用的违法建筑，具体包括政府规定一定日期以前违反法律、法规所建的下列私房：原村民非法占用国家所有的土地或者原农村用地红线外其他土地新建、改建、扩建的私房；原村民未经镇级以上人民政府批准在原农村用地红线内新建、改建、扩建的私房；原村民超出批准文件规定的用地面积、建筑面积所建的私房；原村民违反一户一栋原则所建的私房；非原村民未经县级以上人民政府批准单独或合作兴建的私房。

但下列违法建筑不予确认产权，主要是实质性违法建筑：一是占用道路、广场、绿地、高压供电走廊和压占地下管线或者其他严重影响城市规划又不能采取改正措施的；二是占用农业保护区用地的；三是占用一级水源保护区用地的；四是非法占用国家所有的土地或者原农村用地红线外其他土地的。

经处理确认产权的违法建筑，通过政府的确权程序将违法建筑转变为合法建筑。符合确认产权条件的，适当照顾原村民和原农村集体经济组织利益，在区分违法建筑和当事人不同情况的基础上予以处罚和补收地价款后，按规定办理初始登记，依法核发房地产证。

2. 依法拆除或者没收

所谓依法拆除，是指那些实质性违法建筑违反了法律行政法规的禁止性规定，无法通过补救措施予以整改，只能对其予以拆除的处理方式。包括：①存在严重安全隐患，又不能整改消除的；②非法占用已完成征、转地补偿手续的国有土地，严重影响城市规划，又不能采取措施加以改正的；③占用基本农田的；④占用一级水源保护区用地的；⑤占用公共道路、广场、绿地、高压供电走廊、公共设施和公益项目用地，压占地下管线或者其他严重影响城市规划，又不能采取措施加以改正的。若上述涉及违法用地的违法建筑，其建设行为发生在土地用途依法确定前的，拆除时可以予以适当补偿。

实践中，许多违法建筑权利人并不自行实施拆除，这就存在强制拆除的问题。根据现行法律和行政法规以及各个地方法规的规定，我国目前主要存在以下两种强制拆除方式：行政强制拆除，申请法院强制执行。所谓行政强制拆除，是指地方人民政府按照《城乡规划法》《土地管理法》以及《建筑法》等法律的规定，对于在政府指定的拆除期限内没有履行拆除义务的违法建筑，依法责令有关部门组织执法队伍对该违法建筑实施强制拆除。所谓申请法院强制执行，是指有行政处罚权的行政机关，对违法建筑已经依法确认了其具有违法性，并依照法定程序向建造人作出了限期拆除的行政处罚决定，但当事人在处罚决定要求的期限内没有主动拆除，也没有在行政处罚法规定的期限内提出行政复议和行政诉讼，或者是提出复议或诉讼但被依法维持原处罚决定，原作出处罚决定的行政机关可以申请人民法院强制执行。上述两种强制执行所产生的费用，比如拆除费、清理费，一般由被执行人承担。

所谓依法没收，是指违法建筑虽然违反了法律法规的强制性规定，但其具有不危害公共利益情形或者可以整改加以利用，因而对其予以没收的行政处理方式。这种处理方式一方面维护了法律的尊严，具有严厉惩罚功能；另一方面又出于经济利益和物尽其用的角度考虑，使社会财富得以合法留存，又具有财产保护功能。实践中主要包括：非法占用已完成征、转地补偿手续的国有土地，建筑物使用功能不违反城市规划，或者违反城市规划但可以采取改正措施加以利用的；超过政府批准复工用地范围的工业及配套类违法建筑等。

3. 临时使用

所谓临时使用，是指经普查记录的违法建筑，尚未按照相关规定处理前，根据"物尽其用"和"珍惜资源"的原则，可以允许建造人有条件临时使用违法建筑的一种行政处理方式。违法建筑建设当事人或者管理人需要临时使用的，应当向有关部门申请工程质量和消防安全检验；经工程质量和消防安全检验合格并符合地质安全条件的，可以按规定办理临时从事生产经营活动和房屋租赁的相关手续。

在城市更新改造中，表面上是旧房屋的拆除和新房屋的建造，实质上是政府、开发商、村集体、村民等主体之间一次资源再分配、一次重大利益的调整。所以，违法建筑物的搬迁补偿处理是一个非常关键的环节，因为对违法建筑的补偿处理事关各方利益，特别是被搬迁人利益。虽然与其他合法建筑物一样，在实施主体形成的市场行为中，对补偿标准没有法定依据，但我们也必须厘清公平合理的手段和方法背后的法理基础。要在对违法建筑物的搬迁补偿处理过程中做到于事有理、于法有据。

第五节 搬迁补偿安置协议签订阶段

一 "所有业主"的界定与特殊业主的处理

《深圳城市更新办法实施细则》明确规定，属于旧住宅区改造项目的，市场主体必须与所有业主签订搬迁补偿安置协议，才能形成单一主体。相比项目立项阶段要求更新单元内占建筑物总面积2/3以上且占总数量2/3以上的权利主体同意更新，搬迁补偿安置协议签订阶段对于业主数量提出了更高的要求，但事实上并未有相关的指引性文件对"所有业主"作出清晰界定。

此外，在业主属于在押犯或在逃犯的情况下，与上述权利主体无法找到的情形类似，不同的是无法认定其为下落不明，亦无法对其财产进行任何处分。对于此种原因导致的签约失败，是否可设置变通规定以促进项目的顺利实施，仍有待政府部门相关政策文件的出台。

笔者在调研时还发现，由于现实生活的复杂性，实践中可能遇到的权利主体的特殊情况亦是层出不穷，以两个具体案例简单说明：

案例1：在证载权利人属于涉外主体且已经死亡的情况下，对其所属物业的处理问题

被搬迁房屋属于已办理产权登记房屋，登记权利人甲购买房屋时属于中国国籍，但之后移民国外居住，并加入外国国籍，其子女也一并移民国外并加入外籍。被搬迁房屋一直是由乙实际使用居住，乙与甲系亲属关系，但乙并非第一顺位法定继承

人。现证载权利人甲已经死亡，按照我国《继承法》第三十六条第二款的规定，"外国人继承在中华人民共和国境内的遗产，动产适用被继承人住所地法律，不动产适用不动产所在地法律"，因此，甲的被搬迁房屋继承应适用我国法律。乙只有在前面顺位的继承人放弃继承的情况下，才能继承被搬迁房屋，并需要办理相应的涉外继承公证以及其他相关的继承手续，所涉情况复杂，办理难度高。若存在实际使用人无法与证载权利人的其他继承人取得联系的情况，则对房屋的处理更为棘手，耗时费力，且成功的可能性低。

案例2：证载权利人为公司，公司已经注销如何处理

被搬迁房屋属于已办理产权登记房屋，并且是以内地某省属国企下属公司驻深圳办事处的名义办理的产权登记。目前，该驻深圳办事处已经撤销，且该国企下属公司也已经改制为私人企业，后因经营不善破产，现在已经注销。

这个案例中面临的主要问题在于，当时该深圳办事处核发的产权登记证书的效力问题，其是否可作为合法有效的产权证明。国企改制时，是否对该搬迁房屋进行过处理，其实际权利人该如何确定；若经审核相关国企改制的文件，明确被搬迁房屋划归改制后的私人企业所有，但由于该企业已经破产，如果其注销时未对被搬迁房屋进行清算的，又该如何处理，是以公司实际股东作为权利人，① 还是要求先行用于清偿公司债务。② 另外，如果采取的补偿方式是产权置换，那么回迁房屋应登记在谁名下。

---

① 上海市高级人民法院《关于公司被依法注销后其享有的财产权益应如何处理的若干问题的解答》第三条规定，"股东在公司注销后取得公司在清算中遗漏的债权或财产权益，该债权或财产权益原属于公司财产应当归属于全体股东，由全体股东按照公司章程或法律的规定进行分配。因此股东在公司注销后取得公司在清算中遗漏的债权或财产权益，其他股东有权提起诉讼要求获得财产利益的股东对该财产进行分配"。

② 上海市高级人民法院《关于公司被依法注销后其享有的财产权益应如何处理的若干问题的解答》第六条规定，"公司被依法宣告破产，并经破产清算与分配，公司对外不能清偿的债务不再清偿。因此，破产清算具有免除破产企业债务的效果。在破产程序终结后，如发现公司还享有债权或其他财产权益，该权益应当首先用于向全体债权人清偿，在清偿完毕前，被宣告破产的公司的股东或上级主管部门不享有该财产权益"。

对于开发企业来说，有关特殊业主的搬迁补偿安置是"心有余而力不足"的难题，烦琐的程序要求以及相关政策性指引文件的空白，不仅增加了项目的时间与人工成本，还使其面临补偿对象无法确定的签约失败风险。

二　搬迁补偿谈判缺乏交易价格标准

在"市场运作"原则下，城市更新单一主体的形成属于纯商业交易行为，开发企业向更新单元内的业主发出收购的要约，业主可以讨价还价，也可以拒绝。不同于政府征收，其对被征收房屋的价值，由具有相应资质的房地产价格评估机构按照房屋征收评估办法评估确定，并据此与被征收人达成补偿协议；对于征收补偿方案确定的签约期限内达不成补偿协议，政府征收部门有权作出补偿决定。法定的补偿标准给予了政府和被征收人可预见的支出与收益。[①]更新项目的补偿工作由开发企业与业主协商谈判完成，在无强制出售要求，又缺乏补偿指导标准的情况下，达到100%的签约率显得异常艰难。特别是在深圳房地产市场的价格不断飙升的背景下，开发企业既面临着部分业主远高于市场价的补偿压力，又面临着已签约业主的反悔风险，而这些都是搬迁补偿协议签订过程中需要解决的问题。

此外，拆除重建类城市更新项目的搬迁补偿既属于改造主体的市场行为，本应给予其更多的灵活性与谈判空间，但当前行政窗口指导规则比较多，导致项目推进慢、难度高，尤其是政府要求落实公建配套的公益门槛高，而由政府出面促进搬迁补偿谈判的可能性低，政策与市场行为在城市更新中无法实现有机契合。

三　搬迁补偿协议备案的效力问题

城市更新中的搬迁补偿安置合同属于民事合同。首先，从协议签订主体来看，城市更新是市场主导的房地产开发活动，协议签订主体是拟成为实施主体的房地产开发企业和城市更新单元范围内现

---

① 邹广：《深圳城市更新制度存在的问题与完善对策》，《规划师》2015年第12期，第50页。

有建筑物的权利主体，二者是法律地位平等的民事主体；其次，从协议的签订过程来看，是否签订搬迁补偿安置协议以及签订内容即搬迁标准、补偿方式等均由双方商定，无行政强制力的干涉；最后，从协议的内容来看，是搬迁人拆除被搬迁人依法享有权利的不动产，对被搬迁人给予货币补偿或者置换不动产，一系列交易均涉及民法、物权法中所有权的取得、变更、消灭，属于民事合同的调整内容。基于城市更新项目的特殊性，不同于普通的民事合同，搬迁补偿合同的主要利益体现在现有不动产利益和未来不动产利益的置换，但合同履行却非双方当事人所能掌控，其所面临的不确定因素较多。搬迁补偿安置协议目的的达成除依赖双方严格按照协议履行外，还存在诸多外在因素，城市更新改造项目涉及利益主体众多，其中政府审批、政策规定以及是否能够完成搬迁补偿协议的100％签订等这些外在因素都直接影响到项目的推进，进而影响协议目的的实现。

我国法律规定需备案的民事合同主要包括建设工程施工合同、商品房预售合同、专利实施许可合同。合同备案从其外观理解是一种民事行为之后的行政备案登记行为，但对于其效力的认定，目前我国理论、实务界有不同的观点，主要包括民事行为论、行政管理行为论以及民事行政交叉行为论。[①]

《深圳市城市更新办法》第四十八条第一款规定："搬迁补偿安置协议的签订可以由公证机构进行公证。搬迁人应当及时将已签订的搬迁补偿安置协议报区城市更新职能部门备案。"具体《实施细则》第四十八条亦作出相同的规定，同时深圳市各区政府陆续发布相应的配套管理规定及操作程序指引，如龙岗区要求"搬迁人原则上应在搬迁补偿安置协议签订之日起30天内送辖区街道办备案，更新项目内签订的搬迁补偿安置协议的备案工作应在申请实施主体确认前完成；分期实施的，应在申请实施主体确认前完成当期搬迁补偿安置协议的备案"。不过，对于搬迁补偿协议备案的效力问题，以及备案后可否变更的问题，现有政策未予以规定。实践中存在的一种情况

---

① 颜文俊：《民事的归民事行政的归行政——浅析合同备案制度》，《中国房地产》2010年第2期，第29页。

是，在搬迁补偿协议经备案后，开发企业与原业主要求变更且双方达成一致意见，但政府方面不同意变更，这种情况下，若将搬迁补偿协议的备案认定为民事行为，则政府部门的拒绝变更不合法理，而若认定其为行政管理行为，则属于政府部门的职权所在，无可非议。

签订搬迁补偿安置协议后，由于不动产物权仍登记在原业主名下，产权仍归原业主所有，搬迁人面临不动产因实现抵押权而被拍卖、查封的风险。基于物权的优先效力，以及搬迁补偿安置协议不具有对抗司法文书的效力，搬迁人将因合同的履行障碍而无法办理产权的注销登记，只能追究业主的违约责任，而无法进行后续的建筑物拆除重建工作，对于搬迁人的利益保护可谓不周。因此，明确搬迁补偿安置协议备案的效力，或赋予其一定对抗第三人的效力，对于保护交易安全实有重大意义。

四　无法通过协商方式达成协议时的公权力救济问题

（一）僵局的形成

城市更新是以更新单元为单位进行的土地成片改造，而更新单元内的土地及建筑物分属于不同的权利主体，因此搬迁人需要与所有业主签订搬迁补偿安置协议，改造成本高昂。"如果一种资源拥有太多所有者，而这种资源却必须进行整体利用时才最有效率，由于每个所有者都可以禁止他人使用，在合作难以达成的情况下，资源就可能被浪费。"① 尤其是"钉子户"现象的存在，因搬迁补偿协议属于平等民事主体之间的交易行为，在市场导向的城市更新过程中，政府基本上将搬迁问题完全交由开发企业等改造主体自行处理，因此，在缺乏社会公认的搬迁补偿标准情况下，开发企业只能通过谈判的方式和业主达成共识，则必然会存在个别业主漫天要价的问题。但《实施细则》规定，更新改造主体必须取得更新单元内100%的不动产权益，才能形成单一主体，并由政府确认其为项目的唯一实施主体。但当改造主体无法与更新单元内全部业主达成协议时，基于城市更新的商业属性，目前国家法律以及深圳城市更新

① 王瑞民：《整村统筹，破解城市更新中的"钉子户"困局——来自深圳坪山土地整备实践的启示》，《团结》2016 年第 5 期，第 60 页。

地方政府规章均未规定处理方法。虽然《实施细则》第七十三条规定了政府组织实施，但未明确具体的实施方式，使得这一看似解决了"少数派"问题的条款徒有其表。

搬迁补偿谈判中，基于项目的已投入成本与预期经济损失，开发企业与业主往往处于不对等的地位，开发企业"拖不起"但业主"耗得起"，对于业主合理或不合理的要求，多以开发企业最后妥协而告终。① 这在没有补偿标准且缺乏搬迁补偿执行机制的情况下，无疑增加了搬迁补偿谈判的难度。此外，对于无法通过市场协商方式达成协议的被搬迁人，由于我国现行政策缺乏行政介入措施，使得开发企业更是无计可施，项目根本无法继续推进。深圳城市更新实践中，存在很多项目因无法与极少数业主就搬迁补偿达成一致意见而停滞多年，最典型的是 2010 年已被列入深圳城市更新单元第一批计划的旧住宅小区改造项目，包括木头龙、金钻豪园、鹤塘小区、华泰小区、龙溪花园、海涛花园等，都因少数业主反对（俗称"钉子户"）导致项目全部停滞。② 根据我国立法规定，"多数决"不能对抗"少数派"，但在特定场合，"少数决"却可以对抗"多数派"。"钉子户"问题一直以来都是国有土地上商业性搬迁补偿绕不过去的一个坎，无论"拆与不拆"，都会造成一定的利益失衡，只是这个结果的承担者不同而已。"钉子户"个人利益的满足必然会增加项目的开发成本，而最终该部分也将通过房价、租金的方式转嫁给消费者；此外，由于"钉子户"问题导致项目停滞的经济损失，也是对社会资源的一种浪费。对于已签约的业主来说，其迫切希望项目能尽快推进以完成回迁，而"钉子户"的坚守又使其回迁无望，利益的分歧往往容易引发冲突，甚至出现"集体内斗"的局面。如何解决城市更新中搬迁补偿的"少数派"利益问题，提高项目的实施率，既是重要的理论问题，也是关键性的实操问题。

（二）行政权力可否介入问题

对此，有学者曾经研究过市场化城市更新中行政征收的合法性

---

① 敬宏愿、杨妍：《深圳城市更新经验的沉淀与输出》，《2015 中国城市规划年会论文集》，贵州，2015 年。

② 耿延良：《深圳城市更新路在何方（一）》，《住宅与房地产》2015 年第 1 期，第 62 页。

的问题，笔者认为重点是解决"是否存在公共利益"以及"政府可否征收"两个层次的问题。

1. 是否存在公共利益

有观点认为，旧城改造是为了公共利益，其根本目的是为了实现土地资源的最佳配置，实现城市总体规划，提升城市整体价值，改善老百姓生活条件，增强城市综合竞争力。旧城拆迁后的地块只要是按照城市总体规划和土地规划的要求并依法进行的，就有利于改善城市环境和面貌，就是为市民创造更好的生活工作环境，只不过前者更加直接和公益，后者较为间接且有个体利益。也有观点认为，城市更新属平等主体之间的民事法律行为，系房地产企业主导的商业性开发活动，不存在公共利益问题，政府应完全退出拆迁活动。

笔者认为，城市更新中是否存在公共利益？答案是肯定的，城市更新虽然是由市场主体参与，却与公共利益密不可分。首先，其根本目的是为了更新改造老旧住宅区、城中村，实现土地资源的最佳配置和城市规划，提升城市整体价值，改善生活条件。其次，根据法律规定，更新区域需要配建一定比例的保障性住房，以增加保障性住房供应，有效促进产城融合。再次，房地产企业应向政府无偿移交一定比例（大于3000平方米且不少于拆除范围用地15%）的独立用地用于建设公共服务设施或者城市公共利益项目等，且贡献率要求逐步提高。最后，城市更新僵局的出现，不仅严重影响城市更新项目的实施进度，更激发了矛盾，影响了社会稳定和谐，将损害社会公共利益。

城市更新是政府通过动员房地产企业的市场资本力量实现旧城改造的一系列公共利益目标，因此，城市更新中的公共利益与商业利益是交织、融合在一起的，两种利益并非属于泾渭分明、非此即彼的绝对化的关系，而是"你中有我""我中有你"，互相渗透。既不能因为商业利益的存在，而否定公共利益的存在；也不能因为公共利益的存在，而否定商业利益的存在。不可否认，城市更新虽是市场主导的房屋拆迁行为，但其在多种角度具备公共利益，但并非存在公共利益就可据此启动行政征收，存在公共利益与达到消灭私人物权的公共利益不是同一个法律概念，后者的范围要窄于前者。具有"公共利益"属性不能借此将商业性开发解释为满足了"公共利益的需要"，否则，在我国将很难找到"公共利益"之外的纯粹商业开发。① 综上所述，城市更新中存在公共利益，但关于市场化城市更新中行政征收的合法性问题的探讨并不能就此得出答案，还将进一步根据法律在征收规定中对公共利益的规定予以界定。

2. 政府可否征收

在现有法律框架下，可行政征收的合法性基础在《国有土地上房屋征收与补偿条例》的第八条明确列举的公共利益范畴中，深圳市场化城市更新的行政征收理由，显然不属于第八条规定的前四项，只能套用第（五）项的规定，因此，甄别是否符合第（五）项规定是对"政府可否征收"的回应。

首先，就更新目的而言，第（五）项规定必须是为了公共利益的需要。深圳的城市更新遵循的原则是市场主导及运作，因此存在多方利益诉求，更新目的应系作为运作主体的房地产企业参与城市更新项目的目的，毋庸置疑，房地产企业作为自负盈亏的经济实体，追求利润最大化是其参与城市更新的内在动机和目标。虽然政府制定城市更新政策的目的具有公共利益性质，但该目的政府已选择通过市场方式而非自行组织实施来实现，在由房地产企业选择项目、与权利主体商定补偿标准等大多数工作由市场主体按照市场规律和规则进行操作的市场行为中，政策目的是城市更新行为本身所附带的外部性表现，并非更新目的。

其次，就实施主体而言，第（五）项规定必须由政府组织实施。区别于政府主导有计划实施的"自上而下"的土地整备，市场化城市更新原则为"市场运作、政府引导"，城市更新是房地产企业与权利主体在市场中进行的平等主体的民事法律活动，所以究竟是否实施城市更新以及如何补偿等事宜是建立在自由契约的基础上由市场机制决定。房地产企业主导与权利主体进行商业谈判，达成更新改造共识，划定更新单元范围"自下而上"向政府相关部门申

---

① 丁南：《不法性强制拆迁的认定及相关私权救济》，《深圳大学学报》（人文社会科学版）2012 年第 3 期，第 106 页。

请更新改造，更新意愿征集、规划方案制订、搬迁补偿谈判及协议的履行等均由市场运作，政府仅充当规划引导、审批和监督的角色，担任实施主体角色的是房地产开发企业。

最后，就改造对象而言，第（五）项规定必须是危旧房屋集中区域。"旧区改造"相比较于其他明确规定的公共利益，更容易引发社会争议，这不仅在于征收房屋财产涉及的利益主体众多、影响较大，还在于实施主体带有商业利益驱动性。[①] 但第（五）项并未规定何谓危房集中及基础设施落后以及如何认定？并非所有旧城区改建都属于公共利益。且事实上，交由市场运作的城市更新，是否启动城市更新由市场决定，由此可见，就改造对象而言，决定更新的主要因素是市场需求而非改造必要性，房地产企业因其趋利性，往往选择地段好、利润空间大、回报率高的地块作为更新对象，而那些从城市整体发展和公共利益的角度更迫切需要更新的地区可能因建筑密集、更新改造成本高而少人问津。[②] 因此，诸多城市更新项目并非属于危房集中、基础设施落后情形。

综上所述，城市更新虽存在公共利益，但其市场商业化成分较高且区别于传统的"旧区改造"，因此，根据现行法律规定，将其纳入公共利益作为动用行政权力征收的理由尚不充分。但从制度的合理性与必要性角度来看，基于利益平衡以及市场机制失灵的价值需求，应当在确保私权自治的前提下，辅之以有条件的国家强制，以协调各方利益的动态平衡，实现私权保护的理性和有序。[③]

在现行法律框架下，市场化城市更新因商业性质使得虽具备公共利益属性但仍不足以适用行政征收制度，但不同于普通的商业拆迁，城市更新无论从制度设定初衷还是实施效果均具有公共利益属性，陷入谈判僵局将危害社会整体公共利益。因此，法律应将城市

① 刘平、李萍、王松林、王天品：《城市房屋拆迁中的法律问题研究——以上海旧区改造实践为例》，《东方法学》2011 年第 5 期，第 23 页。

② 吕晓蓓、赵若焱：《城市更新中的政府作为——深圳市城市更新制度体系的初步研究》，《2008 年中国城市规划年会论文》，大连，2008 年，第 2 页。

③ 敬从军、郭丽娜：《商业拆迁中介入国家强制的必要性分析——基于私权自治模式有限性的检讨》，《绵阳师范学院学报》2017 年第 16 期，第 25 页。

更新项目从普通商业拆迁即完全排斥行政征收中予以区分，若项目具有公共利益属性（如需落实占地面积较多的公共服务设施用地）和明显公共利益目的，再加上已获得较高比例权利主体签约同意的砝码，即使在"私权利对抗私权利"的利益博弈模式中也应赋予政府强制介入的征收权力，让"钉子户"漫天要价的获利欲望有一个理性的回落，保障城市更新中公共利益的实现。

城市更新对于深圳乃至全国是一个崭新的课题，法律具有滞后性，未将城市更新这一特殊房地产开发活动在行政征收领域予以合理规制。在土地资源紧张、大力推行存量土地二次开发的时代背景下，现有的征收制度亟待作出相应调适，赋予公共利益新的内涵，在市场化城市更新中允许行政征收公权力的适度介入，以政策更新破解谈判僵局。

五　集体用地合作项目程序繁杂

自 2016 年 8 月 31 日起，深圳市要求各区涉及集体资产交易的事项均需纳入平台进行集中交易，但从该政策的实行情况来看，全市完成平台交易的项目数量屈指可数。从目前集体资产平台交易流程来看，相关程序极为烦琐，意愿征集、项目可行、资产评估、招商方案、资格审查、谈判方案、评定标准不仅要经历若干次民主决策，需要数十份文件和资料，还要经过街道办的数次审查。由于程序的烦琐、政策的复杂，再加上监管部门专业人手的不足，导致集体资产交易进展缓慢，项目推进效率低下。另土地资源的稀缺性使得村集体股份公司处于强势地位，在整个集体资产交易过程中发挥重要作用，而开发企业给村集体的交易条件是公开的，易引发相互间的竞争，抬高更新改造成本。

集体用地参与城市更新除须通过集体资产交易平台外，还要求在街道办履行备案程序。但名为备案，实质上审核严格，包括用地面积、价格等本应由市场主体与股份公司平等协商、意思自治的事项，而审核的内容与审核期限等事项于现行的政策文件中都没有明确规定，可能导致项目被不当拖延。换言之，开发企业想从集体手中取得更新项目用地，不仅要和村集体谈判达成协议，还须和政府部门协商并取得其同意。这对于一个项目前期的不涉及实体权利变更的推进阶段来说，未免加重了开发企业的负担，繁杂的程序要求也会影响项目的顺利推进。

深圳原农村土地的权属状态复杂，主要包括合法土地和合法外土地两种情形。其中，合法土地包括非农建设用地、征地返还用地、支持发展用地（同富裕、扶贫奔康、固本强基等）、旧屋村用地、"两规"处理用地、其他用地等多种用地情形。除合法用地外，还有大量的合法外用地（违法用地），合法外用地的权属状态更为复杂，包括各种违法转让用地、未经"两规"处理的用地等。除了复杂的权属关系之外，还伴随着原村民的对原农村集体土地的"贱卖"和政府征转地的各种不满。城中村存在大量的"外卖地"，而在快速城市化过程中，政府通过征地和转地获取了大量的集体土地，村集体可支配的土地资源变得十分有限，在村集体土地资源极度稀缺和昂贵的情形下，村民们想方设法对存在权属争议和法律瑕疵的用地主张权利，也因此增加了集体资产交易的难度。此外，深圳市规土委与集体资产办对于集体资产认定存在不一致的情况下，其实质为政府内部的利益博弈，亦加大了集体资产认定的难度。

六　划拨土地用于城市更新的补偿处理

划拨土地使用权，我国法律对此予以了明确界定[①]，其实质在于土地使用者基于公益目的而无偿取得国有土地使用权，但是划拨土地的使用被限定在公益范围内且无法实现自由流转，即不得出租、转让、抵押或作价入股。基于划拨土地的特殊属性，其在纳入城市更新范围后，如何处理其补偿问题成为特定情形下均衡国家利

---

① 1992年国家土地管理总局《划拨土地使用权管理暂行办法》中规定：划拨土地使用权是指土地使用者通过除出让土地使用权以外的其他各种方式依法取得的国有土地使用权。1994年《城市房地产管理法》采用了通过界定划拨的概念来明晰划拨土地使用权定义的方法。依其规定，划拨是指县级以上人民政府依法批准，在土地使用者缴纳补偿、安置等费用后将该幅土地交其使用，或者将土地无偿交付给土地使用者使用的行为。

益与个体利益的重要举措，在此仅举一例说明。

　　20 世纪 90 年代，某国企取得一块用地性质为城市基础设施用地的划拨土地。土地主管部门的批复中要求严格按照用地性质进行使用，并注明"自本文发出之日起，两年内不动工兴建的，本文自动失效，土地使用权收回"。但该国企并未在两年内动工兴建，而是与某企业签订合作建房合同，约定由该国企提供该划拨土地，该企业提供资金进行建设，待建成后该国企取得一定比例的物业分成，双方约定该国企应得物业折现。而后，该企业在该划拨土地上进行工业厂房建设，由于与划拨土地性质不符，未能办理报批报建手续，未缴交土地使用权出让金，但取得《复工通知书》。建成后，该企业按照约定，将物业折现的款项支付至该国企账户中。现该块划拨土地范围已纳入城市更新单元，该国企与该企业就搬迁补偿安置问题产生纠纷。

　　首先，需要明确的是，划拨用地用于城市更新是否需要补偿。如果需要，那么补偿对象是土地使用权人还是国家；若直接补偿给土地使用权人的话，是否有违划拨用地的无偿性与公益性，或是要求土地使用权人得重新缴交地价。其次，划拨用地上的建筑物该如何确定权利人以及补偿主体。

　　有学者认为，划拨土地使用权虽然不能进入市场交易作为投资手段，但其可以在流通领域中实现从一种公共利益形态的划拨土地使用权到另一种公共利益形态的划拨土地使用权的转化。[1] 从经济利用效率的角度来看，笔者对此表示认同，划拨用地用于城市更新，因其具备一定的公共利益属性，大可不必通过政府收回后再行出让，而直接以土地使用权人为补偿对象，但是其应当将划拨地补偿款中相当于应缴纳的土地使用权出让金部分上缴国家。

---

　　[1]　刘俊：《划拨土地使用权的法律问题研究》，《江西社会科学》2007 年第 1 期，第 181 页。

七　搬迁补偿协议履行中的纠纷解决机制

为了进一步规范国有土地上房屋征收与补偿活动，国务院出台了《国有土地上房屋征收与补偿条例》（2011）（以下简称《征补条例》），同时废止之前施行的《城市房屋拆迁管理条例》（2001）（以下简称《拆迁条例》）。新条例通篇废弃了原来"拆迁"的概念，而采用"搬迁"一词，且明令禁止"强制搬迁"，明确只有基于公共利益的征收才构成非自愿搬迁的法理基础，以保护被搬迁人的私人财产权利，足见其改革的决心。在《征补条例》实施以前，按照《拆迁条例》签订的补偿协议为拆迁补偿安置协议，在《征补条例》实施以后，征收人与被征收人签订的为房屋征收补偿协议，二者的性质完全不同。但新条例对于平等民事主体之间的搬迁补偿协议性质未予规定，对于不履行补偿协议产生纠纷的诉讼亦未作出规定，不利于搬迁补偿协议纠纷的解决。尤其是在开发企业违约的情况下，业主已签订搬迁补偿协议，甚至已完成不动产权证注销、建筑物拆除工作，而开发企业未按约定给予补偿的，此时对于业主的救济显得颇为薄弱。

具体到深圳的城市更新项目，因搬迁补偿安置协议纠纷引发的诉讼，通过检索深圳各级法院已结案件的裁判文书可以得出，对于此类案件的受理，一般认定为房屋拆迁安置补偿合同纠纷并依照《合同法》的相关规定处理。以下是对深圳法院关于城市更新搬迁补偿的合同效力、合同履行等典型性裁判观点的总结。需要说明的是，本书所采立场认为，深圳"更新时代"的《搬迁安置补偿协议》与之前"旧改时代"的《拆迁安置补偿协议》在合同履行上并无本质区别，仅在无法达成合同时的强制力有所不同，因此以下所研究的案例对二者不作区分。

（一）合同效力纠纷

1. 法院受理案件以存在合同为前提

根据《最高人民法院关于当事人达不成拆迁补偿安置协议就补偿安置争议提起民事诉讼人民法院应否受理问题的批复》规定："拆迁人与被拆迁人或者拆迁人、被拆迁人与房屋承租人达不成拆迁补偿安置协议，就补偿安置争议向人民法院提起民事诉讼的，人民法院不予受理，并告知当事人可以按照《城市房屋拆迁管理条例》第十六条的规定向有关部门申请裁决。"即若权利主体未与拆迁人签订协议而提起相关诉讼请求，法院不予受理。①

2. 合同可否撤销

协议主体在签订搬迁补偿安置协议后，当事人主张撤销协议的，有责任提出证据证明存在撤销情形，并承担举证不能的法律后果，具体应能向法庭提交充分证据证明补偿安置协议应予以撤销的事实，或者证明该协议的签署属于胁迫、乘人之危、重大误解、显失公平等符合行使撤销权的法定情形，否则，应承担举证不能的法律后果。②

（二）不动产权属纠纷

更新项目开发主体与被拆迁房屋实际占有使用人签署拆迁安置补偿协议后，第三人对被拆迁房屋权属提出权利主张，主张确认合同无效，其争议焦点为第三人是否与被拆迁房屋有直接的利害关系，即应举证充分证明其系被拆迁房屋合法权利人，否则，属于权属不明，应先由政府部门处理，对第三人起诉要求确认实际占有使用人所签署的拆迁安置补偿协议无效的，人民法院不予理涉。③

---

① 在"深圳市南山区南头街道常兴村归国华侨联合会与深圳 X 公司房屋拆迁安置补偿合同纠纷案"［深圳市中级人民法院（2012）深中法房终字第 2941 号民事裁定书］、"深圳市 T 公司与深圳 X 公司房屋拆迁安置补偿合同纠纷案"［广东省深圳市中级人民法院（2012）深中法房终字第 2940 号民事裁定书］以及"潘某某、深圳市 S 公司与深圳市 X 公司房屋拆迁安置补偿合同纠纷案"［广东省深圳市中级人民法院（2015）深中法立民终字第 458 号民事裁定书］、"柯某某与深圳市 H 公司物权保护纠纷案"［广东省深圳市中级人民法院（2014）深中法房终字第 1727—1736 号民事裁定书］等案例中，法院均以双方未达成拆迁补偿安置协议为由驳回了原告诉请。

② "谭某某等与深圳市 L 公司等房屋拆迁安置补偿合同纠纷案"［广东省深圳市中级人民法院（2015）深中法房终字第 656 号民事裁定书］，法院以原告对涉案合同是否存在欺诈或恶意串通情形举证不能，不予支持其诉讼请求。

③ "魏某某与 J 集团（深圳）有限公司、成某某确认合同无效纠纷案"［广东省深圳市中级人民法院（2015）深中法房终字第 824 号民事裁定书］，法院以上诉人未能提供充分的证据证明其对涉案房仍享有相关权益，裁定驳回其诉讼请求；"叶某某与被申请人韩某某等、深圳市 J 公司、H 集团有限公司确认合同无效纠纷案"［广东省高级人民法院（2017）粤民申 3679 号民事裁定书］，法院亦以相同理由裁定不予支持其再审申请。

（三）合同履行纠纷

1. 回迁房屋面积差价缴纳与回迁房房产证办理

拆迁安置补偿协议签订后，更新项目实施主体按约交付回迁房屋，被拆迁房屋业主拒绝支付房屋面积补差款的，其要求更新项目实施主体办理回迁房产权证的，更新项目实施主体有权主张先履行抗辩权，拒绝办理产权证；如业主履行了面积补差款支付义务的，更新项目实施主体有义务按约办理产权证。[①]

2. 变更房产权利性质的地价补缴与回迁房产证办理

将非商品房变为商品房即变更权利性质，被拆迁房屋业主要求办理与被拆迁房产相同权利性质的房地产证，或是完全属于市场商品房性质的红本房地产证，更新项目开发主体享有先履行抗辩权，被拆迁房屋业主拒绝承担该笔补缴地价款的，有权拒绝办理回迁房房地产证。[②]

3. 补偿标准低于后期补偿对象纠纷

实践中，权利主体为保障自身权益及标准的公平性，在《搬迁补偿安置协议》中约定不得低于后期补偿标准，否则应补回差价，此协议约定是双方的真实意思表示，不违反法律、行政法规的强制性规定，合法有效，各方应遵照履行。因此，重点是提供充分证据证明后期补偿对象的补偿标准是否存在高出情形。[③]

---

① "蔡某某与浙江省 Y 公司深圳分公司、浙江省 Y 公司合同纠纷案"［广东省深圳市中级人民法院（2013）深中法房终字第 1353 号民事裁定书］，法院以蔡某某未履行完毕补交面积差价款的义务驳回其诉讼请求。但在"张某某与浙江省 Y 公司深圳分公司、浙江省 Y 公司合同纠纷案所有权确认纠纷案"［广东省深圳市罗湖区人民法院（2012）深罗法民三初字第 1498 号民事判决书］中，因由于张某某支付了面积补差款，法院判令 Y 公司履行产权证办理义务。

② "周某、陈某某与深圳市 J 公司房屋拆迁安置补偿合同纠纷一案"［广东省深圳市中级人民法院（2014）深中法房终字第 1988 号民事裁定书］，法院认为根据协议约定回迁业主应支付开发企业先行代缴的地价款后，开发企业才负有协助其办理红本房地产证的义务，法院遂据此驳回其要求办理红本房地产证的诉讼请求。

③ "黄某某等与深圳市 W 公司房屋拆迁安置补偿合同纠纷案"［广东省深圳市中级人民法院（2016）粤 03 民终 17213 号民事判决书］，法院认为黄某某无法举证证明 W 公司向后期收购住户支付的补偿金额标准高于其先前与 W 公司协议达成的补偿标准，应承担举证不能的不利后果，对其诉讼请求不予支持。

4. 未按约腾空并交付房屋纠纷

按约腾空并交付房屋是被搬迁人的一项非常重要的义务，直接影响到项目的进展。被拆迁房屋业主与更新项目实施主体签署搬迁安置补偿协议，被拆迁房屋业主拒绝按约腾空并交付房屋的，更新项目实施主体有权要求其腾空、交付被拆迁房屋，并承担延期违约金。[①]

5. 涉案履约保函的性质

为保障搬迁补偿协议中义务的履行，权利主体通常会要求设定履约保函，在未按约履行相关义务时，守约方可依据履约保函索赔款项，但履约保函性质的界定即属于违约金抑或保证金对双方责任的承担以及后续义务的履行至关重要。[②]

（四）合同解除纠纷

1. 签订协议后再转让过户至第三人

作为协议签订方的权利主体与被告签订补偿安置协议的基础是其对涉案房产享有合法权属，再行转让房屋的过户行为导致已签订补偿安置协议的目的无法实现，即已无法以自己的名义继续履行搬迁补偿安置协议，可依法解除协议。[③]

2. 搬迁人无法与所有业主签署搬迁补偿安置协议

根据法律规定，城市更新项目开发主体获得实施主体资格进而获得项目开发权益的前提，是与全部权利主体签署搬迁补偿安置协议，城市更新项目开发主体因客观上无法与项目改造范围内所有业主签署拆迁安置补偿协议，无法获得城市更新实施主体资格，已签

---

① "深圳市 J 公司与曾某某房屋拆迁安置补偿合同纠纷案"［广东省深圳市福田区人民法院（2015）深福法民三初字第 16 号民事判决书］，因曾某某签署拆迁安置补偿协议后未按约如期腾空并交付房屋，法院判决曾某某限期清空房屋移交给 J 公司，并支付违约金。

② "凌某等诉深圳市 L 公司房屋拆迁安置补偿纠纷案"［广东省深圳市中级人民法院（2013）深中法房再字第 63 号民事判决书］，法院认为涉案履约保函项下款项的法律性质应属保证金。

③ 在"深圳市 S 公司诉江某某房屋拆迁安置补偿合同纠纷案"［广东省深圳市盐田区人民法院（2016）粤 0308 民初 718 号民事判决书］中，法院认为双方当事人之间签订的《产权置换协议书》真实有效，被告在受领补偿款后，将涉案房产转移登记至他人名下，已无法以自己的名义继续履行《产权置换协议书》，原告因此不能实现与被告签订《产权置换协议书》的合同目的，其主张解除协议有事实和法律依据，予以支持。

订协议的被拆迁房屋业主有权要求解除协议。①

3. 权利主体不愿继续履行单方解除协议

协议的履行需要双方主体的共同努力，如一方主体明确表示不愿签署任何协议以及配合任何改造事宜，则双方关于合同项目的履行已经不具备实现的可能性，合同目的亦不可能实现，如何履行存在问题，此时往往是以解除合同为裁判结果。②

可见，城市更新项目中房地产开发企业要成为单一权利主体实属不易，时刻面临来自诸多权利主体的拒绝签订协议、签订协议后后根本违约、不愿履行，以及其他市场主体的竞争，加上城市更新项目涉及需各方配合行政审批事项太多，在权利主体违约时，司法裁判继续履行目前尚存在履行和强制执行障碍，往往判决解除协议，而关于损失赔偿也主要以有证据支撑的实际损失为主，预期利益难以得到支持且难以举证证明。③

----

① "深圳市 B 投资股份有限公司与深圳市 B 置地有限公司房屋拆迁安置补偿合同纠纷案"［广东省深圳市中级人民法院（2012）深中法房中字第 2798 号民事判决书］，法院认为被上诉人因无法与所有业主签订改造协议，已确定不能成为涉案城市更新单元的单一权利主体，即其今后无法获得涉案项目的改造资格，《拆迁安置补偿协议》事实上已经不具备继续履行的条件，判决终止履行。

② "深圳市 H 公司与深圳市 Z 公司案"［广东省深圳市中级人民法院（2014）深中法房终字第 1384 号民事判决书］，法院认为 H 公司经股东会议决议，决定解除与 Z 公司之间的合作开发协议，表明 H 公司已经不同意再与 Z 公司合作开发涉案城中村，不同意履行合作开发协议，此时合同目的已经不可能实现。因此，判令解除涉案合同。至于合同解除后各方的损失赔偿及违约问题，当事人可另寻法律途径解决。

③ "深圳市 Z 股份有限公司、深圳市 Z 地产集团有限公司诉深圳市 H 公司合同纠纷案"［广东省深圳市中级人民法院（2015）深中法商初字第 177 号民事判决书］，一审法院认为，对于赔偿数额的认定主要包含两个部分，一为原告的实际支出损失，二为原告的可得利益损失。对于原告实际支出的部分，至合同解除之时，原告完成了涉案项目的审批工作，受益人为被告，故原告为完成行政审批而支出的费用应予支持；而对于原告所主张的可得利益损失，根据规定，原告能否成为城市更新单元的实施主体，并不在于被告的授权或同意，而必须由业主自主选择。在原告与被告签订协议之时，其并未取得涉案项目的开发权，故并不能因协议而享有开发收益，其对可得利益的主张不予支持。二审判决中［广东省高级人民法院（2016）粤民终 1116 号民事判决书］，对于其可得利益主张亦持相同观点。法院认为在案涉合同被另案生效判决解除以前，Z 公司明显未在合同约定的期限内完成全部开发建设工作，而只与少量业主签订了拆迁安置补偿合同，根本就无法形成单一市场主体，更无法以单一市场主体的身份与集体经济组织继受单位进一步签订改造合作协议，Z 公司主张解除案涉合同，有合同依据与法律依据。在 H 公司与 Z 公司签订合同之时，其并未取得涉案项目的开发权，故并不能因合同而享有开发收益。

第六节　实施主体确认阶段

一　实施主体准入门槛

城市更新项目具有成本高、耗时长的特点，缺乏实力的企业难以承担其复杂的系统工程。但城市更新项目却因其丰厚的经济利益吸引着众多投资企业，资格准入限制的缺失，使得有开发资质的、没有开发资质的企业都投身其中，导致局部出现恶性竞争，扰乱城市更新市场。虽然现有城市更新建立了项目监管制度，但该制度存在一定的滞后性，很多不具备开发实力的市场主体在获取项目资源后便转手卖出，并在市场上高价炒作，推高项目的获取成本，而项目本身由于高昂的地价成本、搬迁补偿等大幅挤压项目利润空间，进而导致部分项目因无法实现经济平衡而被搁置。

开发企业自身实力的缺陷容易导致其决策的盲目性，在房地产开发市场持续火热的背景下，开发企业秉持着"只要是地就能盈利"的理念，"拍脑袋"决策，盲目地在市场上拿地进行改造，决策缺乏客观性、专业性。例如，罗湖的一个旧住宅区改造项目，在前期调研根本不够深入的情况下，盲目地启动项目，后期因开发成本过高、无法实现资金周转等问题导致项目停滞。对于已经签署搬迁补偿协议的业主来说，其预期经济利益的落空，容易引发社会矛盾，而这些遗留问题通常需要政府来收拾残局。同时，城市更新开发体系对改造主体的资质、技术要求较高。例如，城市更新土地开发模式与一般情况下正常的土地开发模式不一样，城市更新是协议出让，而正常情况下需要招拍挂，且城市更新的地价补缴亦与一般常态下的地价测算有所区分，使得部分专业实力并不突出的开发企业根本无法胜任其技术性要求。

从当前深圳城市更新发展的趋势来看，政府管制在逐渐加强，以政府招商为主的地块基本由央企和国企取得，而以协商为主的地块，民企才有希望获得，随着央企、国企参与旧改的比例不断增大，市场机制的作用被部分削弱。① 目前的棚改和旧住宅项目，政府主要通过国企介入，市场主体参与更新的空间受到挤压，参与范围越发狭窄，如政府之前规定"旧住宅区"项目民营主体不能实施，已逐渐传导至城中村和旧工业区，即市场主体参与城中村、旧工业区项目改造的可能性也在减小；而集体土地上的城市更新，村集体无论是招投标还是竞争性谈判，都对合作企业设置了较高的准入要求，如要求为国企、央企等；从政策层面来看，市层面的要求仅是国企优先，但到了各个区则变质为国企是硬性要求，必须国有企业才能申报项目。相较于市场主体来说，政府虽然有强大的公信力背书，但其可运用的市场手段是有限的，其在与业主的博弈过程中缺乏市场主体的灵活性与专业性，可见深圳城市更新的实施困境并非政府主导就能解决。

二　实施主体股权转让问题

城市更新项目实施主体转让股权，首先应考虑的问题是转让股权后，相关标准和条件发生变化，备案的程序及如何认定备案材料。

另一个问题是，实施主体转让股权在目前的规章中是不允许的，②但该规定上升到条例后，构成强制性的不允许，该行为则构成违法，应承担法律责任的后果。因此，在未来制定《城市更新条例》时，禁止或允许实施主体转让股权，有待考虑这一立法上的问题。

三　政府实施城市更新方式不明确

《深圳市城市更新办法实施细则》第七十三条规定，当"市场主体已取得项目拆除范围内建筑面积占总面积90%以上且权利主体数量占总数量90%以上的不动产权益时，可以申请由政府组织实施该项目"，但关于政府实施的具体方式与程序却并未规定，也无政

---

① 赵焱：《深圳城市更新造就国企欢宴》，《中国房地产报》2011年1月17日第018版。

② 《深圳市城市更新办法实施细则》第六十九条规定："实施主体已经区城市更新职能部门确认的项目，应当由该实施主体办理相关规划、用地、建设等手续并实施项目开发建设，在项目工程竣工验收之前不得转让"。

府组织实施的成功案例。

从理论上说有两种方法：一是政府对余下的不动产权益进行征收，然后再出售给开发企业进行更新；二是在政府购买开发企业已经取得的不动产和征收余下的不动产后，再公开出让土地使用权。[①]而这两种方法在实际操作过程中都存在问题，第一种方法可能遇到的问题是补偿价格的差异，在政府征收补偿价格与开发企业协商补偿的价格不一致的情况下，同一更新单元内的权利主体可能获得不同标准的权益，而政府的征收补偿一般又会低于开发企业支付的补偿，从而引发新的矛盾，亦有违公平原则；同时，征收程序的复杂性也可能不适当拖延更新项目的进程，且政府的征收决定可能面临行政复议或行政诉讼的风险。第二种方法则在实践操作中难以实现，亦不符合城市更新的土地出让方式，有违其运作规则。因此，为推动城市更新项目的顺利实施，有必要对政府组织实施的方式加以具体明确。

四 异议处理程序

在实施主体确认阶段，出现其他利害关系人对更新单元内的土地及建筑物主张权利并提出异议的情况下，由于争议所涉事项权属关系复杂、利益主体众多，针对此类异议的处理程序该如何规定，是否须履行必要的"听证"程序，以保障真实权利人的合法权益并促进争议的和平协商解决，都是实务中需要明确的问题。这其实还是涉及历史遗留问题的处理，即政府现有的政策文件无法完全解决实际中由于特定历史环境下的土地政策以及政府政策的不连续所导致的现实权属冲突问题。

第七节 不动产证注销阶段

《实施细则》第五十三条规定，搬迁人被确认为项目实施主体

---

① 邹广：《深圳城市更新制度存在的问题与完善对策》，《规划师》2015 年第 12 期，第 51 页。

并在区政府的组织和监督下完成建筑物拆除后，应当及时向区城市更新职能部门申请就建筑物拆除情况进行确认，并向房地产登记部门申请办理房地产权属证书的注销登记。在产权注销过程中，房地产登记机构需对房屋的房产证号、房屋位置、房屋权利人等房屋自然状况、权利状况是否与产权登记簿所载一致进行核查。实践操作中很多项目都会遇到因出卖、赠予、继承等不动产权属变动导致证载权利人与实际控制人不符的情况，或者权利主体无法找到、房产证遗失等情况，导致无法完成该类房地产证的注销手续。尤其是对绿本房的产权注销，对于已买卖的绿本房，因无法办理产权的过户登记，物权并未实现移转，通常证载权利人与实际使用人不一致。另存在证载为企业但经政府部门备案的购房、分房协议的绿本房处理问题，以及仍处于确权之诉中的绿本房注销问题。

第八节　土地使用权取得阶段

　　土地使用权取得阶段主要是土地贡献率问题。《深圳市城市更新办法实施细则》规定城市更新单元范围内，应当将大于 3000 平方米且不小于拆除范围用地面积 15% 的独立用地，无偿交给政府作为建设公共设施用地等。土地贡献率较大，实施主体利益受到挤压，特别是对于小项目而言，较大的贡献率使得可开发面积大大减少，降低了市场主体的参与积极性，因此有待适当调整。

　　城市更新的商业开发属性决定了其可持续的基础在于赢利，高昂的地价成本与较高的土地贡献率挤压市场主体的利润空间，尤其拆除重建类项目中未完善征（转）地手续的历史用地处置的贡献率更高，改造成本高企，不利于城市更新项目的可持续发展。在此仅举一例：某城市更新单元拆除范围用地面积约 1.02 万平方米，其中权属清晰用地约 0.95 万平方米，国有未出让用地约 700 平方米，结合项目及周边实际情况，贡献了 3000 平方米用地作为教育设施用地，加上纳入零星用地约 150 平方米，实际可开发建设用地面积仅 6600 平方米。

第九节 棚户区改造政策问题

2018 年 5 月 17 日，深圳市人民政府正式印发《关于加强棚户区改造工作的实施意见》（以下简称《实施意见》）。《实施意见》相较于 2017 年 8 月 1 日发布的《关于加快推进棚户区改造工作的若干措施》（征求意见稿）作出了较大改动，对棚户区改造政策适用范围、搬迁补偿标准、实施主体选择、地价计收等均作出了规定，意味着深圳棚户区改造进入了常态化、规范化的操作阶段。从理论上来说，棚户区改造是广义的城市更新一部分，虽然其不同于"自下而上"的市场化城市更新方式。对于目前棚户区改造的政策与实施，笔者尝试进行一下探讨。

一 政府主导的棚改缺乏市场主体的灵活性和针对性

在《实施意见》中，关于补偿标准，仅确定了按套内建筑面积 1∶1 或不超过建筑面积 1∶1.2 的比例进行产权调换补偿或者按照市场评估价进行货币补偿。但在开发企业主导的城市更新项目中，除了拆赔比普遍高于上述比例外，开发企业还动用大量计划外资金并运用各种市场手段去与业主协商补偿事宜，从而赢得多数业主的信任和支持。然而，作为政府主导的棚改，所有拆赔工作必须在阳光下操作，搬迁补偿标准必须经过政府内部层层审批之后公之于众，政府除了能调动公检法等公权力对被搬迁人产生威慑和制约之外，无法运用灵活的市场手段与业主博弈。而一旦政府某个项目在搬迁补偿标准方面出现松动，必然牵一发而动全身。同理，《实施意见》虽然明确规定奖励权利主体每套住房的增购面积不超过 10 平方米，姑且不论其在 10 平方米以内的自由裁量权可能导致的权力寻租，这个增购标准的普适性以及其在实务运用中的统一性问题也不免令人质疑。例如，福田华富村棚改项目在"增购"方面的松动，直接导致宝安 38 区、39 区业主的抗议，政府被迫做出让步。

政府主导的棚改在搬迁补偿谈判中的优势在于以政府公信力、

行政权力为谈判背书,但其劣势在于缺乏灵活性和针对性。《实施意见》规定的刚性补偿标准可能难以满足不同项目、不同权利人的个性需求。

二　城中村、旧屋村纳入棚户区改造的适用条件

《实施意见》中规定各区政府可以根据实际情况,探索将辖区内具备改造条件的城中村、旧屋村有序纳入棚户区改造政策适用范围,但是未进一步释明城中村、旧屋村纳入棚户区改造的适用条件。

相较老旧住宅区,城中村、旧屋村权利主体、土地建筑物情况较为复杂。城中村、旧屋村中的物业类型一般分为两类:一类为村股份公司所有的集体物业,另一类为属于其他单位或个人(含原村民与非原村民)所有的物业。产权类型有产权登记的物业、"两证一书"物业、历史遗留违法建筑、其他违法建筑等;土地类型亦较为复杂,有城中村红线用地、非农建设用地、征地返还用地等。复杂的权利主体与土地类型无疑增加了确权的难度与补偿方式的制定。

此外,在城市更新模式下,城中村改造中合作主体的选定还需完成集体资产交易程序。城中村、旧屋村纳入棚户区改造是否需根据各区集体资产交易相关规定履行上平台公开选聘合作主体等程序,亦应根据城市更新与棚户区改造方式、改造目的的差异予以综合考量。

三　其他市场主体作为棚户区改造实施主体的确认程序尚不清晰

《实施意见》规定棚户区改造项目实施主体有两种确认方式:一是直接确认人才住房专营机构作为棚户区改造项目的实施主体,二是通过招标等方式确认棚户区改造项目实施主体。棚改新政不再限定实施主体为人才住房专营机构,且弱化了国企的参与地位,允许其他市场主体参与棚户区改造,充分发挥、调动其他市场主体在存量土地二次开发、工程建设等方面优势,鼓励市场主体积极参与棚户区改造项目。

但是,《实施意见》中仅明确"以招标等方式"确认棚户区改造项目实施主体,但是尚未就公开选聘的方式以及实施主体的资质等作进一步明确,主要包括:①准入机制,如明确市场主体准入的净资产、房地产开发资质等条件;②选择机制,如单一来源谈判、竞争性谈判、公开招标等方式;③监督机制,如引入市场主体作为棚户区改造项目实施主体后的监督方式、范围等;④退出机制,如触发市场主体退出项目的情形以及纠纷解决方式。

四 行政征收的实施面临挑战

《实施意见》中明确规定了对于签约期内达不成补偿协议的业主实施征收,同时规定了对于涉及违法行为,将启动行政处罚程序。该规定总结了罗湖首个棚改项目经验,采取"市场协商+行政强制"相结合的方式促进谈判。与市场主体主导的旧住宅区改造项目相比,"行政征收"无疑是打破谈判僵局的最有利方式,对目前旧住宅区改造项目普遍存在的"拆迁难"问题具有促进作用。但行政征收和行政处罚虽然有具体法律依据,在具体操作层面却面临巨大挑战。

首先,作出行政征收的决定相对容易,但实施强制拆迁却不容易。很多旧住宅区形成的历史特别复杂,居住的群体有特别困难户,也有对深圳做出特殊贡献的群体。既有的房产是这些业主们赖以生存的根基,如果棚改的配套保障措施不到位,如解决孩子上学问题等,在强制拆迁时政府仍将面临巨大的阻力;征收行为针对少数业主易完成,如拒绝签约的人数众多则难以实施。《实施意见》规定是对于签约期内不签约的业主展开征收,不排除多数业主在签约期内拒绝签约,则政府将陷入两难局面,如延长签约期,必将助长业主气焰;若启动征收,则面临多数业主的反抗,处理不当,容易演变为严重的群体性事件。另外,在拒绝签约业主只有几户的情况下,有关部门认为无法启动征收程序,因为根据《土地管理法》的规定,征收应是对整宗土地实施的,而不能对个别业主的物业实施征收。

其次,对违法行为的行政处罚更加难以实施。根据行政征收的相关法律规定，对合法建筑按规定补偿，而对依法认定为违法建筑的，则不予以补偿。显然，对违法建筑实施行政强拆存在法律依据。但从深圳多年的经验看，无论市场主体主导的城市更新项目拆迁，还是政府主导的公益项目拆迁，通常还是会对违法建筑给予一定补偿。因此，对违法建筑实施行政处罚恐怕只能是悬在空中的利剑，能否落下，则取决于相关部门的决心和勇气。

五 棚改后的建筑产品形式单一，或将面临严峻的市场压力

《实施意见》规定除回迁房之外，建成的住宅物业应当全部用作人才住房和保障性住房，而且以租赁方式为主。从目前的政策导向来看，绝大多数老旧住宅区都将以棚改方式取代城市更新，甚至城中村和旧屋村也将引入棚改，若该意见得到全面贯彻落实，市场中将涌现大量同质化的人才住房和保障性住房。从目前披露的数据来看，我们并没有看到对人才住房和保障性住房供需关系的精确测算，就算有数据分析，也只能是"量"的分析，而缺乏"质"的判断。换言之，即便存在巨大的人才住房和保障性住房需求，但按政府要求标准化生产的住宅房，是否能够得到市场的青睐存在很大的不确定性。从当前的现实来看，目前已投放的人才住房和保障性住房，要么距离遥远，要么户型不匹配，要么达不到资格要求，政府的供应和市场的需求难以匹配。政府公共产品供应的单调和市场多样化的需求已显现出矛盾，而这种矛盾将持续存在。

此外，《实施意见》规定项目建设的保障性住房由区政府回购，而市住建局于 2018 年 4 月 10 日印发的《深圳市保障性住房收购操作规程》却明确规定保障性住房的收购主体为"市（区）住房保障部门或者其授权单位"，二者可能存在政策适用的冲突问题，有待政府部门加以具体明确。

第十节 综合整治和综合治理问题

深圳市人民政府于 2017 年 11 月 30 日出台《深圳市"城中村"

综合治理行动计划（2018—2020 年）》（以下简称《城中村治理行动计划》），该计划明确了城中村综合治理的时间表，提出了 2020 年 7 月底前完成全市城中村综合治理的目标。各区也将陆续出台城中村综合治理行动计划。

深圳市规划和国土资源委员会 2018 年 5 月 22 日发布《关于开展城中村更新模式分区划定工作的通知》（深规土〔2018〕366 号），该通知确定了《深圳市城中村更新模式分区划定方案》（以下简称《城中村分区划定方案》），在扣除现状城中村空地、已批城市更新计划范围内的用地、整备计划范围内的用地、清退计划范围内的用地、违法断根行动范围的用地，将剩余城中村用地内的村属居住用地（含城中村其他建设用地）约 105.6 平方公里作为分区划定的对象。同时规定了下列区域原则上均应划入综合整治区：位于基本生态控制线、橙线、蓝线、高压走廊等范围内（通过拆除实现用地清退的除外）；位于紫线、历史风貌区与特色风貌区范围内的，以及因不可移动文物、历史建筑保护需要不宜拆除的区域；各区城市更新"十三五"规划明确不宜拆除重建的；根据省"三旧"改造政策无法进行标图建库的（2007 年 6 月 30 日后建设的）；区政府认为应该综合整治的区域，鼓励各区将已纳入拆除重建计划但长期无法实施的城中村进行计划清理，并纳入综合整治区域。对现状容积率超过 2.5 的城中村居住用地应综合考虑各种因素，原则上纳入综合整治区，以综合整治为主。

可见，随着一批较易推进的城中村拆除重建类项目落地，今后综合整治模式在城中村城市更新中将得到更多的应用。对于其与综合治理的关系，本书作以下分析。

一　城中村治理、综合整治和拆除重建、功能改变模式关系

深圳的城市更新分为拆除重建、综合整治和功能改变三种方式。综合整治类城市更新主要包括改善消防设施、改善基础设施和公共服务设施、改善沿街立面、环境整治和既有建筑节能改造等内容。这一方式主要针对建筑质量较好、建设年代较新的城市建成区，以及具有历史文化特色的区域。

《深圳市城市更新"十三五"规划》（以下简称《城市更新"十三五"规划》），将城市更新分为优先拆除重建区、限制拆除重建区及拆除重建和综合整治并举区域，其中拆除重建与综合整治用地比例达到4∶6。规划期内，计划完成各类城市更新用地规模30平方公里，包括拆除重建类更新用地供应12.5平方公里，综合整治、功能改变等更新用地供应17.5平方公里，而按照城中村分区划定计划，综合整治的总量将达到58平方公里，该数量远远大于《城市更新"十三五"规划》确定的总量，可以说，城中村分区划定既是对《城市更新"十三五"规划》的落实，也是对该计划的深化和强化。

虽然政府一直鼓励综合整治、提倡有机更新，但开发企业和权利人的积极性不高，导致城中村的综合整治项目并没有真正落实，而之前由政府资金主导的综合整治也不能根本解决城中村的问题。随着万科主导的新围仔项目和深业集团主导的水围新村项目的成功尝试，"城中村综合治理"模式作为一种介于综合整治和拆除重建之间的变通之道应运而生。

《城中村治理行动计划》明确指出：鼓励各区根据城市更新政策，参照《关于加强和改进城市更新实施工作的暂行措施》（2016年版）中有关旧工业区综合整治的规定，开展以综合治理为主的复合式城市更新，通过局部拆、改和扩建等方式，补齐城中村公共配套设施不足和公共空间不足的短板。由此可见，城中村综合治理与城市更新、棚户区改造制度的相互链接关系。但对城中村综合治理模式与已批计划立项目的拆除重建类项目的关系，各区的政策会有所差异。比如南山区明确规定所有未纳入拆除重建计划和已纳入计划不能在2020年前正式实施的城中村均纳入城中村综合治理计划，而罗湖区则规定正在开展和已完成的拆除重建类的城中村不纳入综合治理。因此，城中村的"综合治理"和"综合整治"从其改造的内容而言其实并无本质的区别，区别主要体现在以下三个方面。

第一，较之于"综合整治"，综合治理的内涵则更为全面，包括对城中村内的治安、消防、用电、用气、食品、弱电管线、市容、交通、生活污水、环境卫生等方面进行全面改造，既消除城中村内的安全隐患，也全面改善城中村内物业管理和公共服务；

第二，项目审批的流程和行政管理分工存在一些差异，比如南山区是以住建局为主责部门，而罗湖区则是城管局为主责部门，且综合治理也不需要履行城市更新审批体系烦琐的审批程序，行政审批环节相对精简；

第三，综合整治是以政府投资为主，主要是改善基础设施和公共空间不足，但综合治理除了这些目的之外，还要提升物业价值和管理模式，不仅改造"硬件"，而且完善"软件"，资金由财政资金和社会资金共同投入。

可见，综合治理的内涵比综合整治更为丰富，因此，可以预见，综合治理在未来两年将成为城中村改造的主要形式，该形式在某种程度上将取代原城市更新政策体系下的综合整治方式而成为深圳城市更新的重要组成部分。与此同时，引发的问题是：在经历了综合治理之后，还能否进行拆除重建方式的城市更新？虽然仅从政策层面来分析，目前并无明确规定，但之前的政策中有规定"已纳入我市城中村综合整治（二类）计划且实施整治完毕未满 5 年的城中村区域原则上不得单独拟订为城市更新单元"，同样的逻辑很可能会适用于综合治理的项目。

二　开发企业参与城中村综合治理的模式

城中村的治理主要分两部分：一部分涉及公共安全、市政基础设施整治，该部分整治费用由区财政承担；另一部分涉及村属产权及私有产权部分的水、电、气和消防设备等，该部分由产权人承担。因此，城中村治理实际上既涉及"公有"部分，也涉及"私有"部分。"公有"部分应该由政府主导并由财政资金支付，"私有"部分由权利人主导，而费用由其自筹，开发商可与权利人形成协议安排通过承担改造工程而换取后续物业运营的权利。

关于城中村的治理形式，深圳市及各区和城中村治理行动计划也进行了原则性的规定，主要模式包括"治理＋运营""代建＋运营""街道自建""统一代建"等方式。以万科新围仔项目和深业水围村项目的经验为基础，结合现行政策，开发商参与城中村综合治理的模式主要有以下三种形式。

一是委托代建＋统租运营模式。该模式下存在两层法律关系：一层是开发商与政府的委托代建关系；另一层是开发商与城中村物业权利人的租赁运营关系。该模式项下，开发商可与政府签订委托代建协议，承接公共部分的维修改造，改造费用由政府承担，但开发商不收代建费。同时，开发商与城中村物业权利人签署改造和租赁协议，统一改造并统一承租改造范围内的物业。

二是"EPC＋O"模式。该模式也存在两个不同的法律关系：一是承包方与政府间的设计、采购、施工承包关系；二是承包方与物业权利人间的运营权承包、转移或让渡合同。在该模式下，开发商与政府和物业权利人签署"EPC＋O"的一揽子协议或者开发商和政府签署EPC协议，而同时与权利人签署物业运营管理协议。

三是代建模式。该模式下不包含运营这部分内容，只是接受政府委托对城中村项目进行全过程代建管理。南山区政府规定代建单位需要有房地产开发企业资质，并应该同时具备同等规模的同类工程经验。

随着城中村治理工作的深入开展，城中村的居住环境和营商环境将得到根本改变，在长租公寓政策的刺激下，开发商参与城中村综合治理将成为一种有益的探索和尝试。

三　实际操作中的问题

目前针对城中村的"分区划定"和"综合治理"政策规定过于原则，缺乏操作细则，尤其是对开发商参与城中村治理与现行政策体系还存在一定程度的不兼容性，有诸多问题有待进一步明确，在此仅提出以下三点。

第一，开发企业通过"代建＋运营（统租）"或"EPC＋O"方式是否需要履行集体资产交易程序或招投标程序？

根据《中华人民共和国招投标法》及相关配套法规定，全部或者部分使用国有资金投资或者国家融资的项目如达到一定标准属于必须招标的项目。根据该规定，对于需要使用财政资金承担部分的工程，需要履行招标程序；而就社区股份公司集体物业的运营，根据"8·31"新政，各股份合作公司进行物业转让、较大面积物业租赁、大宗固定资产采购和大宗服务采购等资产交易项目以及建设工程招投标、集体用地合作开发建设、集体用地使用权转让和城市更新等资源交易项目，同样应当纳入公共资源交易平台进行交易。根据这些规定，无论开发商承接工程还是承租物业都需要经过烦琐的平台交易程序。针对这些程序，目前各区的规定还不太一致，以罗湖为例。罗湖规定代建费为零的，对于已有运营单位和股份公司签署运营协议的，可以向区政府申请直接委托，但并没有明确规定是否需要经过集体资产交易处置程序。

第二，开发商统租运营城中村物业的合法经营手续如何办理？

城中村大量的物业为"合法外建筑"，这类建筑既没有报建手续，也没有验收手续，更没有产权证书。开发商参与这些物业的综合治理后，如果需要变更经营主体，调整经营业态，则必须依法取得相应的经营许可手续，且需纳入规范的市场监管体系，但现行政策对于该类物业如何办理完善经营手续并没有详细的规定。如果经开发商改造的物业难以取得合法经营手续，则开发商在后续运用资产证券化等工具进行资本市场运作时也将面临障碍。

第三，开发企业与物业权利人的运营合同或租赁合同的法律保护问题如何解决？

《最高人民法院关于审理城镇房屋租赁合同纠纷案件具体应用法律若干问题的解释》第二条规定："出租人就未取得建设工程规划许可证或者未按照建设工程规划许可证的规定建设的房屋，与承租人订立的租赁合同无效。但在一审法庭辩论终结前取得建设工程规划许可证或者经主管部门批准建设的，人民法院应当认定有效。"据此，认定租赁合同有效性的关键在于房屋取得建设工程规划许可证或主管部门批准建设的文件。但从现有的政策来看，对于城中村违法建筑进行出租的要求主要在于必须满足城市规划、消防安全和质量安全，但是经过了质量检测、消防验收和备案的违法建筑能否等同于主管部门批准建设或能否申请主管部门出具批准建设的文件，从而保障租赁合同的有效性？现有政策并未作出规定，租赁合同的有效性问题仍未获得解决。

第五章 市场化城市更新政策完善建议

第一节 深圳城市更新趋势预判

从第二章和第三章的内容可以看出，2009—2015 年，深圳的城市更新正常，一直秉承着"自下而上"的市场化运作模式，即政府通过立法和规范性文件对更新单元划定条件、更新规划要求、地价收取标准、公益贡献率等影响更新结果的关键性因素进行规范，项目启动主要由市场主体根据政策进行判断后申报，政府通常不主动介入项目。从 2016 年下半年起，深圳市政府部门开始以更加积极的姿态介入城市更新。

一 政府加强统筹

从 2016 年 11 月 9 日深圳市规划和国土资源委员会与深圳市发展和改革委员会联合发布的《深圳市城市更新"十三五"规划》来看，该规划明确各区确定的重点更新单元，积极开展更新规划试点，强化政府主导作用，鼓励集中连片实施更新，协调各方利益，带动基础设施建设和城市功能结构系统优化，促进片区整体提升。同时，专章规定了"更新分区与统筹地区指引"。

二 旧住宅区尝试棚改模式

政府通过国企平台积极尝试旧住宅区的棚改模式。旧住宅区改造项目无疑是开发商眼中的"香饽饽"，但因为受到前文所述的谈判难和政策制约的影响，房地产开发企业已经逐步退出了旧住宅区改造市场，或者说按照目前的"自下而上"城市更新模式对旧住宅区进行改造的新项目立项难以再出现。目前，政府正以"政府主导＋国企实施＋人才住房"的模式进入旧住宅区改造市场。从目前几个棚改项目的前期实施情况来看，以政府为主导的项目进展相对顺利，"罗湖区二线插花地棚改""福田区华富村棚改"即为典型案例。

三　城中村探索租赁型综合整治，加强集体资产监管

政府通过各种方式引导城中村通过"综合整治"开展规模化租赁运营。万科旗下万村公司与福田南园街道合作开展的玉田村改造项目，即是"综合整治＋物业管理＋统租运营"模式的先行者。

政府在集体资产参与城市更新项目中的介入力度正逐渐加大。目前，各区集资监管部门对集体资产的认定趋于严格，且缺乏统一的标准。在过去近 40 年，尤其是 20 世纪 80 年代和 90 年代，村集体通过土地租赁、转让、合作开发、村民自建等各种有偿使用方式对土地进行了处分，这些历史遗留问题并没有有效的处理通道，加之在政府历次征转地过程中有大量的征转手续没有厘清、许多村集体的非农建设用地和征地返还用地没有得到落实，这一系列问题都给集体资产参与城市更新的监管工作造成了困难。也正是这些问题的存在，使集体资产平台交易监管政策实施一年来完成平台交易的项目并不多，但这并不意味着政府对集体资产交易监管会放松。

四　加强"工改工"统筹和产业要求

各区政府加强主导本辖区产业发展战略规划和片区的统筹规划。只有符合区政府产业导向和规划导向的项目才可能通过主管部门的审批，否则，即便通过了集体资产平台交易，与土地、建筑物权利人达成了拆补协议，仍然可能面临审批停滞的尴尬局面。

上述种种政策表明，政府在城市更新领域的介入力度正不断加大，政府不仅强化城市更新行政审批过程中的行政职能，还会联手大型国企、品牌开发商直接介入城市更新市场活动。在政府的强势

干预下，城市更新市场将迎来重新洗牌的局面，可能出现的情况是旧住宅区改造以政府主导的棚改为主流形式，旧村改造以"综合整治＋租赁"为主要模式，而成片区的大规模改造项目又是优先发展政府鼓励的产业类项目。

对于此，笔者认为是一项制度的螺旋式发展轨迹，也是对过去市场化城市更新中产生的"空间塑造单一化、城市运作系统负担、影响住房体系和加剧职住分离等消极趋势，本质上是市场主导下项目量过速、方式过于单一、缺乏统筹整合的更新路径问题"① 的一种纠偏，体现了当城市更新从单个项目（只有局部性影响）成为全市进行再发展的抓手后，政府加大统筹的决心。对此，笔者谨提出以下建议和意见，供各方探讨。

第二节 关于市场、政府角色定位的建议

一 坚持市场运作模式

相比广州、上海、北京等历史悠久的城市，整体而言，深圳的城市化速度快，原住民少，文物和成片的优秀历史街区少，因此城市更新本身带有城市化色彩，特别是在原特区外区域，城市更新本身就是城市化的手段，再加上深圳有市场经验和经营实力的房地产企业多，市场氛围浓厚，因此深圳市场化的城市更新对于这座城市的现状是合适的。且作为先行先试的地区和法治示范城市，深圳的城市更新政策根据实际情况不断完善，目前已经比较完备和科学，第四章中提及的一些问题，都有着较为复杂的历史背景和现实困难，整体而言，首先反映了市场化城市更新中政府、市场主体和改造项目业主之间的角色定位问题。

2018 年 4 月初，广东省国土资源厅发布了《广东省国土资源厅关于印发深入推进"三旧"改造工作实施意见的通知》，从其文件精神来看，再次强调了"三旧"改造中的协议出让供地方式，鼓励

---

① 周彦吕：《深圳城市更新空间发展及反思——以南山区为例》，《2016 中国城市规划年会论文集》，沈阳，2016 年。

各市探索"三旧"地块的现状土地权益人自主或者与市场主体合作进行改造。可见从省政府的角度，认可了深圳的市场化城市更新模式，也鼓励其他地市通过政策创新调动社会资本参与城市更新。深圳的市场化城市更新政策经过多年的探索来之不易，也应当坚持下去。从西方城市更新的经验来看，"自下而上"的更新方案确定途径也使城市更新的综合效率更高。[①]

二　政府需要着力解决的重点问题

从城市更新内在属性看，城市更新制度设计的出发点主要基于城市公共利益的需求，旨在改变土地利用率低下、公共设施配套不足、产业落后等局面，通过城市更新释放土地效能、改善公共配套、增加公共服务产品的供给。故此，城市更新具有公共利益的属性，政府作为公共利益的代言人介入城市更新自然具有正当性。但城市更新也直接涉及私权保护，城市更新的本质是对存量土地的再开发，或者对现有建筑物的再改造，涉及原物权所有者或使用者的核心利益，故城市更新首先需要对原权利人利益作出妥善的安排，与原权利人达成共识。然而，原权利的权利形态错综复杂、类型多样，很多原权利人的"权利"存在法律瑕疵，比如集体土地不能流转、小产权房不能交易、违法建筑无法取得合法手续进入市场流通，等等。而城市更新除了让集体土地入市、小产权房和违法建筑"转正"之外，又进一步完善了公共交通和教育、医疗、文体等公共设施，原本廉价的土地和物业价值大幅度上升。可见，城市更新产生了巨大的利益空间，如何在城市更新中实现公共利益和私人利益的再平衡？如何在保障公共利益的同时，对私权进行充分而适当的保护？如何差异化处理"合法建筑"和"合法外建筑"？如何解决多数人同意更新而少数人拒绝签约的僵局？这些都是政府需要解决的问题。

城市更新既需要市场主体解决项目融资、搬迁补偿谈判、项目规划设计建设和项目的管理和运营，也需要政府主管部门合理配置

---

① 翟斌庆、伍美琴：《城市更新理念与中国城市现实》，《城市规划学刊》2009 年第 2 期，第 81 页。

公共资源、城市更新中的制度性障碍、历史遗留的用地问题，以及在必要的时候干预陷入僵局的搬迁补偿谈判。简言之，城市更新需要政府力量和市场力量协同发挥作用。问题的关键在于如何界定政府公权力和市场行为的权利边界，如何避免政府裁判员和运动员身份的混同，政府又如何在市场失灵时进行必要的干预。

三 政府与市场关系的建议

关于政府和市场的关系，从古典经济学的最小政府论逐步演进到凯恩斯的政府干预理论再到新自由主义的市场竞争理论，经济学家们既存在分歧，也有共识。亚当·斯密认为政府只担当"守夜人"的角色，行使三项基本职能：一是保护公民免遭暴力的侵害；二是保护公民免受其他成员侵害主持正义；三是从事私人不愿意或无能力承担的公共设施和公共工程，在市场运行中，政府只当"看门人""监护人""裁判"，而不是直接干预市场。以凯恩斯为代表的政府干预主义认为市场并非万能的，市场有时会出现失灵，有其自身的缺陷，需要政府采取积极的干预政策，政府不仅仅是"守夜人"的角色，还应该通过财政政策、货币政策等措施干预生产和分配，矫正市场行为。而新自由主义的市场竞争理论则主张政府干预和市场调节相结合，"看得见的手"和"看不见的手"必须协同配合。而这些经济学派的基本共识是，市场机制是最有效的资源配置工具，市场应该成为资源配置的基础性手段，要尽量避免政府对市场的过度干预。就城市更新领域而言，政府和市场的边界划分应该考虑以下方面的因素，解决以下问题。

第一，政府需要着力彻底解决长期以来的历史遗留建筑问题，发挥明晰产权、定分止争的职能。深圳的土地权属问题异常复杂，集体土地的征转手续问题、非农建设用地和征地返还用地问题、违法建筑的问题等导致产权不清、产权混乱和产权争议，政府应该充分发挥立法权、行政权和司法权，让权属界定有法可依，让权属争议得到高效公正司法保护，避免因权属问题导致项目停滞，从而影响市场效率、增加市场成本。

第二，政府在必要时需要启动公权力介入城市更新的"拆迁难”问题，以保障城市更新中公共利益的实现，同时对私权予以公正的保护。如前所述，城市更新本身就具有公共利益的内在属性，保障公共利益的实现和公共产品的供应是政府的职能。当前，城市更新项目的最大障碍是无法与少数人达成搬补协议的问题，很多项目因为5%—10%的业主不同意而陷入僵局。目前政府对旧住宅区要求“双百”的做法实际上改变了《深圳市城市更新办法》规定的基于建筑物区分所有权2/3票决的原则，而《深圳市城市更新办法实施细则》第七十一条提及的专规通过两年后无法完成搬补谈判的征收机制和第七十三条规定的剩余10%不能完成搬迁的项目可申请政府组织实施的机制从来没有得到实施，市场主体寄予厚望的《深圳经济特区城市更新条例》所确定的强制售卖制度也杳无音信。无论从物权法的建筑区分所有权理论还是公共利益保护理论，都能够找到政府对城市更新中少数权利人的“过分”权利主张给多数权利人、公共利益以及市场交易秩序所产生“负外部性”进行干预的依据。

第三，政府需要采取措施落实简政放权，利用宏观调控手段培育城市更新市场、降低市场交易成本。自《深圳市城市更新办法》及配套政策实施以来，市场主体普遍反映城市更新的审批流程过于烦琐，项目审批周期过于冗长。在强区放权之后，项目审批效率并没有得到明显提高，反而由于新旧政策交替和集体资产交易管制导致很多项目陷入停滞。政府有必要消除城市更新中的制度性掣肘，减少制度规则执行过程中的人为因素，增强规则的可操作性和透明度，在放权给区政府和街道办的同时，也要加强办理时限的要求和进一步提高行政效率。

第四，政府可以通过对利益、汇率、税收的及时调整，确保价格形成机制的高效性，修正扭曲的价格。对于容积率高的城市更新项目，加大税收，实现转移支付，对于容积率低的城市更新项目，适当调整税率，从而构建用途、开发强度与价值形成合理的城市更新市场调控模式，实现“骨头”地段与“肥肉”地段资金调节平衡问题。①

---

① 林文：《刍议福州城市更新与存量土地再开发》，《福建省土地学会2012年年会论文集》，福州，2012年，第156页。

总之，政府作为土地所有权人必须通过立法和其他规则的制定，确保维护公共利益、打破谈判僵局和平衡包括自身在内的三方当事人利益，尽量减少市场运作带来的负外部性，"用各种手段增加正外部性行为的收益和负外部性行为的成本，使外部性内在化"。①

第三节　关于城市更新的模式建议

一　加强综合整治

作为城市的再建设过程，城市更新需从目标、理念上跳出"增量"怪圈，明确城市是需要"给"还是"取"，理性评估空间需求。此外，还应融合社会综合治理的目标，关注空间公平、包容和绿色发展，探索除拆建以外的改善、维护、提升型更新方式。②

《深圳市城市更新"十三五"规划》的"总体目标"中即明确提到"积极鼓励开展各类旧区综合整治"。笔者建议学习上海、广州的微改造，避免老旧社区和城中村改造完全房地产化，体现以人文为本，避免城市更新完全成为经济驱动和政绩驱动，特别是对于一些现状密度较高，但房屋质量状况和街区状况整体良好，无论是从经济效益考虑还是从社会效益考虑都不宜进行拆除重建的城中村。

广州的微改造坚持"以人为本、公益优先、尊重民意、改善民生"的原则，以"三改造一落实"（改造公共设施、改造老旧房屋、改造人居环境、落实物业管理）为主线，开展"三线三管"（电力线、电话线、宽带线、供水管、排水管、消防管）整治、老旧房屋外立面整理修饰、楼道内部综合改造等任务，推进局面自治工作，健全基层社会治理体系。③ 在充分进行民意调查的情况下，对于老

① 吕忠梅、陈虹：《经济法原论》，法律出版社 2007 年版，第 6 页。
② 唐婧娴：《城市更新治理模式政策利弊及原因分析——基于广州、深圳、佛山三地城市更新制度的比较》，《规划管理》2016 年第 5 期，第 51 页。
③ 丁少英、徐晓玲、刘朱红：《在老旧社区微改造中推进基层社会治理创新——越秀区珠光街仰忠社区调研报告》，《探求》2017 年第 5 期，第 56 页。

旧社区，由加大各级政府投入，城市更新资金优先安排微改造项目，① 搭建议事平台，探索社区自治物业管理。同时也采取 PPP 模式，在保护旧城风貌的基础上，由投资方导入创意创新产业园，包括众创办公、教育营地、长租公寓、生活配套等产业，给予一定的经营期限，鼓励社会资本进入；② 对于旧厂房，改造前后用地均为工业用途的，按补办土地有偿使用手续时工业用途市场评估地价的40% 计收土地出让金，改造后科研类产业项目可按照相应地段办公用途市场评估地价的 20% 计收土地出让金，其余商务类产业项目原自有部门可按照办公用途市场评估地价的40%、增容部分按70% 计收土地出让金，以降低企业的资金压力。③

二　鼓励集体组织和社区自主更新

国有建设用地使用权是《物权法》明确规定的用益物权之一，用益物权人有权占用、使用和收益该物权。在使用期限未届满的情况下，物权人有权决定是否进行更新。从目前的市场情况来看，在外力的作用下"被动更新"，往往在实施主体形成过程中困难重重。笔者认为，随着深圳原农村继受经济组织经济实力和人才储备、知识储备的增强，以及小区业主委员会自治的增强，业主与房地产开发企业之间的关系可以逐步恢复到真正意义上的"委托"状态，借鉴我国台湾地区的做法，结合我国《民法总则》赋予居民委员会"特别法人"法律地位的规定，赋予更新团体特别法人资格。在政府的"辅导"和支持下，对于有实力的原农村集体经济组织而言，完全可以通过设立具有房地产开发资质公司的方式对其用地进行自主更新；对于实力不足或难以自设公司的原农村集体经济组织和小区居民而言，也可以自行委托技术单位完成规划编制和更新方案编制工作，再通过招标方式选择"代建"房地产开发企业。如此可以

---

① 刘怀宇：《城市更新资金优先安排微改造项目》，《南方日报》2015 年 12 月 10 日第 AA2 版。

② 曾冬梅：《从大拆大建到试点微改造，广州城市更新引入 PPP 模式》，《中国房地产报》2017 年 3 月 27 日第 002 版。

③ 岑迪、吴军、黄慧明、周敏：《基于制度设计的广州市旧厂房"微改造"探索——以国际单位创意园为例》，《上海城市规划》2017 年第 10 期，第 49 页。

从最大限度上减少开发企业"大包大揽"下与业主的不信任关系和谈判僵局，提高更新的效率和社会效果。

目前，已经出现了小区居委会召集业主自发征集棚改意见，并自行进行测算和绘制效果图的现象，这一实际情况正是一种居民从与开发企业"博弈利益"到自主更新的理念转变，也代表了一种社会呼声和需求。①

此外，也有学者认为目前的自主治理更新机制存在现实处理问题，体现在缺少相关政策、自治组织不够等方面，建议在给出明确政策指引的同时由集体组织委托专业项目管理和施工监理企业运行。②

总之，城市更新不仅仅是旧建筑、旧设备的翻新，抑或城市建设的技术手段，或者是一种房地产开发导向的经济行为，忽略社区利益、缺乏人文关怀、离散社会脉络的更新并不是真正意义上的城市更新。③ 必须把城市更新所创造的成果和价值与公众分享，在城市更新进程中更多地考虑原住民利益、社区文化传统以及社区的可持续发展，使公众能切身感受到城市更新所带来的受益感而不是剥夺感。④

三 协调城市更新和棚户区改造的政策

虽然目前深圳市的棚改和城市更新分属于不同的部门主管，从

---

① 《蛇口紫竹园老小区自报棚改，业主自绘蓝图》，2008 年 5 月 21 日（http：//www.sohu.com/a/202131409_99917322）。蛇口老小区紫竹园是 1989 年由砖混结构建成的老宿舍小区，这个接近 30 年的老旧职工宿舍楼小区，破旧不堪，各种管道老化严重，钢筋凸显、锈迹斑斑，地面停车难、人车不分流、海沙楼等问题一直困扰着业主，民生问题需要得到进一步改善。10 月 28 日召开业主大会，短短几个小时就已有 400 户占比 73% 以上的业主同意棚改，截至 11 月 1 日仅仅 3 天就有 96% 以上的业主签署了业委会带头的棚改意见征集。在短短的 3 天时间内，就征集到超过 500 户，达到了 96% 以上的棚改同意率。

② 彭未名、邵任薇、马海华：《城市更新的自主治理机制：以广州城中村改造为例》，《深圳职业技术学院学报》2014 年第 2 期，第 31 页。

③ 董玛力、陈田、王丽艳：《西方城市更新发展历程和政策演变》，《人文地理》2009 年第 5 期，第 42—46 页。

④ 王桢桢：《城市更新：权力失衡与能力赋予》，《中共中央党校学报》2011 年第 5 期，第 89 页。

制度规范层面分析，两者在适用范围、审批流程、改造方向和地价政策等方面均存在诸多的不同，但两者的核心功能都是解决土地利用率低下、建筑存在安全隐患、公共配套设施严重不足的问题。无论是棚改还是城市更新，在制度设计层面，深圳均具有独创性，在城市更新这些制度的牵引下，迄今为止，深圳已形成了由市场力量主导的庞大的城市更新市场。在棚改层面，则开创了设立人才住房专营机构，改造方向为人才住房和保障性住房的先例。深圳的城市更新制度践行已近十年，并且在不断地调整和优化，但深圳棚改制度仍然在初期试水阶段，其制度效果如何还有待市场检验。仅从目前公布的《棚改意见》来看，其制度设计仍存在很大完善空间。棚改和城市更新如同孪生姐妹，均是基于城市发展的需要而生，却都受制于现有产权制度的约束，两种制度安排应该协同考虑，而不是相互取代。政府既不能放任城市更新中无序的市场行为，也不宜取代棚改中市场主体可发挥的作用，针对前面分析的棚改和城市更新制度的一些问题，若可以考虑重构两项制度，建议从以下两个方面着手。

第一，允许棚改项目中配建一定比例的市场商品房，在棚改中引入市场主体和人才住房专营机构公平竞争的市场机制。

《棚改意见》中规定改造的住宅部分除回迁之外，只能用作人才住房和保障房，并且赋予了人才住房专营机构准入特权，而对市场主体参与则缺乏明确操作规定，这样的制度安排不仅财务上难以实现收支平衡，也不符合现实中多样化住房需求，市场主体也没有参与的动力，甚至会导致新的住房供需失衡。相反，如果在不改变以人才住房和保障性住房为主导的前提下，允许根据市场情况配建一定比例的市场商品房，不仅可以激发市场主体的参与度，减轻政府棚改财政资金压力；也会丰富棚改中住宅产品内容，为市场提供更加多元化的选择；还能避免人才住房专营公司垄断棚改市场所带来的弊端。

第二，重新定义政府在棚改和城市更新中的角色，发挥政府和市场的协同作用。

在市场经济活动中，政府和市场角色常常错位，经济学家对此也是见仁见智，在城市更新中也是如此。政府看到开发商在主导城市更新市场中的弊端，转而建立棚改制度，并在棚改中扮演双重角色，一方面按照市场方法进行协商，另一方面挥舞行政权力的大棒进行干预。而城市更新中很多问题，其本质上是政府角色的缺失，比如城市更新中违法建筑问题多数是源于无法可依和执法不严。历史遗留用地问题则是我国城乡土地和规划二元制结构不合理所导致的。因此，无论是城市更新还是棚改，其制度设计的逻辑基础应该是让属于政府职能的事项回归政府，让属于市场主体的事项回归市场。具体来说，有以下几点：

（1）城市更新和棚改均具公益属性，至少有部分公益属性，对于无法通过市场协商达成搬补协议的，政府应该启动行政力量，通过征收或其他行政强制手段，降低甚至消除因少数人拒绝达成协议而对公共利益和多数人产生的负外部性。

（2）土地利用管理和城市规划管控属于政府公共职能范畴，政府应该加大力度解决由于制度缺漏和不规范导致的历史遗留用地和违法建筑问题，在规划方面应提高政府的效率，运用市场化的手段解决政府在规划编制层面的人力资源不足的问题，并且应该建立公开透明的规划利益协商机制，着力解决城市更新的政府规划职能滞后的问题。

（3）项目实施过程中与原权利人的谈判协商、专业机构聘请、项目开发建设、项目融资、物业管理和运营等均是市场行为，政府应该营造一个透明和充分竞争的市场，规范市场中的交易秩序，让市场在这些行为当中发挥资源配置的基础性作用。具体而言，在城市更新项目中，政府应该强化街道办在查处违法建筑、违法经营行为、违法买卖无产权房屋、消防卫生环保违法行为等方面的监督和执法职能，简化甚至废除街道办在村集体资产交易方面的管理职权，而在棚改项目中，棚改的改造方向和市场准入应当更加多元化和市场化。

四　谨慎规定"工改工"自持比例

目前，一些区对"工改工"后实施主体对工业楼宇的自持要求比例较高，本意是希望改造后的工业楼宇能够真正用于实体生产，不能将工业项目全部"写字楼化""类住宅化"，造成实体产业空心化局面，这对于深圳的长远发展都是有益的考虑。但现实中会出现大型产业企业有能力自主改造，可以达到较高的自持比例；而淘汰型产业聚集的工业区业主没有实力自主改造，在由房地产开发企业收购改造后，由于开发企业在产业方面并非强项，且希望通过出售房地产尽快回笼资金，因此自持比例的要求加大了其开发的难度。

虽然一些开发企业已经意识到政府对"工改工"要求的力度，并积极做好"产城融合"工作，但仍建议结合深圳的产业发展对不同的工业片区做个性化研究，而不是"一刀切"地要求自持比例，避免一些需要改造的片区因没有合适的开发主体而迟延转型升级。

第四节　关于城市更新立项政策的建议

一　适当调低合法用地比例

如前文所述，"五类"合法用地达不到比例，已经成为城市更新立项最大的难点。且实践中，对于"合法用地"和"合法外用地"的界定，在具体地块上也存在争议，这导致了居住环境差、公共配套设施缺乏、安全隐患大的城中村和居住、工业混杂、亟待改造的片区无法立项改造，而市场的手又伸向那些并不亟待改造但利润回报高的片区。

笔者建议，参照广东省国土资源厅 2018 年 3 号文的规定，即"符合土地利用总体规划和城乡规划、没有合法手续且已实际使用的建设用地，上盖物基底面积达到改造项目总面积 30% 以上，或上盖物占地比例虽不足 30%，但符合建设用地规划许可证、土地供应法律文书等载明的规划条件，并且拟采取拆除重建、加建扩建、局部拆建、完善公建配套设施等方式改造的，按照现状地类完善建设用地手续"的精神，进一步降低深圳市城市更新单元划定中的合法用地比例，解决一些规模较小、用地情况复杂但亟须改造地区的立项难问题。

二　加强对优秀历史建筑的保护

"大拆大建"式的城市更新会割裂原有城市文脉，破坏原有的城市肌理，使得新区与周边的环境格格不入。这种急功近利的改造方式使得改造后的城市找不到原有的痕迹，城市空间缺乏记忆感，改造后的地区沦为没有灵魂的躯壳，变得索然无味。取而代之的是风格雷同、千城一面的城市新区。①

笔者认为，由于深圳的文物和历史文化街区、优秀历史建筑较为分散，且由于历史问题"夹杂"在城中村中，寄希望于通过市场的方式保护和修缮非常困难，商业开发对其也存在潜在的破坏威胁。对此《深圳市城市更新"十三五"规划》第二十四条规定了"活化历史文化资源"，执行紫线保护规定，紫线内严格禁止拆除重建更新。通过政府主导、市场参与的方式，开展具有深圳历史文化特色的文物保护单位、历史文化街区、优秀历史建筑的综合整治和保育活化，经批准划定的历史建筑、历史风貌区原则上不纳入城市更新拆除重建范围。也规定市场主体在拆除重建项目中应当严格保护古树名木，鼓励留存宗庙与祠堂，以及对古村落进行整体性保护。重点古村落则强调保护传统街巷空间，延续特定场所精神，秉承"功能再生"的理念，赋予新的功能。

实践中，旧屋村由于容积率低、地价低，且为合法用地，往往又成为市场主体开展城市更新项目的"重点"考虑片区。对此，需要政府伸出有形之手，加大投入，限制对优秀历史建筑和历史风貌区的拆除重建更新。可以借鉴广州微改造的方法，考虑借鉴招标管理经验，给予物业用房或政府补贴的方式引入市场主体进行修缮、维护、管理，保持深圳为数不多的历史片区的活力。

---

① 冯筱莉、缪婷：《保护"遇上"更新　历史"对话"未来——以深圳大万世居文化保护与城市更新为例》，《城市时代，协同规划——2013 中国城市规划年会论文集》，青岛，2013 年。

第五节 关于城市更新单元规划的建议

一 刚性与弹性相结合

更新单元规划是对现有空间利益和土地增值利益的分配,必须调和私人利益和公共利益。在以推进项目落地为目的的前提下,有学者提出,城市更新规划应注重规划刚性与弹性的有机结合。首先,城市更新规划应依据国土规划、主体功能区规划、土地利用总体规划和城乡规划,科学制定更新单元规划,强化更新单元总量指标和公共利益指标的刚性管控作用;其次,城市更新规划可结合项目的具体情况,在不违反更新单元总量指标和公共利益指标的刚性管控情况下,合理合法运用存量建设用地拆迁腾挪的相关规定,适当调整局部地块的功能与布局,因地制宜,推动城市更新项目的建设实施。[①]

二 加大公众参与力度

我国传统的城市更新项目过程简单,主要采取政府、专家团、设计院的封闭式城市更新模式,从城市更新项目的提出、设计到实施的整个过程,都由政府组织专家团、设计院和实施单位来完成。[②]作为对既有建成区域利益的分配,城市更新单元规划应理性考虑原地块业主和地块周围利害关系人的权益,加大公共参与力度。

可以考虑建立听证会制度。城市更新往往要改变一个区域的城市规划和权利分配,是一项涉及权利人、实施主体、周边区域人口等社会大众的工作,其可能侵害的群体或受益的群体非常广泛。[③]因此,城市更新工作涉及的利益主体众多,如各业主、市场主体、

---

① 江奇、张丽:《城市更新中几个关键问题的思考》,《中国房地产》2015年第2期,第67页。

② 龙腾飞、施国庆、董铭:《城市更新利益相关者交互式参与模式》,《城市问题》2008年第6期,第48—53页。

③ 邓志旺:《城市更新政策研究——以深圳和台湾比较为例》,《商业时代》2014年第3期,第141页。

政府等，建立有效的利益协调机制十分重要，以提供平台实现利益主体的话语权，保证城市更新的公开透明性，听证会制度为不同利益主体，表达其利益诉求提供了一个更加开放的平台，满足公众的知情权，深入了解公众的需求，从而保证决策的正确性。对于政府部门的决策可以起到重要参考作用，同时也有助于公众对政府决策意图的理解，提高决策的权威性和公信力。所以，涉及各阶层市民切身利益的决策，即从更新最初的提出，更新后达到的效果、采取的更新措施，到更新结果的客观评估必须事先通过各种切实有效的形式听取意见或建议，以保证城市更新事前和事中的公众参与，避免事后的追究责任。①

也可以考虑加强社区组织参与城市更新的能力，同时吸引社会组织加入。社区是政府、开发商与受影响居民（直接利益相关者）有效沟通的关键节点，也是居民表达诉求的关键载体。因此，社区本身的组织化程度直接决定了公众参与城市更新的进程与效果。社会组织则是城市更新进程中无直接利益的第三方组织，其作用主要体现在增强公众（尤其是社区）参与能力。随着社会组织发展，它将成为参与主体间进行协商沟通的关键节点，从而有效促进协商式参与的形成与发展。②

第六节　关于实施主体形成政策的建议

一　加强城市更新政策宣传

在城市更新单元规划已经审批的前提下，更新后的"蛋糕"规模已经形成，除去法律规定的政府"法定"部分和规划编制过程中政府取得的部分，余下是可供开发企业和小业主之间进行博弈的部分。开发企业在项目初期投入已经非常大，自然不能做亏本买卖，

---

① 姜杰、刘忠华、孙晓红：《论我国城市更新中的问题及治理》，《中国行政管理》2005 年第 4 期，第 61 页。

② 秦波、苗芬芬：《城市更新中公众参与的演进发展：基于深圳盐田案例的回顾》，《城市发展研究》2015 年第 3 期，第 62 页。

其底线是非常确定的。然而面对深圳的高企房价和媒体上时不时出现的"钉子户"获得巨额赔偿的报道，小业主出现较高的期待并不算非理性。也总会有要求更多的业主，也会有任凭怎么说也不愿意参与旧改的业主，更会有业主寄希望于通过项目来解决家庭矛盾，比如将未来的置换房屋分别登记到子女名下等。在开发企业无法满足其要求的情况下，所谓的"钉子户"出现在所难免。人民调解其实解决不了，畅通沟通渠道是关键，防止以讹传讹。

笔者曾经处理过一起系列房屋租赁纠纷案，在房屋租赁合同已经届满的情况下，出租人和承租人存在诸多误解，其中一个因素便是涉案地块已经列入城市更新计划，且为"工改商住"项目。对此，诸多承租人认为自己在地块的建设上有过贡献，理应享受"土地增值收益"。笔者未将其作为一个简单的房屋租赁纠纷处理，在裁决中花了一定的篇幅来说明深圳城市更新的政策，解决承租人对此的困惑。在后续的案件中，承租人对于此点的心态明显趋于理性。

二　设置实施主体准入门槛

城市更新具有成本高、耗时长的特点，缺乏实力的企业难以承担其复杂的系统工程，立法上应规定市场主体具备相应的资质和实力条件才可参与城市更新，否则易扰乱城市更新市场。具体可参照《房地产开发企业资质管理规定》中获得房地产开发企业资质的方式，从注册资本、城市更新项目经验年限、累计拆除面积、累计回迁面积、专业人员构成等角度，通过分层级的方式设立城市更新领域实施主体准入门槛，且立法上应该对有些企业故意扰乱市场的倒卖行为进行规范。

三　防范搬迁补偿安置协议的风险

搬迁补偿安置协议是实施主体与更新地块原权益人之间的协议。根据城市更新相关政策法规，形成单一权利主体是实施主体确认、获得土地开发权益的必要条件，一旦被搬迁人违约势必直接决定房地产开发企业能否获得土地或直接影响项目进度，这对房地产开发企业而言则直接关乎项目成败。城市更新搬迁补偿安置协议纠纷使得交易处于不确定或不稳定状态，影响了各方利益的实现，最终只能造成"多输"局面，因此应注重风险防范。根据第四章中的案例分析，笔者提出以下建议。

（一）合同签署主体——核查认定"权利主体"

在我国合同法上依据法律规定的生效要件，合同的法律效力表现为有效、无效、可撤销和效力待定四种形式。学界对效力待定的界定观点各有不同，王泽鉴先生认为："法律行为应经他人事先同意而未得其允许者，其效力未定，处于浮动不确定的状态，是为效力未定的法律行为。"① 胡长清先生认为："效力未定法律行为者，发生效力与否未定之法律行为者也。"② 杨立新教授认为，效力待定合同的效力还处于不确定的状态，需要其他行为的介入才能决定其效力的有无，即需要享有追认权和撤销权的权利人为一定的意思表示。③ 我国《合同法》第五十一条被认为是无权处分的通规。具体内容为：无处分权人处分他人财产，经权利人追认或者无处分权人订立合同后取得处分权的，该合同有效。即为了保护权利人的合法权益，无权处分为效力待定的民事法律行为，对权利人并不会产生当然有效的法律效力，是否有效取决于权利人的选择。

合同当事人中的被搬迁人以权利主体的身份与房地产开发企业签订搬迁补偿安置协议同意置换，是对其更新单元范围内的地上建筑物行使处分权的充分体现，而实践中，常因存在权属争议而引起案件纠纷。根据物权法规定，权利人对其自有物才享有法律上的占有、处分、收益等权能，无权处分行为人对标的物无处分权，而以自己的名义对该特定物实施了处分行为，处分人的处分行为不具有正当合法性，属于侵害他人合法权益的违法行为。若合同签署主体经认定为非权利主体，即构成无权处分，搬迁补偿安置合同则存在将被认定为无效的风险。

从法律角度而言，城市更新本质上是对原物权关系和债权关系

① 王泽鉴：《民法总则》，北京大学出版社 2009 年版，第 476 页。
② 胡长清：《中国民法总论》，中国政法大学出版社 1997 年版，第 337—339 页。
③ 杨立新：《合同法总则（上）》，法律出版社 1999 年版，第 178 页。

的打破，在与被搬迁人签订搬迁补偿安置合同前，确权核查其对所处分的标的物有无合法权利是确保合同有效性的前置工作，主要包括核实其对标的物的所有权以及处分权是否受到法律上的限制，对标的物没有所有权而进行处分，该行为显然存在法律瑕疵；而处分权受到限制，是指权利人对标的物有所有权但其处分权受到约束的情形，如所有物被抵押、系共有物权等情形。具体而言，城市更新中的标的物业所涉及的权利主体大体上分为如下几类：基于原始建造行为或登记行为取得物业权益的"原始业主"，基于家庭关系、合作开发关系而共同取得物业权益的"共有业主"，通过法院拍卖、房屋抵债等方式取得物业权益的"其他业主"，以及基于租赁、借款、抵押等合同关系而形成的权益主体，因此，部分被拆迁房屋因婚姻、共建、转让、继承等法律关系而存在房屋共有人、买受人、继承人等潜在权利主体，准确选择适格协议主体是顺利履行拆补协议的前提，需要全面收集被拆迁房屋产权资料，核查认定权利主体，保证协议主体适格。

（二）合同权利义务——合理细化"履行顺序"

一般认为，双务合同是指当事人双方互负对待给付义务的合同。何谓对待给付义务？王利明教授指出，对待给付义务是指"当事人愿意负担履行义务，旨在使他方当事人因此负有对待履行的义务，或者说一方当事人享有权利也就是他方当事人所负担的义务"。[1] 双务合同履行中的抗辩权属于延缓的抗辩权，其作用仅在于阻却对方请求权的实现，因而这一抗辩权又称一时的抗辩权，[2] 是法律赋予民事主体的自力救济的方式。根据履行合同义务的先后顺序作出划分，双务合同履行中的抗辩权分为同时履行抗辩权、先履行抗辩权和不安抗辩权。同时履行抗辩权是指当事人互负债务，没有先后履行顺序的，应当同时履行；一方在对方履行之前有权拒绝其履行要求，一方在对方履行债务不符合约定时，有权拒绝其相应的履行要

---

① 杨振山：《民商法实务研究》，山西经济出版社1993年版，第294页。

② 王利明、崔建远：《合同法新论·总则》，中国政法大学出版社1996年版，第335页。

求。先履行抗辩权，是指有先后履行顺序的，后履行一方对先履行一方未履行时或虽然已履行但不符合约定时，所享有的抗辩权。不安抗辩权指的是负有先给付义务的一方，在获得对方将不履行合同的确切证据时，于对方没有履行对待给付或提供履约担保前，可以中止履行先为给付义务的权利。

搬迁补偿安置协议的性质为双务合同，搬迁人与被搬迁人双方互为债权人和债务人，其债权债务相互依存，互为因果，才得以实现各自的交易目的——搬迁人即房地产开发企业获得更新单元地块的开发收益，被搬迁人即原权利主体获得置换物业及补偿，若任何一方当事人不履行合同债务或者履行债务不符合合同约定，都会使对方的债权难以实现或者受到损害。

因此，为体现合同公平原则，保护当事人的合同权利，减少合同履行的风险，搬迁安置补偿协议应根据合同履行过程中的事项，为项目实施主体设置补偿款的支付、回迁房的交付、回迁房办理产权证等一系列合同义务，为权利主体即被搬迁人设置按期搬迁、移交房屋、配合办理各项手续等一系列合同义务以及履行顺序，通过对合同权利义务的分配，实现合同当事方之间利益的平衡。而搬迁补偿安置协议本质上是合同各方对自身利益的处分，是各方当事人的真实意思表示，若合同内容不违反我国法律、行政法规的强制性规定，均合法有效，法律应该保护这种意思自治，各方均应按该协议约定的时间、顺序，严格履行各自义务，真正实现合同公正、效益、安全的目标。

（三）合同情势变更——弹性化解"履约僵局"

合同法中"契约严守原则"是维持合同运行的基本准则，在意思自治原则和契约神圣原则的指导下，当事人在订立合同以后，都应当依照合同履行自己的义务。如果当事人不能依照合同规定履约则会构成违约，应承担相应责任。但是，在订立合同后，由于不可归责于双方当事人的客观原因或客观情况，导致合同履行不能；或虽然能够履行，但若继续履行，会造成结果不公；或继续履行合同已失去其原有意义，而且，要求原合同中不利当事人必须严守契约精神，继续按照原合同内容履行自身义务，势必带来不公正后果，因此需要对"契约严守原则"进行修正。[①]

因城市更新项目的特殊性，产权置换类拆迁安置补偿协议指向的项目开发建设周期漫长，搬迁补偿安置合同的履行和合同目的的成就不以双方的努力为唯一条件，除依赖于双方严格按照协议履行外，还存在诸多不确定的外在因素，其中政府审批、政策规定以及项目范围内其他个别业主拒绝签订协议导致项目无法完成 100% 比例协议达成等客观因素都可能直接导致"合同目的落空"。当情况发生变化，可区分不同情形，通过变更合同条款或赋予合同解除权两种方式，依法保障合同目的和交易安全。一方面，若合同仍有继续履行的可能，可设定处理路径，增加合同的灵活性和可操作性，变更合同包括合同权利义务、履行期限的变更等。另一方面，若合同目的已无法实现，已构成实际履行不能，则可赋予合同解除权即退出机制，合理设定已履约部分的风险承担，维护城市更新市场秩序。

合同生效后由于情势变更因素，合同当事人依约继续履行可能产生不公正后果，为保证合同实质正义，对原有合同的修正尤为必要。通过对情势变更因素的事件类型进行比较分析，有助于避免各规则之间的矛盾，切实保障合同目的的实现，维护合同公平正义。

四　制定搬迁补偿指导标准

由于深圳城市更新的市场运作模式，政府从来没有制定过统一的搬迁补偿标准，对于制定统一标准是否可行，实践中一直存在争论。有的认为既然是让市场主体通过市场方式形成单一主体，就不能再由政府介入市场行为。也有人认为城市更新单元是经过政府批准的，政府有义务协调各方的利益对于无法通过市场手段加以有效解决的一些问题，如对扭曲的搬迁补偿价格的修正或对补偿方式的调整，政府可通过税收进行调节，尽量让原住民获得住房，唤起其参与更新的积极性，从而摆脱政府与搬迁户的对立。

制定合理的拆迁补偿指导标准，规范全市拆迁工作，以改变

---

① 于震：《对完善我国情势变更原则的思考》，《西安交通大学学报》（社会科学版）2017 年第 4 期，第 112 页。

目前补偿标准完全市场化情况下更新改造主体恶性竞争、权利人相互攀比的混乱局面，可借鉴国内外实践经验，尽快制定合理的搬迁补偿指导标准。在制定搬迁补偿指导标准时，建议规定回迁面积只按合法建筑面积计算，并结合不同地区、不同的项目类型及实际建设情况，规定不同的回迁比例；对违法建筑视其具体违法情况，区别对待，坚决杜绝与合法建筑享受同等补偿待遇的情况发生。

此外，政府还应加快完善房屋产权登记制度，明确合法建筑类型及标准；加大查处违法建设的力度，提高违法建设成本，消除个别业主对非法建筑在拆迁补偿中的过高预期，从而缩小因拆迁导致的贫富差距，实现社会公平正义。实践中给违法建筑主体完全市场化的补偿，隐含了一个将违建用地合法化的过程，虽然由集体自行理顺违建经济关系，但前提是开发商给各违建主体等价的补偿。这实际上为城市的发展、其他相关制度的设计和政府社会管理留下了隐患，是城市更新制度的最大制度缺陷。政府应针对不同类型违法建筑制定差异化的补偿指引，形成各相关方的大致利益边界，以降低城市更新的谈判和交易成本。[①]

五　制定强制售卖政策

深圳可以借鉴一河之隔的香港在城市更新中的强制售卖经验。但是，在借鉴时必须清楚深圳的城市更新与香港的土地强制售卖之间的区别，以及香港该项制度本身存在的问题，以便在法律移植和制度设计时进行因地制宜的调整。

（一）深圳城市更新和香港土地强制售卖对象的区别

虽然深圳的城市更新和香港的私人土地重新发展都是由市场主体主导的旧楼/旧城改造，但在具体制度施行方面也存在许多不同之处。就香港的土地强制售卖制度而言，必须考虑到深圳与香港的三点不同情况：政府决定定位不同、更新用地范围大和更新原因并非建筑老旧。

---

① 刘芳、张宇：《深圳市城市更新制度解析——基于产权重构和利益共享视角》，《城市发展研究》2015 年第 2 期，第 29 页。

1. 政府统筹角色不同

香港的私人建设纯属市场行为，政府并没有在其中开展统筹、规划等工作，完全依靠私人开发商根据其商业判断对重建目标进行选择，进而开始发起收购，在收购发生困难时寻求司法解决；而深圳的城市更新则是由政府进行引导，事先自下而上申报和自上而下审批相结合对更新单元进行划定，着眼于整个城市发展质量的提升，而不是单个地块的重建，不会出现香港"铅笔式"的独栋发展。这样直接决定了深圳的城市更新规模要远大于香港的私人重新发展，进而导致以下两点区别。

2. 更新土地面积的区别

前文已经提到，香港的土地强制售卖制度通常只适用于一个地段，即便是由共用楼梯相连的建筑物，也最多占用四个地段。目前尚无关于私人土地强制售卖土地面积的统计。不过，以社区综合更新发展为己任的都市重建局主导的项目看，最大的一宗用地面积为荃湾市中心的万景峯项目，用地面积20300平方米。而大多数项目集中在1000平方米以下和1000—5000平方米之间，具体见图5—1。

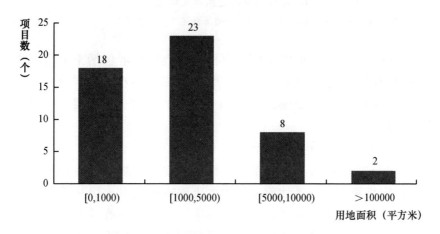

图5—1　香港都市更新项目用地面积统计

资料来源：根据香港都市重建局网站公布数据统计。

就深圳市2010年第一批至2015年第一批共18批次城市更新单

元面积来说，最小的一个项目的拆除都达到5108平方米（位于南山区粤海街道的科技工业园28栋城市更新单元），大多数则集中在10000—50000平方米之间，即便是50000—500000平方米的也不在少数，而最大的城市更新单元用地面积达到了22100000平方米（坂田片区华为科技城项目）。具体统计见图5—2。

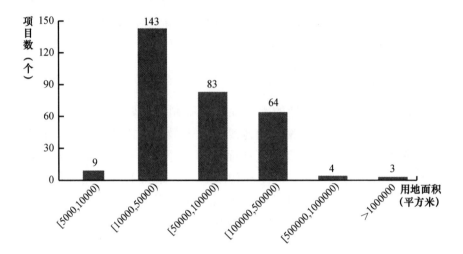

图5—2　深圳市城市更新单元用地面积统计

资料来源：根据深圳市规划和国土资源委员会网站公布数据统计。

　　可见，深圳的城市更新单元面积整体上比香港包括土地强制售卖在内的都市更新用地面积要大得多，可以说不在一个等级上。相应的，深圳城市更新影响的人群和所涉及的利益也要大得多，纠纷解决也要复杂得多。

　　3. 更新对象选定标准的区别

　　香港土地强制售卖令发布的前提是地段建筑物基于龄期和维修状况理应重新发展，虽然前文中产生土地审裁处及上级法院对龄期和维修状况给予了诸多评述和评判标准，但归根结底就是建筑物老旧不堪，大多数楼龄在40年甚至50年以上，不宜进行维修继续存在，而应拆除重建。而深圳的城市更新单元划定原因不只是单元内建筑物老旧，事实上，深圳市建市才30余年，除了一小部分建筑质量不合格、已经出现危楼状况的建筑物外，大多数建筑物在龄期和维修状况上都还达不到必须拆除重建的地步。

根据《深圳市城市更新办法》和《深圳市城市更新办法实施细则》的规定，对城市更新单元的划定主要是其区域内存在"城市的基础设施、公共服务设施亟须完善""环境恶劣或者存在重大安全隐患""现有土地用途、建筑物使用功能或者资源、能源利用明显不符合社会经济发展要求，影响城市规划实施"三种情形。就拆除重建类城市更新而言，上述第一种情形指"城市基础设施、公共服务设施严重不足，按照规划需要落实独立占地且用地面积大于3000平方米的城市基础设施、公共服务设施或者其他城市公共利益项目"。第二种情形指"环境污染严重，通风采光严重不足，不适宜生产、生活；相关机构根据《危险房屋鉴定标准》鉴定为危房集中，或者建筑质量有其他严重安全隐患；消防通道、消防登高面等不满足相关规定，存在严重消防隐患；经相关机构鉴定存在经常性水浸等其他重大安全隐患"。第三种情形指"所在片区规划功能定位发生重大调整，现有土地用途、土地利用效率与规划功能不符，影响城市规划实施；属于本市禁止类和淘汰类产业，能耗、水耗、污染物排放严重超出国家、省、市相关标准的，或者土地利用效益低下，影响城市规划实施并且可以进行产业升级"。

可见，深圳城市更新单元的划定标准要宽于香港土地强制售卖，如果在深圳建立类似香港的土地强制售卖制度，是否适用于所有的拆除重建类单元，又或者进行怎样进一步的规定，是需要考虑的问题。

（二）强制售卖理由与公共利益的关系

前面已经提到，如果动用司法这一公共权力来强制拍卖土地，其实是对私人财产进行了征收，而根据现代法治精神，征收私人财产应当基于公共利益。[①] 而香港的土地强制售卖案件中，因为《收回土地条例》（以下简称《条例》）没有出现"公共利益"的字眼，个案中也没有政府的角色，因此售卖是否要基于公共利益，存在一定的争议。从大多数的观点来看，根据《条例》的规定，土地强制

---

① 张千帆：《宪政原理》，法律出版社2011年版，第337、344页。

售卖无须基于公共利益。

另外，由于土地强制售卖案件中的当事人为份数拥有人，如果法院在处理该类案件时考虑到公共利益，那么代表公共利益的政府部门是否应当在其中起到一定的作用，也存在争议。在《条例》起草过程中，香港律师会就曾经提出应当把申请强制售卖的文本送达律政司司长，律政司司长可申请加入为法律程序的一方，以考虑涉及公众利益的事宜，并在有需要时，就该等事宜作出申述。立法委员会主席则关注到把每份售卖令申请的文本送达律政司司长所造成的影响——如果律政司司长并未就某项申请作出申述，可能会被理解为该申请不涉及公众利益。此举会对以公众利益为理由就该申请提出争议的少数份数拥有人不利。规划环境地政局首席助理局长表示，律政司司长通常不会介入双方的争议，尤其是当该等争议可以在土地审裁处的协助下通过谈判解决。因此，他看不到有需要把每项申请的文本送达律政司司长。① 由于《条例》草案旨在处理物业拥有人之间的事宜，当局希望尽量减少政府干预。在有需要时，土地审裁处可要求律政司司长介入。另外，如果律政司司长作为介入诉讼人（加入为法律程序的一方，并提出关乎公众利益的事项），其与作为法庭之友的角色显然有所不同。作为法庭之友，律政司司长的职责是以顾问身份协助法庭，提醒法庭其可能忽略的合法权利，在法律程序中，法庭之友并非敌对的一方。而如果作为介入诉讼人，则律政司司长有权提交证据、盘问证人及就判决提出上诉，一如其为诉讼的原本一方。最终委员同意，《条例》草案并无必要增订明确条文以规定律政司司长加入为被告人。②

从内地现行的法律来看，《国有土地上房屋征收与补偿条例》采取列举的方式规定了公共利益的范围。从运作程序上来说，首先由作出征收决定的政府判断征收是否基于公共利益，当被征收人有

① 临立会 CB（1）1359 号文件，档号：CB1/BC/6/97《土地（为重新发展而强制售卖）条例草案》委员会会议纪要，日期：1998 年 2 月 28 日（星期六），时间：上午 8 时 30 分，地点：立法会大楼会议室 B。

② 临立会 CB（1）1361 号文件，档号：CB1/BC/6/97，《土地（为重新发展而强制售卖）条例草案》委员会会议纪要，日期：1998 年 3 月 11 日（星期三），时间：上午 8 时 30 分，地点：立法会大楼会议室 A。

异议时，由人民法院决定。而在深圳城市更新运作过程中，政府的角色主要在于批准城市更新单元划定及其控制性详细规划，从这个意义上说，虽然一个片区的城市更新能否成功不能由政府决定，但是某一区域能否启动更新，政府享有决定权，而政府在批准划定城市更新单元时，根据《深圳市城市更新办法》及其实施细则的规定，公共利益也是其必须考虑的因素之一。然而，该《办法》中规定的更新理由与《深圳市房屋征收与补偿实施办法（试行）》中规定的征收理由虽然存在一些相似之处（见表5—1），但并不意味着每个城市更新单元的划定或其中全部地块的拆除重建都是为了公共利益，因此在适用强制售卖时应当做更加严格的规定。而政府部门在城市更新单元划定时已经充分发表过意见，在具体案件中并不适合，也不可能再就强制售卖的公共利益问题发表意见。

表 5—1　　　　　　深圳房屋征收与公共利益理由对比

序号	深圳市房屋征收理由	深圳市城市更新理由
1	国防和外交的需要	
2	由政府组织实施的能源、交通、水利等基础设施建设的需要	城市的基础设施、公共服务设施亟须完善
3	由政府组织实施的科技、教育、文化、卫生、体育、环境和资源保护、防灾减灾、文物保护、社会福利、市政公用等公共事业的需要	环境恶劣或者存在重大安全隐患
4	由政府组织实施的保障性安居工程建设的需要	
5	由政府依照城乡规划法有关规定组织实施的对危房集中、基础设施落后等地段进行旧城区改建和城市更新的需要	现有土地用途、建筑物使用功能或者资源、能源利用明显不符合社会经济发展要求，影响城市规划实施
6	法律、行政法规规定的其他公共利益的需要	依法或者经市政府批准应当进行城市更新的其他情形

（三）深圳建立城市更新强制售卖制度的要素

1. 裁判机关的确定和完善

前面已经提到，深圳目前的情况是城市更新单元内开发商和小业主之间无法达成购买协议的矛盾尚没有第三方救济，无论是政府还是司法机关，都有正当的不介入理由，即没有法定权力。因此，必须在立法中明确争议解决机构。从香港的经验来看，当然是司法机构有争议解决的职责。从内地的现状来看，在政府运用权力进行房屋征收时，不仅有权决定对房屋的征收，而且在被征收人与政府无法达成补偿协议的情况下，也有权对征收补偿方案做出行政裁决。被征收人对这一行政裁决不服的，则有权向法院提起诉讼，2015年施行的修改后的《中华人民共和国行政诉讼法》第十二条列举的性质诉讼范围就包括"对征收、征用决定及其补偿决定不服的"。实践中，征收补偿标准的评估、确定及类似房地产的交易价格的确定是一个弹性很大、争议颇多的问题，很多时候是一个合理性而非合法性问题。修改后的《行政诉讼法》第七十七条规定："行政行为涉及对款额的确定、认定确有错误的，人民法院可以判决变更。"这就改变了之前2000年《最高人民法院关于执行〈中华人民共和国行政诉讼法〉若干问题的解释》第五十六条第二项规定的"被诉具体行政行为合法但存在合理性问题的，人民法院应当驳回原告的诉讼请求"。至少从法律规定上解决了法院对征收补偿的最终裁判权问题。

从英美法系国家的土地裁判机构发展历史来看，其也是从行政裁判部门逐步演变为司法机关的。[①] 可见，涉及土地房产这样价值巨大的不动产，还是由司法机关进行直接救济，终局性地定分止争为好。

从实践中的争议来看，无论是房屋征收中的被征收人还是城市更新中的受要约人，真正不愿意被征收或出售自己物业的人并不多，大多数是对补偿或报价不满意。而在对补偿方案或购买方案进

---

① 陈静：《一些国家和地区土地裁判所的性质与功能》，《国土资源情报》2007年第3期，第6—11页。刘筱娟：《英国裁判所制度剖析——以土地裁判所为例》，硕士学位论文，中国政法大学，2010年，第8页。

行评价时，涉及对房地产价值的评估，这也是处理房地产纠纷中的关键技术问题。目前法院在遇到对房地产价值存在争议的情况下，通常通过摇珠的方式确定一家房地产评估公司进行估价，这也显示出了中国法律教育制度和法官选任制度的问题。参考香港土地审裁处的经验，笔者认为人民法院应加强房地产庭的力量，一方面，加强现任法官对房地产估价知识的学习和掌握，鼓励法官参加房地产估价师的培训，学习《房地产基本制度与政策》《房地产开发经验与管理》《房地产估价理论与方法》《房地产估价案例与分析》等课程，掌握估价技巧；另一方面，随着国家司法制度改革的深入，也可以面向社会吸收资深房地产估价师作为审理专家成为法庭的一员，毕竟作为法官审理案件和作为被摇珠公司提供估价报告，其立场和心态都是不同的。

当然，作为估价师参加法院的司法工作，因为其过往的职业经验，可能会存在影响中立性和公正性事项的问题。这就需要在立法中予以明确，参考民事诉讼和仲裁中的回避规定。在香港土地审裁处的运作中，同样也存在身份回避问题。在 *Day Bright Development Ltd and others v The Personal Representatives of WONG BING（Deceased) and others* 案[①]的附属程序中，对申请人测量师陈先生与主程序的主审法官潘先生是否存在利益冲突问题进行了判断。两位均具有测量师资格，在同一家估价公司工作，有着社会和商业联系；潘先生为一家投资公司工作，而陈先生与该公司有长期服务关系，经常有商业往来；他们都是香港测量师协会会员，在一些事务上有一致也有不同观点。对此，潘先生进行以下回复：①1998 年 1 月至 2004 年 6 月，他和陈先生在 Chesterton Petty 公司，不过他们在不同的办公室工作，自己在上水办公室，陈先生在金钟总部。两者所服务的项目也不同，自己为西铁线项目服务，陈先生与之无关。两人只有过一次商业上的联系。②2012 年 4 月和 2013 年 2 月，当自己在 Toyo Mall 工作时，与陈先生有商业事务。具体说来，自己协助 Toyo Mall 的执行总裁工作，向 Savills 公司发出指令要求其咨询服务，而陈先

---

① LDCS16000A/2012。

生当时是 Savills 公司的总经理。在此期间，偶尔在会议上碰面，两人的下级之间偶尔有合同关系。③2003 年至 2013 年，两者同为香港测量师协会的理事。每月开会讨论专业事务，会参加年会但没有私下的业务。附属程序的审理法官认为，本案被申请人均没有对两人的关系提出异议，陈先生和潘先生毕竟不在同一公司工作，两者只是知道对方的专业性，之前他们在不同的办公室和不同的项目上工作。虽然因为社会工作有过交集，但是毕竟只停留在社交上。两者不是私人朋友或敌人，潘先生不会因为私人问题影响到案件的审理。不能因为潘先生的职业经历就妨碍其行使司法职责。

2. 申请拍卖条件

（1）拍卖城市更新单元的条件

通过前面的论述，笔者认为深圳市的城市更新单元划定已经考虑了公共利益因素，但是实践中还是不能认为所有的城市更新单元划定都是为了公共利益，特别是前面提到的目前更新单元用地面积都较大，很难说单元内所有地块的重建都是为了公共利益，特别是一些旧住宅区，并不存在建筑质量或公共基础设施不足问题。因此，有必要严格按照《国有土地上房屋征收与补偿条例》的标准设定城市更新中适用强制售卖的条件，主要包括危房集中和基础设施落后两项内容。

（2）申请人取得更新单元内不动产权益的数量

根据目前的《深圳市城市更新办法实施细则》，申请人已经取得城市更新单元内 90% 以上的不动产权益，可以申请政府组织实施。该比例并没有上位法的依据，根据笔者向当时参与立法的人士了解，也是参考了香港和台湾地区的标准，而且这 90% 并没有要求是针对每一栋建筑物的比例。因此，这一规定与《物权法》规定的经专有部分占建筑物总面积 2/3 以上的业主且占总人数 2/3 以上的业主同意改建、重建是不同的。

《物权法》针对的是区分所有建筑，也就是说，如果按照《物权法》的规定对城市更新单元内开发商还没有购得的建筑申请强制售卖，则开发商必须对每一栋区分所有的建筑物都拥有上述"双 2/3"条件。根据全国人大常委会主编的《中华人民共和国物权法释义》，改建、重建建筑物及其附属设施，是建筑物区划内较为重大的事情，关系到每个业主的切身利益。为了保证对这两项事情决策的慎重，保证决策能够获得绝大多数业主的支持，有两个条件：第一个条件是，必须获得专有部分占建筑物面积2/3以上的业主的同意；第二个条件是，必须获得占业主总人数的2/3以上的业主的同意。假如一栋大楼的建筑物面积总计为9999平方米，专有部分占建筑总面积2/3以上的业主，是指若干业主的建筑面积之和要达到6666平方米以上的业主。如果某一建筑区划内共有99户业主，占总人数2/3以上的业主是指业主数要达到66户以上。①已于2009年10月1日起施行的《最高人民法院关于审理建筑物区分所有权纠纷案件具体应用法律若干问题的解释》第八条规定："物权法第七十六条第二款和第八十条规定的专有部分面积和建筑物总面积，可以按照下列方法认定：（一）专有部分面积，按照不动产登记簿记载的面积计算；尚未进行物权登记的，暂按测绘机构的实测面积计算；尚未进行实测的，暂按房屋买卖合同记载的面积计算；（二）建筑物总面积，按照前项的统计总和计算。"第九条规定："物权法第七十六条第二款规定的业主人数和总人数，可以按照下列方法认定：（一）业主人数，按照专有部分的数量计算，一个专有部分按一人计算。但建设单位尚未出售和虽已出售但尚未交付的部分，以及同一买受人拥有一个以上专有部分的，按一人计算；（二）总人数，按照前项的统计总和计算。"

可见，实践中开发商是无法按照上述规定取得重建权的——对于区分所有的建筑物，倘若开发商能够取得2/3以上专有部分，则其作为一个业主不可能代表2/3以上的业主；对于小业主，特别是原农村集体经济组织成员拥有的独栋建筑，开发商不可能取得其中的部分产权。

故此，深圳可以在遵守《物权法》原则——绝对多数——的前提下，针对城市更新的特性进行规定。从笔者调研的情况来看，大多数出现谈判僵局的城市更新单元都是在开发商收购了90%的不动

---

①　胡康生：《中华人民共和国物权法释义》，法律出版社2007年版，第177—179页。

产权益之后，因此，将申请强制收买的取得不动产权益门槛设置为只更新单元内的90%，不针对更新单元内每栋建筑提出比例要求是较为合适的。

3. 拍卖对象——全部还是少数？

前面提到，香港土地强制售卖制度在现实中产生的最大问题就是因为多数份数拥有人在公开拍卖时没有竞争对手，导致地段以底价成交，而底价又不能反映拍卖时的市场价。那么，是否可以考虑只拍卖开发商没有取得的不动产权益呢？毕竟深圳的城市更新单元面积比香港都市更新面积大得多，其中的建筑物也多得多，虽然深圳的地价和房价尚达不到香港的水平，但是因为基础量较大，其中涉及的价值会超过香港土地强制售卖的土地价值。如此一来，如果将整个城市更新单元进行强制拍卖，则已经取得90%的开发商更加没有对手。

然而，任何制度都有其两面性，一旦将拍卖对象定为开发商没有取得的不动产权益，则拍卖底价会大幅度降低，招致竞争对手。如果拍卖的剩余不动产权益为其他人购买，则违背了目前城市更新立法要求的单一开发主体原则。此外，从一个理性的房地产开发企业角度出发，与一个已经取得90%以上权益的同行共同对一个既定区域进行拆除重建活动，并不是一个理想的房地产开发商。因此，即便允许两个主体共同对一个城市更新单元进行开发，出手与拟成为单一主体的开发商争夺余下不动产权益的，往往是一些投机者，又或者出于其他目的，买下后再与真正拟进行重建的开发商讨价还价，高价卖出。这也是目前深圳市房地产企业反映较为严重的问题——少数投机者扰乱了正常的市场秩序，哄抬价格。事实上，香港土地审裁处也考虑过这个问题，在 *Intelligent House Limited v Chan Tung Shing and others* 案的关联上诉案件中，[①] 香港上诉法院就认为被告是一家空壳公司，就是用来做投机生意的，其上诉的目的是为了拖延时间，博得更高的补偿价格。

基于上述原因，笔者认为拍卖对象仍可以是整个城市更新单元，如此即便在拍卖对象中出现了竞争对手，也基本可以保证是实力雄

---

① *Intelligent House Ltd. v China Superior Ltd.*（CAVA000241/2008）。

厚的开发商。至于对不愿出售自己不动产权益小业主的保护，可以通过后面所述的法院确定拍卖底价来改善。

4. 法院审查要点

（1）更新单元内建筑物市值报告

借鉴香港的经验，申请人应当在提出申请时提交城市更新单元内全部不动产的市场价值估价报告，目的是确定开发商和小业主当前状态下所持有的不动产价值的比例。如此，一则可以为拍卖后的价款分配，其实主要是开发商应当支付给小业主的价款划分比例；二则可以借此判断开发商是否尽力与小业主达成协议以取得小业主的不动产权益。

（2）拟成为实施主体者尽力与小业主达成协议的证明

与香港的情况相似，司法救济只能是在社会矛盾无法通过其他途径化解时的最后一道救济，开发商必须尽可能地主动与城市更新单元内的小业主达成协议。为此，开发商可以提交向小业主发出的要约信函、开会时的签名会议记录等，证明自己已尽力与小业主达成购买协议或搬迁安置补偿协议。

事实上，小业主能从城市更新中拿到的全部利益是有一定合理区间的，因为房地产开发企业必须按照政府已经批准的具有控制性详细规划法律效力的城市更新单元规划进行建设，"蛋糕"只有那么大，除去开发企业按照法律规定必须移交给政府的土地和不动产，再扣除开发企业的必要成本和利润，余下才是开发企业能够拿来和小业主讨价还价的。因此，一方面，开发商应当基于对小业主不动产权益的评估和成本利润的计算，拟订公平合理的搬迁补偿方案；另一方面，小业主也应当在了解搬迁补偿的基本内容和市场行情后基于合理的需求与开发商进行谈判。

5. 政府行政主管部门的角色

城市更新作为一项兼具城市规划、土地管理和房地产市场管理的制度，政府的规划国土房产行政主管部门，具体来说就是目前的深圳市规划和国土资源委员会在其中扮演着重要的角色。即便依靠司法手段来解决开发商与小业主之间的矛盾，以达到在土地集中的同时保护小业主利益的目的，政府主管部门仍不可能完全置身事外。

在香港《土地（为重新发展而强制售卖）条例》的起草过程中，也一直对规划署、地政总署在土地强制售卖中的角色存在争议，除了前述是否需要其对公共利益表达观点外，还有关于政府部门是否加入土地强制售卖程序的争论。在香港，《分划条例》是关于分划及出售共有权名下土地财产的法律，① 由于对土地进行分划会涉及公众利益及政府的权益，因此根据《分划条例》，在诉讼过程中法院会向地政总署署长送达法律程序中的某些文件，且其有权查阅所有送交法院存盘的该等文件，犹如署长作为法律程序的一方一样。在法律程序的任何阶段，如果署长希望就任何事项征询意见，则可以通过将有关备忘录送交法院存盘的方式使法律程序搁置至少 14 天。如政府决定在法律程序中派代表应讯，律政司可加入为法律程序的一方。此后，规定须送达署长的所有文件将须送达律政司。因此，在讨论《土地（为重新发展而强制售卖）条例》草案时有人建议应当加入与《分划条例》所订者相若的明确条文，赋予规划署和地政总署在土地强制售卖案件中一定的发言权，立法委员会认为应当就这项政策问题作出决定，即律政司司长是否有权主动介入法律程序，抑或只可应土地审裁处的邀请才介入。② 最后还是否定了这个方案。

就深圳市的情况而言，我国的行政机关只有在行政诉讼中作为被告和在民事诉讼中作为特殊民事主体。如果深圳市的政府部门作为当事人参与到城市更新强制售卖的民事案件中，难免有行政干预司法之嫌，有违政府不参与市场运作的城市更新运作原则。因此，规划国土等政府部门有义务应法院的要求，配合调查，提供政府信息材料，就专业技术问题给出官方意见，但不能对法院的裁判和当事人的利益分配发表意见。

6. 拍卖令的内容

（1）拍卖底价

香港的土地强制售卖制度，重建价值 RDV 由申请人提交，土地审裁处对其只进行形式性审查，导致实践中的土地拍卖大多是按照

---

① 香港法例第 352 章。

② 受文者：法案委员会委员，发文者：助理法律顾问 1 黄思敏，日期：1998 年 3 月 10 日。

申请人提交的 RDV 进行拍卖，使得拍卖没有真正反映出市场价格，损害了少数份数拥有人的利益。因此，笔者建议深圳在建立强制售卖制度时，由法院主动对城市更新单元的重建后价值进行评估，并在此基础上确定拍卖底价。如前所述，由于城市更新单元的控制性详细规划已经由市政府批准，因此在对建设后的物业进行估价时具有很好的参考作用。

为了确保估价的科学性，法院也可以聘请相关的专业人士组成专家委员会，对法官的估价结果进行论证，确保最后判决结果的合理性。而由此产生的相关费用可由原告，即开发商承担。特别重要的一点是，法院可以通过审理期限的设置和拍卖时间的规定，尽可能地保障其判决时确定的拍卖底价与拍卖时的市场价格接近。

（2）拍卖人的确定

目前深圳的土地拍卖都在市土地房产交易中心进行，其依据是2001 年 3 月深圳市人民政府发布的《深圳市土地交易市场管理规定》。从香港土地审裁处的判决来看也是指定由具有拍卖资质的管理人或公司进行。因此，只要能够提供专业的保障，具有拍卖资质，拍卖人的确定并不是重点问题。深圳市土地房产交易中心在土地拍卖方面有着充分的硬件和软件保障，可以担任拍卖人角色。

（3）拍卖价款的支付

出于节省当事人成本的考虑，香港的规定值得借鉴，即如果是原告或者被告购得城市更新单元内的所有不动产权益，则其只需要支付自己应得价款以外的拍卖款。所有应支付的价款应当存入法院的指定账户，再进行分配。

（4）租赁关系终止与对承租人的补偿

前文中已经阐述，在香港，强制售卖令发布即使得租赁关系自动终止，给承租人的赔偿由土地审裁处直接厘定，这其实是使目标地段购买人能够尽快实际取得土地的一种方法。虽然是强制售卖，但毕竟还是买卖关系，不同于公权力征收直接消灭原来的物权而产生新的物权，[①] 不动产强制售卖在民法原理上仍然不能直

---

① 王利明：《物权法研究》（第三版）上卷，中国人民大学出版社 2012 年版，第 250、418 页。

接解除已经存在的租赁关系。如果让原不动产所有权人或使用人通过民事手段与承租人解除租赁关系并进行补偿，则势必造成土地购买人实际占有土地时间上的不可预测性，不利于拍卖结果的执行。

鉴于此，深圳的法院在审理城市更新单元不动产强制售卖案件时，也应该要求原告和被告将其租赁情况报告法庭，除非原告和被告证明其已经在法庭给定的判决的期限前自行解除了租赁合同，否则法院应当在判决中宣布城市更新单元内不动产租赁关系终止的同时，确定未能自行解除的租赁合同的补偿价格。

（5）拍卖价款的分配

拍卖人取得竞买人支付的价款后，在扣除必要的拍卖费用及给承租人的补偿后，还有可能需要用来解除拍卖不动产上的产权负担，如抵押、查封等，最后再将余款按比例支付给没有竞买的土地的原告或者被告。

（6）竞得人的义务

竞得城市更新单元内全部不动产权益的人就成了城市更新单元的单一实施主体，应当按照城市更新相关法律规定的要求，完成土地使用权登记，申请办理规划和建设手续，按照城市更新单元规划进行拆除重建工作。重建的完成期限和条件由规划国土部门在土地出让合同中约定，无须法院在判决中具体列明。

此外，无论是谁竞得城市更新单元的土地使用权，在此之前原告（房地产开发企业）与小业主达成的以房换房协议继续有效。如果原告（房地产开发企业）没有能够通过取得更新单元的全部不动产权益，则实施主体必须继承原来的协议。

六　棚改中的行政征收政策建议

（一）棚户区改造引入行政征收的合法性

现有的棚户区改造模式，在改造过程中引入行政征收存在"公共利益"基础，且符合现有的行政征收相关规定。《物权法》第四十二条规定："为了公共利益的需要，依照法律规定的权限和程序可以征收集体所有的土地和单位、个人的房屋及其他不动产。"《国有土地上房屋征收与补偿条例》（国务院令第590号）第二条规定：
"为了公共利益的需要，征收国有土地上单位、个人的房屋，应当
对被征收房屋所有权人给予公平补偿。"在该条例第二条的基础上，
第八条又明确列举了属于公共利益范畴的六项内容，具体包括：
①国防和外交的需要；②由政府组织实施的能源、交通、水利等基
础设施建设的需要；③由政府组织实施的科技、教育、文化、卫
生、体育、环境和资源保护、防灾减灾、文物保护、社会福利、市
政公用等公共事业的需要；④由政府组织实施的保障性安居工程建
设的需要；⑤由政府依照城乡规划法有关规定组织实施的对危房集
中、基础设施落后等地段进行旧城区改建的需要；⑥法律、行政法
规规定的，其他公共利益的需要。与此同时，《深圳市房屋征收与
补偿实施办法（试行）》（深圳市人民政府令第292号）第八条第一
款也规定：为了保障国家安全、促进国民经济和社会发展等公共利
益的需要，有下列情形之一，确需征收房屋的，按照本办法规定纳
入全市年度房屋征收计划后，由辖区政府实施房屋征收：①国防和
外交的需要；②由政府组织实施的能源、交通、水利等基础设施建
设的需要；③由政府组织实施的科技、教育、文化、卫生、体育、
环境和资源保护、防灾减灾、文物保护、社会福利、市政公用等公
共事业的需要；④由政府组织实施的保障性安居工程建设的需要；
⑤由政府依照城乡规划法有关规定组织实施的对危房集中、基础设
施落后等地段进行旧城区改建和城市更新的需要；⑥法律、行政法
规规定的其他公共利益的需要。

　　深圳市住房和建设局发布的《关于加快推进棚户区改造工作的
若干措施》（征求意见稿）将棚户区改造政策适用范围主要规定为
使用年限超过20年且符合下列条件之一的老旧住宅区：①存在住房
质量、消防等安全隐患；②使用功能不齐全；③配套设施不完善；
或者为使用年限不满20年，但鉴定危房等级为D级且经区政府批
准纳入的住宅区。同时，《关于加强棚户区改造工作的实施意见》
明确棚户区改造应以公共利益为目的，由各区政府主导，以人才住
房专营机构为主（其他市场主体可参与），强调建成物业中的住宅
部分除用于回迁安置以外，其余部分应全部用作人才住房和保障性

住房。

由此可见,《实施意见》中载明的棚户区改造,符合前述《国有土地上房屋征收与补偿条例》《深圳市房屋征收与补偿实施办法(试行)》中列举的因危房改造、对基础设施落后地段进行旧城区改建以及为实施保障性安居工程建设需要等可以进行行政征收的情形;在棚户区改造过程中,视需求引进行政征收作为强制保障手段,符合公共利益的需要。

但是,在棚户区改造过程中,如何正当、合理地使用行政征收作为项目辅助、保障手段,还需制定相关配套规定进一步予以明确,以规范行政征收手段的适用,避免"少数人"权利受损情形的发生。

(二) 棚改中的行政征收的具体操作流程

《实施意见》第十一条规定:"……纳入区棚户区改造年度计划的项目应当纳入近期建设规划年度实施计划、年度城市建设与土地利用实施计划,同时由区房屋征收部门申请纳入下一年度房屋征收计划,并开展项目立项、选址等工作。"《实施意见》第十七条规定:"签约期内达不成补偿协议,或房屋所有人不明确的,区政府可以根据公共利益的需要依法实施房屋征收。如涉及违法行为的,区政府依法启动行政处罚程序。"《实施意见》虽对棚户区改造过程中启动行政征收作出了原则性规定,但并未就同步纳入征收计划后的流程以及如何启动行政征收程序进行明确。

对此,笔者认为,对于已纳入下一年度房屋征收计划的棚户区改造项目,如确需进行行政征收的,仍需按照《深圳市房屋征收与补偿实施办法(试行)》规定的程序开展行政征收工作。换言之,棚户区改造项目中的行政征收工作,必须在项目已纳入全市房屋征收年度计划后方可开展。对于尚未纳入全市房屋征收年度计划的项目,不得实施房屋征收。对此,《深圳市房屋征收与补偿实施办法(试行)》对征收工作已有明文规定,即区政府依法确定的房屋征收部门负责组织实施本辖区内的房屋征收与补偿工作,未列入全市年度房屋征收计划的,不得实施房屋征收。深圳市房屋征收与补偿流程如图5—3所示。

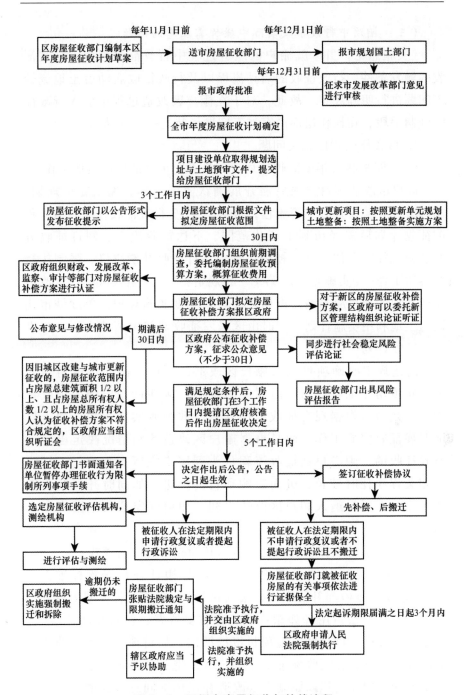

图5—3 深圳市房屋征收与补偿流程

（三）棚改中行政征收实际中操作需注意的问题

《实施意见》并未就棚户区改造过程中行政征收程序、行政征收的触发条件、行政征收的启动流程以及行政征收启动后土地流转等问题进行明确规定。故此，对于在棚户区改造过程中引入行政征收强制手段，在操作层面尚存如下问题亟待进一步厘清。

1. 行政征收程序相关问题

（1）同步纳入年度征收计划后，是否同步开展征收实质工作

棚户区改造项目立项后需开展确认实施主体、编制专项规划、制订搬迁补偿安置方案等流程；根据图5—3行政征收程序，纳入年度征收计划后需经历划定征收范围、下达征收决定、制订征收方案、完成征收评估、下达补偿决定、签订征收补偿协议、强制执行等实质工作。《实施意见》第十一条规定："……纳入区棚户区改造年度计划的项目应当纳入近期建设规划年度实施计划、年度城市建设与土地利用实施计划，同时由区房屋征收部门申请纳入下一年度房屋征收计划……"

前述规定明确项目纳入棚户区改造的同时，需同步申请纳入下一年度房屋征收计划。但《实施意见》未明确规定纳入征收计划后，是否需根据现有征收程序开展行政征收实质工作。如未提前开展征收实质工作，而是根据棚户区改造签约情况决定再启动行政征收的，则需根据征收流程从头到尾走完所有程序，不排除因相关程序耗时较长，进而影响项目的推进。如同时开展征收实质工作，在项目纳入棚户区改造之初，如何划定征收范围则存在障碍。

（2）启动行政征收后，是否能回转为棚户区改造模式

《实施意见》已明确棚户区改造项目搬迁补偿安置标准；在《深圳市房屋征收与补偿实施办法（试行）》中亦对各类型房屋补偿标准、各类补偿费用（如搬迁费、临时安置费、装修装饰补偿等）制定相应标准。棚户区改造项目签约期内，如对部分拒不签约业主启动征收机制，在征收标准劣于棚户区改造补偿标准的前提下，如原部分未签约业主拟以原棚户区改造补偿标准同意签约的，是否应在法规、政策、操作细则中预留行政征收回转民事协商的空间？

笔者认为，为缓和未在限期内签约业主进入征收模式引发的矛盾，本着项目如期推进、早日改善民生的出发点，应设置业主回转使用棚户区改造模式的相关条款，使民事协商伴随项目推进始终。

2. 棚户区改造与行政征收的衔接问题

（1）棚户区改造三方协议中政府签约主体

《实施意见》第十六条规定，"在根据补偿方案确定的项目签约期限内，由区政府确定的部门、项目实施主体与权利主体三方签订搬迁安置补偿协议……"在此，《实施意见》未确定"三方协议"中区政府确定的部门是棚户区改造区主管部门还是房屋征收部门，或其他相关部门。

笔者认为，在实际操作过程，需明确该"三方协议"中"区政府确定的部门"的具体职责，才能确认具体参与签约的政府部门。

第一，如棚户区改造项目补偿协议中引入政府部门是为了监督或见证补偿协议签约及履行情况的，则棚户区改造区主管部门或者辖区街道办事处均应符合要求，此处引入政府部门参与补偿协议签约，与现有城中村改造项目中私房业主的搬迁补偿安置协议中引入村股份公司作为合同一方具有相似的监督、见证效果。

第二，如棚户区改造项目补偿协议中引入政府部门是为了项目启动行政征收后的衔接问题，根据现有行政征收相关规定，应由区房屋征收部门负责。在"三方协议"中需设置一旦启动行政征收程序后，搬迁补偿权利义务概括转移等衔接条款（如区房屋征收主管部门将搬迁补偿权益统一转让给棚户区改造项目实施主体，或棚户区改造实施主体将已签署搬迁补偿权益统一转让给房屋征收主管部门）。如存在实施主体将权益转让给房屋征收主管部门的，应设置相关规定保障实施主体在项目中的权益（如项目前期费用、实施主体已支付的补偿等）。

（2）实施主体用地审批与土地取得问题

笔者在《若干措施》颁布后曾提出如下问题：项目按照棚户区改造模式项下签署的搬迁补偿协议权益与后续启动行政征收签署的补偿协议权益不是同一主体，如何解决棚户区改造项目实施主体享有项目部分权益、房屋征收部门享有项目部分权益的衔接问题。

在城市更新模式下，项目需形成单一主体，确认实施主体，建筑物拆除、产权注销后才能进行用地审批，实施主体才能通过协议出让方式获得项目地块进行二级开发建设。在棚户区改造模式下，虽然《实施意见》未提及"形成单一主体"的概念，但是也未明确启动行政征收后，是否还能由仅获得项目大部分搬迁补偿权益的实施主体申请用地审批，并以协议出让方式获得项目土地。在行政征收模式下，根据《国有土地上房屋征收与补偿条例》，对国有土地上的房屋征收完成后，被征收房屋归国家所有，房屋所属土地使用权由国家收回。国家收回土地后，应根据相关规定重新对土地进行出让或者划拨。对于被征收的房屋，在房屋征收完成后，是否还需要政府代表国家行使被征收房屋的所有权，进而与项目实施主体签订搬迁补偿协议？抑或是在签订征收补偿协议时，一并将项目实施主体设定为协议的签约主体，由房屋征收部门、被征收人以及项目实施主体签订三方协议，约定被征收物业的权益流转以及回迁安置等权利义务。

笔者认为，在棚户区改造项目签约期内启动行政征收后，如确定由棚户区改造实施主体继续完成项目开发建设，实施主体如何获得行政征收项下被征收房屋的权益，并以协议方式获得整个项目土地目前规定不明，亟待进一步厘清。

（3）关于棚户区改造项目的供地方式

《深圳经济特区土地使用权出让条例（2011修正）》（深圳市第五届人民代表大会常务委员会公告第28号）第三十九条规定："以协议方式出让土地使用权的范围：（1）高新技术项目用地；（2）市、区政府建设的微利商品房用地；（3）市、区政府建设的福利商品房用地；（4）市、区财政全额投资的机关、文化、教育、卫生、体育、科研和市政设施等公益性、非营利性用地。前款所列项目以外的用地一般应当以招标、拍卖方式出让土地使用权。下列项目用地，经市政府批准，也可以采取协议出让方式出让土地使用权，但必须按公告的市场价格出让：……4.旧城改造用地。市政府每年应当向市人大常委会报告以协议方式出让土地使用权的情况。"

对此，笔者认为，棚户区改造项目用地，可以通过"协议出

让"方式进行定向供地；原因如下：第一，深圳市棚户区改造项目
建成的住宅物业中，除用于回迁安置以外，其余物业均作为人才住
房和保障性住房；虽然与上述规定中的"微利商品房""福利商品
房"存在概念上的差别，但其均具有社会保障属性，可以通过立法
目的解释的方式予以匹配适用。实践中，可由立法机关进行明确的
适用解释或修改相应的条款，以匹配适用。第二，棚户区改造属于
旧城改造的一种模式。根据上述规定，对于棚户区改造项目的用
地，可以依照规定报经市政府批准后通过协议方式供地。

（4）关于项目进行行政征收后，被征收房屋对应土地可否一并
协议出让给项目实施主体

关于此问题，《若干措施》以及《实施意见》均未提及，《深圳
经济特区土地使用权出让条例（2011 修正）》也未对此种情况进行
规定。对此，建议在《实施意见》中进行明确。实际操作中，可以
在进行行政征收、与被征收人签署征收补偿协议时，引入棚户区改
造项目的实施主体作为协议签约主体，与房屋征收部门、被征收人
签署三方协议，明确被征收房屋的权益的流转及物业回迁事宜。对
于被征收房屋对应的土地，一并通过协议出让方式向项目实施主体
进行供应。

七　历史遗留违法建筑补偿的建议

目前，理论界对违法建筑权属的观点主要有以下几种：第一种
观点是无所有权说。该观点认为，房屋所有权的产生以登记为生效
要件，未经登记，即不发生效力。违法建筑物无法办理产权登记，
建造人自然也就无法取得建筑物的所有权。一旦城市规划需要，当
事人必须无条件拆除，且不享有补偿、安置的权利。第二种观点是
动产所有权说，认为违法建筑不能进行不动产登记，其效力未得到
国家的认可，因此不能成为法律意义上的不动产，但构成违法建筑
的建筑材料本身作为动产是合法的，占有人因拥有建筑材料的所有
权而拥有违法建筑的所有权。第三种观点是不动产所有权说，建造
人对违法建筑享有完整的所有权。该观点从违法行为产生的法律后
果出发，主张违法建造行为并不能剥夺行为人对违法建筑的所有

权，建造人对建筑物享有所有权的事实不受违法建筑"先天违法性"的影响。① 第四种观点是占有说，该观点认为违法建筑不能看作是动产，也反对不动产所有权说。即建造人对违法建筑物的占有，作为一种事实状态，受法律保护，建造人自己可以对违法建筑占有、使用和收益，认为建造人对违法建筑物仅是一种占有，而没有所有权。②

笔者倾向于上述第四种观点，但又不完全赞同。认为违法建筑物是一种不动产，这是一种客观事实，不以人的主观意志为转移，建造人可以对违法建筑占有、使用和收益，但前提是这种违法建筑还没有受到国家基于公共利益考虑而给予拆除或者没收的处罚。而且 2007 年出台的物权法也已明确规定了对占有人占有的法律保护，所以违法建筑在一定的时间和空间范围内是受法律保护的。另外，根据"法不溯及既往"原则，很多历史上遗留下来的违法建筑物在当时并不违背法律，只是后来的新立法导致其成了违法建筑物，因此在城市更新改造中违法建筑物的搬迁补偿处理过程中不能采取"一刀切"的做法，要具体情况具体处理。

结合深圳市征收国有土地上房屋的补偿标准，对于违法建筑的搬迁补偿，笔者认为仍应坚持给予补偿、给予适当补偿或补贴、不予补偿三种。

（一）给予补偿

在城市更新改造中，依照《深圳市人民代表大会常务委员会关于农村城市化历史遗留违法建筑的处理决定》，已取得《农村城市化历史遗留违法建筑拟确权通知书》并缴纳地价、罚款的建筑物，属于经"确认产权"的违法建筑，视为合法建筑，给予补偿。

但是即使确认了产权的违法建筑，搬迁人对该房屋的补偿标准，肯定要低于对合法建筑的补偿标准，这是一个最基本的原则，这一点在《深圳市房屋征收与补偿实施办法（试行）》相关规定中也得到

---

① 杨延超：《违法建筑物之私法问题研究》，《现代法学》2004 年第 4 期，第 125 页。

② 叶青：《违章建筑的否定与肯定》，硕士学位论文，西南政法大学，2008 年，第 10 页。

了体现。从本质上讲，违法建筑物就是违背了国家法律，不仅不能得到补偿，还理应受到法律的惩处。但是基于我国改革开放后为大力进行经济建设而忽略了其他领域的相关建设这个大背景考虑，违法建筑物的存在有它自身的合理性，所以现在国家法律政策给予一定的肯定评价也是有合理性的，但这种一定的肯定绝对不能与法律正式保护的正当合法利益相提并论。即使违法建筑是属于程序性违法，并且通过补办手续等得到确权而受到法律的保护，这种违法建筑经过洗礼瑕疵后获得的身份也不能与一般意义上的合法建筑身份相平等，否则就会导致"让守法者吃亏、让违法者占便宜"，就会与我们倡导的法律公平公正理念背道而驰，并严重影响法律权威。所以，对违法建筑物的补偿标准一定得低于对合法建筑物的补偿标准，是现代法治追求实质公平正义的历史使然。所以，无论采取何种补偿方式，确认产权的违法建筑的补偿均应低于合法房屋的补偿标准。

具体表现在搬迁补偿安置方案制订时，可以在货币补偿的价格、产权调换的置换比例、房屋装修补偿费、停产停业损失计算、临时安置补偿费，甚至回迁房选房顺序等各个方面体现与合法房屋补偿标准的差异，并在搬迁补偿协议中明确。

（二）给予适当补偿、补贴、优惠

对于"依法拆除"处理的违法建筑，其建设行为发生在土地用途依法确定前的，拆除时应当予以适当补偿。

违法建筑，除经处理确认产权或者未申报的外，位于原农村非农建设用地红线内或者位于原农村非农建设用地红线外但建设行为发生于农村城市化之前且由原村民或者原农村集体经济组织兴建的，依法拆迁时，给予适当补贴。

原村民所建非商品住宅未超过"两规"最低控制标准的，在实施相关改造、拆迁时，应当给予政策优惠。

（三）不予补偿

对于"依法没收"处理的违法建筑物，不存在补偿问题。因为没收这种行政处罚形式是财产罚中最为严重的处罚，这就说明违法主体的违法程度非常严重，侵害公共利益的程度也非常严重，必须予以严厉的惩戒、严格依法处置。

对于"依法拆除"处理的违法建筑，除一定条件下的适当补偿外，亦不存在补偿问题；对于"超过批准使用期限的临时建筑"也应当属违法建筑物，因为其超过了法律许可的期限，已经失去合法效力，所以对这类建筑物的拆除是不给予任何补偿的；对于未经申请的违法建筑，亦不予补偿。

第七节　项目监管及回迁中的政策建议

由于《搬迁安置补偿协议》中约定的房屋回迁需要履行期限，在这一期限内，有时由于业主的要求，会对签约时已经明确的回迁房屋提出新的要求，一些情况是对回迁房屋本身，如户型、朝向、楼层等提出新的要求，一些情况是对权属的确认，即房屋的登记提出与签约时的主体不同的要求，如登记在子女名下等，或者要求实施主体承担转移登记的费用。此时，按照《搬迁安置补偿协议》的约定，作为实施主体的开发企业已经依约提供了回迁房屋，如果业主不予配合，不签字确认，影响开发企业进行后续验收，如申请商品房预售许可方面就会产生障碍。建议在审查实施主体是否依约提供了回迁房屋时，对于上述情况，主管部门可以根据实施主体的申请和书面承诺进行核查后对其履约情况予以认可，回迁房屋由实施主体代管，不因此影响更新项目的后续进程。

结　语

深圳市十年来的城市更新道路充分反映了这座因中国共产党改革开放政策而生的城市的特性：政府勇于善于创新，市场活跃度高，市民权利意识强，社会整体法治水平高，而一路走来的城市更新政策也正是三者不断博弈和磨合的结果。就政策体系而言，除了部分难题尚待解决外，整体上已经较为完善，目前的主要问题是与集体资产处置、不动产确权、政府土地整备、棚户区改造等政策的衔接。

城市更新制度是一项复杂的体系，其中既有城市空间规划问题，又有城市产业发展规划问题；既有公共利益问题，又有公民私有财产权利问题；既要根据现行的立法、规范性文件推进，又要面对复杂的历史遗留问题；既要通过政策创新释放红利，又要避免创新中带来的矛盾和负面效应。

目前，政府正在根据不同类型城市更新对象的特点，区别其政策导向。而政策之下，市场的形态和结构也会不断调整，市民、房地产开发企业、各类中介组织会不断地调整自己的心态和定位。

从广东省 2018 年最新的"三旧"改造政策来看，依然强调在确保公共利益的同时，发挥市场的作用，通过协议出让的方式，倡导由土地权利人自主更新和与其他市场主体合作更新。可见，城市更新作为一种城市发展建设模式依然需要在政府的管理下通过市场途径来实现，找准政府和市场定位，完善各项政策仍然是关键。

笔者认为，在我国土地二元制结构和城市建设用地国有的模式下，对于存量建设用地的开发，可以将其理解为作为国有土地所有人国家代表的地方政府和作为土地使用权人的私人（尽管土地使用权可能存在瑕疵）之间的一种新的"公—私"合作模式，其既符合传统"公私合作"中的"伙伴关系、利益共享和风险分担"原则,[①] 也会因其当事人权利义务更具复杂性而丰富"公私合作"的内涵。

---

① 贾康、孙洁:《公私合作伙伴关系理论与实践》,经济科学出版社 2015 年版,第 25 页。

参考文献

一　著作类

1. ［英］安德鲁·塔隆：《英国城市更新》，杨帆译，同济大学出版社 2017 年版。

2. A. 2R. C 事务所主编：《老建筑保护与城市更新》，齐梦涵译，广西师范大学出版社 2016 年版。

3. 毕宝德：《土地经济学（第六版）》，中国人民大学出版社 2011 年版。

4. 《宝安县志》，广东人民出版社 1997 年版。

5. 曹宇、马卫东：《城市更新，上海进行时：华鑫置业之都市挑战》，同济大学出版社 2016 年版。

6. 陈劲松：《城市更新之市场模式》，机械工业出版社 2004 年版。

7. 陈映芳：《城市治理研究（第二卷）：城市更新中的文化认同与社会参与》，上海交通大学出版社 2017 年版。

8. 郭湘闽：《我国城市更新中住房保障问题的挑战与对策：基于城市运营视角的剖析》，中国建筑工业出版社 2011 年版。

9. 顾哲、侯青：《基于公共选择视角的城市更新机制研究》，浙江大学出版社 2014 年版。

10. 谷建全、王建国：《河南城市发展报告（2013 新型城镇化引领三化协调科学发展）/河南蓝皮书》，社会科学文献出版社 2013 年版。

11. 广州市城市更新局主编：《更新之路：广州旧城保护》，中国建筑工业出版社 2017 年版。

12. 胡毅、张京详：《中国城市住区更新的解读与重构：走向空间正义的空间生产》，中国建筑工业出版社 2015 年版。

13. 胡康生：《中华人民共和国物权法释义》，法律出版社 2007 年版。

14. 洪亮平、赵茜：《从物质更新走向社区发展——旧城社区更新中城市规划方法创新/当代城市规划著作大系》，中国建筑工业出版社 2016 年版。

15. 建纬（昆明）律师事务所：《昆明城市更新改造实务指引与风险控制》，云南科技出版社 2009 年版。

16. ［美］吉利斯：《发展经济学》，黄卫平等译，中国人民大学出版社 1998 年版。

17. 贾康、孙洁：《公私合作伙伴关系理论与实践》，经济科学出版社 2015 年版。

18. 姜杰：《城市更新与中国实践》，山东大学出版社 2013 年版。

19. 李翔宁、杨丁亮、黄向明：《上海城市更新五种策略》，上海科学技术文献出版社 2017 年版。

20. 马航：《珠三角地区城市边缘村落的更新与可持续发展》，中国社会科学出版社 2016 年版。

21. ［美］马丁·安德森：《美国联邦城市更新计划（1949—1962 年)》，吴浩军译，中国建筑工业出版社 2012 年版。

22. 清华大学建筑学院主编：《城市规划资料集（第 8 分册）：城市历史保护与城市更新》，中国建筑工业出版社 2008 年版。

23. 深圳经济特区研究会：《深圳经济特区改革开放专题史》，海天出版社 2010 年版。

24. 《深圳年鉴》，深圳年鉴出版社 2005 年版。

25. 《深圳房地产年鉴（2015）》，深圳报业集团出版社 2015 年版。

26. 石铁矛主编：《旧城区改造与更新》，大连理工大学出版社 2015 年版。

27. 施芸卿：《再造城民：旧城改造与都市运动中的国家与个人》，社会科学文献出版社 2015 年版。

28. 田艳平：《旧城改造与城市社会空间重构：以武汉市为例》，北京大学出版社 2009 年版。

29. 唐燕、〔德〕克劳斯·昆兹曼:《文化、创意产业与城市更新》,清华大学出版社 2016 年版。

30. 王才亮、陈秋兰:《违法建筑处理实务》,法律出版社 2008 年版。

31. 王才亮:《房屋征收制度立法与实务》,法律出版社 2008 年版。

32. 王利明:《物权法研究(第三版)》上卷,中国人民大学出版社 2012 年版。

33. 王利明:《中华人民共和国民事诉讼法释义》,法律出版社 2012 年版。

34. 王璧、莫小培:《深圳特区史》,人民出版社 1999 年版。

35. 王昊:《城市更新中可持续土地再利用规划支持方法研究》,经济科学出版社 2016 年版。

36. 吴冬、田丹、索健:《中国城市住宅可持续更新研究》,中国建筑工业出版社 2015 年版。

37. 王蔚然:《旧城改造项目管理模式研究》,经济管理出版社 2016 年版。

38. 〔英〕休·赛克斯、〔英〕彼得·罗伯茨:《城市更新手册》,叶齐茂、倪晓晖译,中国建筑工业出版社 2009 年版。

39. 薛峰:《棚户区和城中村改造策略与规划设计方法》,中国建筑工业出版社 2017 年版。

40. 夏雨:《产业转型与城市更新:实践三十八法》,中信出版社 2017 年版。

41. 香港理工国际出版社:《城市改造:重塑与再生》,华中科技大学出版社 2012 年版。

42. 阳建强:《西欧城市更新(中国城市化建设丛书)》,东南大学出版社 2012 年版。

43. 中国城市科学研究会主编:《中国城市更新发展报告(2016—2017)》,中国建筑工业出版社 2017 年版。

44. 张千帆:《宪政原理》,法律出版社 2011 年版。

二 文章类

1. 敖菁萍:《台湾都市更新的发展历程简述》,《法制博览》2017

年第 4 期（上）。

2. 胡伟：《探讨多主体合作的旧城改造模式》，《管理观察》2015 年第 1 期。

3. 陈鸿锟：《旧区重建：香港土地发展公司的经验》，《城市规划》1996 年第 6 期。

4. 岑迪、吴军、黄慧明、周敏：《基于制度设计的广州市旧厂房"微改造"探索——以国际单位创意园为例》，《上海城市规划》2017 年第 10 期。

5. 陈静：《一些国家和地区土地裁判所的性质与功能》，《国土资源情报》2007 年第 3 期。

6. 丁南：《不法性强制拆迁的认定及相关私权救济》，《深圳大学学报》（人文社会科学版）2012 年第 3 期。

7. 丁少英、徐晓玲、刘朱红：《在老旧社区微改造中推进基层社会治理创新——越秀区珠光街仰忠社区调研报告》，《探求》2017 年第 5 期。

8. 邓志旺：《城市更新政策研究——以深圳和台湾比较为例》，《商业时代》2014 年第 3 期。

9. 冯筱莉、缪婷：《"遇上"更新，历史"对话"未来——以深圳大万世居文化保护与城市更新为例》，载《2013 中国城市规划年会论文集》，青岛，2013。

10. 耿延良：《深圳城市更新路在何方（一）》，《住宅与房地产》2015 年第 1 期。

11. 郭少帆：《政府在深圳城市更新政策体系完善中的作为》，载《2014 中国城市规划年会论文集》，海口，2014 年。

12. 韩琨、房舒：《旧城更新——以城市基础设施为导向》，《科技视界》2016 年第 7 期。

13. 胡盈盈：《快速城市化地区城市更新用地管理研究——以深圳市坪山新区为例》，《全国商情》2012 年第 7 期。

14. 韩俊：《质疑行政强制性土地国有化》，《财经》2004 年第 18 期。

15. 姜杰：《论城市更新的管理》，《城市发展研究》2009 年第

4 期。

16. 姜杰、刘忠华、孙晓红：《论我国城市更新中的问题及治理》，《中国行政管理》2005 年第 4 期。

17. 敬宏愿、杨妍：《深圳城市更新经验的沉淀与输出》，载《2015 中国城市规划年会论文集》，贵州，2015 年。

18. 敬从军、郭丽娜：《商业拆迁中介入国家强制的必要性分析——基于私权自治模式有限性的检讨》，《绵阳师范学院学报》2017 年第 16 期。

19. 江奇、张丽：《城市更新中几个关键问题的思考》，《房地产开发》2015 年第 2 期。

20. 梁仁旭、陈奉瑶：《台湾推动都市更新的助力与阻力》，载《节约集约用地及城乡统筹发展——2009 年海峡两岸土地学术研讨会论文集》，长沙，2009 年。

21. 刘蕾：《城中村自主更新改造研究——以深圳市为例》，博士学位论文，武汉大学，2014 年。

22. 刘平、李萍、王松林、王天品：《城市房屋拆迁中的法律问题研究——以上海旧区改造实践为例》，《东方法学》2011 年第 5 期。

23. 李鸣正、黎子铭：《浅评广州越秀区解放中路地块旧城改造项目》，《建材与装饰》2017 年第 7 期。

24. Lee, G. K. L. and Chan, E. H. W. , "Factors Affecting Urban Renewal in High – density City, Case Study of Hong Kong", *Journal of Urban Planning and Development – ASCE*, Vol. 134, No. 3, 2008.

25. 刘俊：《城市更新概念·模式·推动力》，《中外建筑》1998 年第 2 期。

26. 刘俊：《划拨土地使用权的法律问题研究》，《江西社会科学》2007 年第 1 期。

27. 刘昕：《深圳城市更新中的政府角色与作为——从利益共享走向责任共担》，《国际城市规划》2011 年第 1 期。

28. 刘芳、张宇：《深圳市城市更新制度解析——基于产权重构和利益共享视角》，《城市发展研究》2015 年第 2 期。

29. 刘筱娟：《英国裁判所灰度剖析——以土地裁判所为例》，硕士学位论文，中国政法大学，2010 年。

30. 李倩：《完善特区房地产市场》，载《深圳经济特区年鉴（1993）》，深圳特区年鉴社 1993 年版。

31. 李峰清：《新型城镇化视角下珠三角地区城市更新利益机制与规划策略——以广州、深圳等地区实践为例》，《上海城市规划》2014 年第 10 期。

32. 黎江涛：《深圳市土地管理法律制度初探》，《企业经济》2012 年第 7 期。

33. 林文：《刍议福州城市更新与存量土地再开发》，载《福建省土地学会 2012 年年会论文集》，福州，2012 年。

34. 龙腾飞、施国庆、董铭：《城市更新利益相关者交互式参与模式》，《城市问题》2008 年第 6 期。

35. 吕晓蓓、赵若焱：《城市更新中的政府作为——深圳市城市更新制度体系的初步研究》，载《2008 年中国城市规划年会论文集》，大连，2008 年。

36. 缪春胜：《深圳三十多年城市更新回顾及其下一阶段思考》，载《2014 中国城市规划年会论文集》，海口，2014 年。

37. 缪春胜、王旭、谭艳霞：《规划引领和政策管控双视角下的更新实施路径探索——以深圳城市更新为例》，载《2016 中国城市规划年会论文集》，沈阳，2016 年。

38. 欧国良、刘芳：《深圳市城市更新典型模式及评价——以城中村拆除重建类型为例》，《中国房地产》2017 年第 3 期。

39. 潘渝川、梁雨林：《旧城改造模式研究》，《合作经济与科技》2010 年第 4 期。

40. 彭未名、邵任薇、马海华：《城市更新的自主治理机制：以广州城中村改造为例》，《深圳职业技术学院学报》2014 年第 2 期。

41. 秦波、苗芬芬：《城市更新中公众参与的演进发展：基于深圳盐田案例的回顾》，《城市发展研究》2015 年第 3 期。

42. 闫蕾、孙文伟：《深圳城市更新实行公私合作模式探讨（上）》，《住宅与房地产》2016 年第 10 期。

43. 童文泉：《试论征地补偿协议的诉讼救济》，《法制与社会》2011 年第 11 期。

44. 吴坚：《征地拆迁安置协议的性质之分析》，《资源与人居环境》2012 年第 3 期。

45. 王瑞民：《整村统筹，破解城市更新中的"钉子户"困局——来自深圳坪山土地整备实践的启示》，《团结》2016 年第 5 期。

46. 王桢桢：《城市更新：权力失衡与能力赋予》，《中共中央党校学报》2011 年第 5 期。

47. 徐杰：《特区农村城市化》，载《深圳年鉴（1993）》，深圳特区年鉴社 1993 年版。

48. 尹田：《论宣告失踪与宣告死亡》，《法学研究》2001 年第 6 期。

49. 叶坚林、何锐、张瑜：《深圳市城市更新单元规划设计和控制优化方式初探》，载《2016 中国城市规划年会论文集》，沈阳，2016 年。

50. 叶青：《违章建筑的否定与肯定》，硕士学位论文，西南政法大学，2008 年。

51. 杨继瑞：《台湾地区的市地重划与都市更新》，《国土经济》1997 年第 6 期。

52. 杨延超：《违法建筑物之私法问题研究》，《现代法学》2004 年第 4 期。

53. 姚恭平、高世华：《旧城改造开发费模式叹息》，《江苏城市规划》2007 年第 7 期。

54. 于凤瑞：《台湾都市更新权利变换制度：架构、争议与启示》，《台湾研究集刊》2015 年第 2 期。

55. 颜文俊：《民事的归民事行政的归行政——浅析合同备案制度》，《中国房地产》2010 年第 2 期。

56. 翟斌庆、伍美琴：《城市更新理念与中国城市现实》，《城市规划学刊》2009 年第 2 期。

57. 张雷：《三旧改造，佛山新的土地革命》，《房地产导刊》2008

年第 11 期。

58. 赵若焱:《对深圳城市更新"协商机制"的思考》,《城市发展研究》2013 年第 8 期。

59. 周彦吕、洪涛、刘冰冰:《深圳城市更新空间发展及反思——以南山区为例》,载《2016 中国城市规划年会论文集》,沈阳,2016 年。

60. 邹广:《深圳城市更新制度存在的问题与完善对策》,《规划师》2015 年第 12 期。

后 记

　　本书出版之际，恰逢深圳城市更新制度以政府规章形式在法律上得到正式确立 10 周年。深圳是一座因改革开放政策而生的城市，大胆试验、勇于创新是这座城市的灵魂。2009 年至今，深圳在"政府引导，市场运作"的城市更新道路上开全国之先河，不断探索，政府、开发企业、市民、中介机构相互配合也相互博弈，为这座城市的发展从各自不同的角度贡献智慧和力量。城市更新政策助推这座城市发展，也关系到各方的利益，从辩证唯物主义的角度，任何政策设计都有正反两方面效应。作为在深圳从事理论研究和实务的工作者，我们萌生了在这 10 周年之际写一些东西的想法。

　　然而，客观地分析和研究深圳的城市更新政策是困难的，一方面，十年的时间不算太长，很多政策引发的问题和效应只能从短期来衡量，其长期的影响还需要时间来证明；另一方面，新的政策不断出现，体现出政策制定者的决断和智慧，就在本书写作过程中也不断地有新的文件出台，让我们有应接不暇之感。故此，我们仅从自己所能实际接触到的实务角度，对深圳的城市更新政策进行梳理和总结，并就一些现实中的问题进行分析，提出自己的想法。谨以此种方式对我们所从事的事业表达一份崇敬和憧憬。

　　感谢这座伟大的城市为我们提供思考和研究的素材，感谢上海建纬（深圳）律师事务所陈思斯、程正旺、刘文庆、王丰，广东盛唐（龙岗）律师事务所王勇飞、辛哲聪、陈艺虹、陈旭青，深圳大学法学院刘静，深圳市城市更新开发企业协会创始会长耿延良先生对我们的大力支持，感谢深圳市社会科学院资助出版本书，感谢中国社会科学出版社马明编辑的辛苦工作。

作者
2019 年于深圳